槍桿、筆桿和權術

蔣介石與毛澤東治國之道

戴鴻超 著

美國羅斯福總統
在 1943 年對中國的評估與預言

邱吉爾認為中國是一個大而不當的國家。我一直告訴他，中國人比日本人精明……中國比日本大的多，它已經證明具有活力而且有驚人的進步。只要加速進步，便會成為一個強國，我們應該給英國人一個當頭棒喝，讓他們認識中國。

＊＊＊＊＊＊＊

邱吉爾曾一再堅持他的為難之處，是中國沒有穩定的政府。因此不能受到其他三國（英、美、俄）一樣的待遇。我則告訴他，蔣（介石）和你我一樣，都會死去。但是中國仍然存在。它可能南北分裂，或者國共分裂，中國仍然存在。我說中國有四億二千五百萬人口，絕對會成為遠東的強國。我們的偉大事業要成功，它便是一個必要的成員。

（原文及出處見本書第十章）

作者在這本書中，作出深度與公平的分析；敘事的〔英文〕文字令人欣賞。我贊成作者的主題：蔣介石與毛澤東雖然終世為敵，卻具有共同目的，領導中國至同一方向。我也贊同作者的一項獨到見解。這就是，毛澤東對共產黨、解放軍、中華人民共和國政府這三者的創建有不可磨滅的貢獻，但對廣大的人民造成了極大的災難。而蔣介石正好相反，他對中國作出很大的貢獻，沒有傷害百姓；他的失敗則損害了國民黨、國民政府、國民黨軍隊以及他本人。這是作者經過深思熟慮後，對整個蔣、毛時代所作出的歷史性，綜合性的結論。

這本中文版書籍可能有眾多的中文讀者，因為中國人所具有的歷史觀影響他們對當代事務的看法；也因此這本書對中國今後的歷史進程具有重大意義。

哥倫比亞大學政治學教授　黎安友（Andrew J. Nathan）

我在閱讀這本書稿的摘要及結論之後，對作者的著作，極表敬意。作者在比較蔣介石和毛澤東時，作出深入的對照，對他們作為的評論兼及正面及負面，就比較的重要項目有明智的選擇；並且採取了創新性的研究方法，其中所使用的超現實推理方式（counterfacturing thinking）更為現代社會科學界所採用，增添這本書的趣味。書稿用詞典雅犀利，令人讀之為快。

美國 College of William and Mary 政治學教授　鄭敦仁（T. J. Cheng）

作者在這本書中的研究方法及架構方面具有創新性的貢獻，以蔣介石與毛澤東為分析的對象，就他們在建立富強中國的作為上，充分對照出他們的共同點及相異處。作者研究範圍的四大部分：兩人身世及政治起程點、主要統治技術、次要統治技術、走向富強的途徑，是合宜的選擇與區分，也相互連貫。這是一個具有創意的方法，避免了因政治紛爭而起的偏見。這樣客觀論事的態度會引起讀者興趣，也是這本著作的貢獻所在。我曾讀過作者的英文稿件，覺得文筆非常流暢。

香港科技大學前人文社會科學院院長　齊錫生

序

中央研究院院士、匹茲堡大學歷史學系榮休講座教授　許倬雲

老友戴鴻超兄最近完成對於蔣介石和毛澤東的比較一書，在二人的各方面：家庭背景、事業經歷，以及他們的領導作風各個領域，都有詳細的對比。這兩位是對中國近代發展有極大影響的人物，對抗一輩子。現在二人都已故去，但是，他們的一生實在非常複雜，蓋棺了，卻還不易論定。真要對他們做全面的評價，我覺得還要等待若干年。可是今天，至少塵埃大半已經落定，我們也可以作一些初步的論述。歷史上這一類的人物，是褒、是貶，都經常會改變。學歷史的人，常常會以拿破崙作為話柄：每隔六十年，歷史家會發現一個新的拿破崙。

蔣、毛二人，從他們事業顛峰到現在，也已經有三個世代了。有關他們生平的史料：蔣氏部分，由於他的日記公開了，我們看見了一些以前沒看見的蔣介石。然而，也有人認為，日記本來就是給別人看的，記日記的時候，這個「自己」就難免有著意經營之處。雖然日記是第一手材料，卻也是最難處理的材料，因為沒有另外一本日記，作為核對的另說。

毛氏部分，更是麻煩，他的語錄發行量之大，據說超過聖經。然而其中有多少真假？他的其他

著作，幾乎都是政策性的宣示，不能作為研究個人的史料。他的詩詞，雖然數量不多，卻是在相當程度上，可以反映其性格。二人同時代的其他人物，至今罕見完整的敘述，足以幫助我們了解這兩個複雜的人物。

鴻超的大著，據我所知，大約是第一部將這兩位人物作比較研究的作品。如上所說，如此複雜的傳主，不可能在一次的研究中，就得到定論。可是，在這複雜的課題上，鴻超起了先驅的作用，將來不斷地修正，至少有個起點。

鴻超吩咐我作序，我雖然是個史學工作者，然而我的專業，不在近代史。我現在能做之處，只是彷彿一個武俠小說中，朋友「過招」練習的人物。此處，我想提出的，則是根據鴻超的敘述，討論這兩位人物，自我期許的使命，以及從這一個角度，反射出他們所作所為的理由和後果。

先說蔣介石的部分，蔣介石是浙江小城鎮上，一個小商店店主的孩子。這一個地方，江浙地區的一部分，接近上海，對於近代中國的發展，有近距離的資訊。蔣氏自己，又曾經在上海有過一段股票經營的經驗，對於近代的商業都市文化，有直接的經驗。蔣氏留學日本，時間不長，也未必深入日本的社會。可這一段在國外的經驗，對於蔣氏的心態，還是會有一定的影響。蔣氏幼時讀書，是傳統私塾的教育，對傳統的儒家經書，也至少有相當基本的了解。

另一方面，毛氏個人背景是在湖南一個小鎮上，可說「中農」背景的家庭；這個內地的城鎮，對於近代的資訊，並不如浙江奉化能夠接觸的程度。但是湖南在中國近代史上，有特殊的地位。湘軍的背景，使許多湖南人，對近代史上的人物，曾、左、胡、彭等人，有一定的崇拜。辛亥革命前後，宋教仁、蔡鄂、黃興等人，都有功業未垂的遺憾，對湖南人也有一定的影響。毛氏終生只有在後期離開過中國二次，都是前往蘇聯。除此之外，毛氏沒有出過國門。他在北京大學的經歷，是一個小小圖書館員，據他自述，想見胡適、傅斯年等人，有如天上人物，難以接近。據說，毛氏從此對學術界人物，畢生介意不忘。

這兩個人的自我認知，由於他們對中國和四周環境的理解，有很大的不同，他們對自己的認知，和因此發展的自我期許，也就走了不同的方向，發展為完全不同的使命感。

蔣氏的使命感，正如前後兩個時代的其他中國人一樣，深深感受到：在東、西帝國主義國家的侵犯和壓迫下，中國失去了幾千年為東亞中心的地位，屢經屈辱，喪失了對自己文化的信心，喪失了民族的自尊。正如他前後時代的其他人物一樣，自我期許，中國的復興，不僅是國家的事，也是自己的事。他在上海所見所聞，西方人和日本人對中國人的欺凌和壓迫，毋寧更是切膚之痛。他自以為能夠得到的解決方案，也就是將中國徹底地「現代化」，其中包括模仿西方發展產業，發展現代軍備，建設現代國家。同時，也正如他同時代許多人的想法一樣，他在全盤西化與恢復中國文化傳統二者之間，必須有所選擇，因為他私塾教育的背景，他選擇了第二條途徑。他提倡的「新生活運動」，即是期望結合中國傳統與西方現代，培育新文化。

蔣氏在日記中，反映的心態，時時自我警惕，要在儒家傳統中，自我提升品格。他自己所作的克己復禮功夫，使他對人際關係，既要顧全中國傳統的倫理，又不能躲開自己的權術，這就使他的作為，常為明眼人一眼看穿。譏評為矯揉做作，甚至於「偽善」。蔣氏確實一輩子沒有將自己的政敵置之死地，可是，無論他表面上如何與人相處，無論是友是敵，難得有人相信他的真誠。他的日記中，對於一些人，有很坦白的厭惡，可是，在面子上，他仍舊尊重和信任這些人。於是，終其一生，他只能以利與人相結合，而無法真正得到關鍵上的彼此相信。

任何人無法否認，蔣氏愛中國和中國文化之心，這一番民族主義，給予蔣氏力量，也因此，能吸引廣大的中國人民，在抗戰前，以及抗戰期間，全心全意接受他的領導。蔣氏建設新中國的大策略，乃是爭取社會中上層人士的合作，在沿海都市地區，啟動發展與建設，盼望有了成就後，拉動內地和基層，達到全面的現代化。這是一個從上而下的發展策略。

他對中國畫下的遠景，以建設中國為主題，他能夠了解現代知識的重要性，因此，他重用各方面專家，在南京十年，短短期間，奠定了一些基本的建設基礎。在臺灣的工作，顛沛流離之餘，他也能夠相信專家，運用這些專家的特長，將臺灣從貧窮中，建設為將近現代的社會，使蔣經國可以進行第二步，將臺灣建設成現代的工業國家。

毛氏走了另外一個方向，他的最初理想，也是為了復興中國。在他接受馬列主義以後，雖然他對馬列的理解深度不足，對近代國際情形，也幾乎是全無所知，馬列主義承諾的大同世界，使他終生憧憬嚮往。他對於中國傳統文化，理解的程度，別出歧徑，他大量閱讀傳統小說，吸取其中謀略，以致用兵政爭，常見水滸三國的痕跡。在廣州，他接受了馬列主義的訊息；在他而言，這毋寧是得到新的天命：唯物史觀演化論下，歷史必然走向的方向。在他自己心目當中，中國的復興，不是為了中國而已，也是為了可以在中國領導下，實現世界革命。將人間改造為一個共產主義的新天新地。這個使命感，誠如上述，是一種「天命」，而他是「天命」的承受者。愈到晚年，他對「天命」的相信，愈是影響他的作為。

正由於他對世界的歷史並不清楚；據馬列學者意見，毛氏對於馬列主義也沒有深刻的研究，對於馬列主義在蘇聯領導下，曾經嘗試的「世界革命（共產國際的革命）」，其經歷的過程，也未必有清楚的了解。他能理解的，只是上述的歷史使命。這一個革命的使命感，導向一個所謂「革命倫理」；於是，「道德」、「正義」的解釋，是有自己的尺度，不能遵從傳統中國文化的價值觀界定，也不能靠現代文明的價值觀界定。「革命正義」之所在，他可以超越一切的人間行為標準。若以「誅心之論」，毛氏的無知，使他能夠有極度的信心，以至於極度的狂妄。

毛氏一生，只要達到共產主義理想世界的目標，而且是在他領導之下的革命，他可以無所不為。

他採取的策略，則是運用基層大眾的龐大潛力，摧毀社會的中上層；他的策略與上述蔣氏採取的途徑，可說完全相反。

在這一個革命途徑上，一切擋路者，都必須排除，一切障礙，都必須克服。所以，他終生的事業，每一階段都以「兩分法」，將世界分成兩塊，一部分是他所借重以為助力的群眾，另一部分，是他要消滅的敵人。所以，他沒有永久的朋友和同志。對他有用的時候，是親密的同志，威脅到他領導權的時候，就是必須剷除的人民公敵。

對於「群眾」，毛氏有其運用之道。例如，一九四九年以後，前面十年，他剷除反革命，剷除右派，剷除階級敵人：這些常常是以百分之五，作為比數，以百分之九十五的群眾，毀滅百分之五，其假設的的敵人。第二個階段，他的「大躍進」以成立公社為主要目標，希望實現那個共產社會的理想世界。那時，他的權威已經定於一尊；可是，身在高峰，他也已經與真實的世界隔絕。居住中南海，與群僚沒有平等的關係，他已沒有回饋的資訊。不了解全貌的情況下，毛氏以為可以憑意志力，改造人類社會。這個階段的中國，乃是煉獄，所謂三年「自然災害」，遍地餓殍，犧牲了數千萬人的生命，浪費了無窮的資源，後果卻是長期的飢餓，和人性的扭曲。彭德懷直諫，遭逢忌諱，竟以身殉。劉少奇為他補救巨大的失敗，他卻以劉少奇是挑戰的敵手，除之而後快。

這場大禍以後，毛氏發動全面性的文化大革命。他大規模的驅使十餘億群眾，剷除了代表中國文化的讀書人，也剷除了代表現代知識的菁英；變本加厲，他以群眾鏟除了黨內的老同志，動舊功臣，幾乎一掃而空。他其實久已不直接處理國家事務，竟閉門造車，肆意他的改造社會的政策。這位「神化」的人物，假借群眾的名義，一波又一波，摧殘中國的上、中精英，求取完成由基層群眾主宰一切。毛氏從下而上的改造大業，其實並沒有培育有能力的社會基層，無非引進全無知無能的四人幫和他們的盲從者而已。可在他的心目當中，他可以完全不在乎，因為他身揹著巨大的使命，一切的犧牲，都是有理由的。

以上蔣、毛二人的對比，乃是兩種世界觀、兩種文化背景，加上兩個不同的使命感，造成了兩個人的作風完全不一樣。弔詭之處，在大動盪的時代，在價值已經經常變動的時代，不遵守任何尺度的毛澤東，用他自己的話是「無法無天」，他可以無所顧忌。相對而言，蔣介石被自己的文化背景約束，也被自己知識領域的限度約束，舉動都縛手縛腳，既想作聖賢，又常常不免權謀，兩頭不著落。在北伐以後，他的民族主義，可以號召都市社會中上層，共同建設國家。抗戰期間，中國精華地區的城市，幾乎全部淪陷。都市社會中上層也已殘敗凋零，蔣氏失去了憑藉。八年苦撐，民窮財盡，兵老師疲；他已無法在內戰中，與毛澤東作公平的競爭了。

歷史的弔詭：鄧小平反戈一擊，消除四人幫，啟動改革；其施政方向，卻是回歸蔣氏南京十年，重新進行實質的建設。如果不以成敗論英雄，蔣氏豈非贏回了生死棋局？

史學工作者是事後的諸葛亮，只能以旁觀者的立場，來評斷已經發生的事情，對於那些歷史人物，史學的評斷也許是嚴厲的，也許是殘酷的。我終生希望能做到的史學工作，乃是在社會和文化的層次。對於個人的評斷，一向避之不遑。這一篇序文，在我是第一次有此嘗試。也正因為自己曾經身歷狂風暴雨，體會驚濤駭浪；此刻，置身事外，對於這一個時代兩個重要的人物，大膽提出我的評斷。至於，真正要對國共鬥爭成敗的比較研究，還是必須將當時的文化、社會、經濟各方面的情況，有通盤的整理，才能得到比較說得過去的假設。

為了老友吩咐，這次破例作人物評斷。口述之時，回想當時代的悲劇，不免悲惻。至於是非曲直，都付予讀者判斷了。

目錄

第2篇　主要統治技術

第3篇　次要統治技術：政治藝術

第4篇 走向富強

前言

蔣介石（以下簡稱蔣）自一九二八年開始在中國執政，一九四九年退居臺灣，續任總統，到一九七五年去世為止。毛澤東（以下簡稱毛）在一九四九年掌理大陸政權，到一九七六年去世，結束執政。他們先後統治著世界上人口數第一，面積數第三的中國，幾乎達半世紀之久。在世界現代史中，他們這樣的政治經歷，是絕無僅有的現象。

這是一個值得重視的課題，我們如果加以深入的研究，將能夠解答幾個重要問題：蔣、毛究竟具有何種管理廣土眾民的才能？他們在應對時時發生的革命、戰爭、內憂、外患、饑荒與天災之餘，如何試圖引導中國走向富強之道？他們對變幻的今日世局有如何的影響（特別是兩岸關係、亞太秩序、中美交往）？他們對今日中國的興起有哪些貢獻？他們有哪些缺失過錯，可作為中國發展前程中的殷鑑？

多年來，不知道有多少中外書籍討論這些問題。但絕大部分的著作，是對蔣、毛的個別研究，而且對他們的事蹟多持一面之詞，非褒即貶。本書稿另闢途徑，就他們治國的經歷，作一番客觀的、系統的、全面的比較研究。這一方法有兩點好處：首先，在對比之下，我們可以將這兩位有高度爭議性人物的作為，作一公正的敘述與評估；其次，我們必須尋求新資料，重新閱讀現有資料，以推理方式，澄清重大歷史案件的真相（例如，國共兩黨在抗日戰爭中的角色、間諜戰對國民黨內戰失敗的影響）。

本書稿原來由英文寫成，後來譯成中文。內容包括四篇，十三章，大約二十萬字。第一篇包括兩章，提出一些不為大家注意的蔣、毛相同之處。第一章說明兩人在年齡、身世、性格、童年教育、上下三代關係等方面的相似的地方。這其中雖然有不少巧合趣聞，但是他們相似的背景，正引導兩人在早期的生涯中，走上同樣的政治道路。他們參加同一政黨，支持同一政綱，擔任同一革命政體公職，具有歷史賦予的共同使命。這是第二章的內容。

第二篇包括第三到第五章，採取一種精簡而特殊的分析架構，突出蔣、毛的主要統治技術。這就是毛用俗話所說的「槍桿子與筆桿子」。兩人運用這兩支桿子的本領，大不相同。蔣的槍桿本領，主要來自日本軍事學校，兼受德國戰爭思想的影響。多年來使用陣地戰，以火力制敵。毛則從荒山僻野中，練出一套游擊戰術，進而演變成人民戰爭。本篇分析兩種戰術的特色與規則，並從三次戰役中（一九三〇年代江西戰役，一九四七年延安戰役，及一九四九年淮海戰役），歸納出毛最後致勝的原因（還有間諜戰，在下一篇敘述）。

至於筆桿子，兩人都使用毛筆，寫出的文字至少有數百萬字之多。用以攻心，號召群眾，批駁敵人。蔣的文字注重以儒家思想為主，基督教義為輔的道德觀念。毛的文字則分為兩大類：功利性的政治理論與浪漫性的詩詞。另外，兩人都喜歡以口號的方式，宣揚他們的政策，用以加強眾人印象。本篇引用兩人各類文字多幅，詳加注解評論。

第三篇包括第六至第九章，分論他們的輔助統治技術（或稱為政治藝術，The Art of the Possible）。蔣花費超出常人的精力，以中國傳統文化方式，聯絡他人感情，增強社會關係。以求達到政治目的。他喜歡與人結拜兄弟，建立準家庭關係，並且特別尊重生死禮儀。他以征戰與金錢雙重手段降服軍閥；採取行動消除頑強政敵；使用適時的「下野」作法，以便得到重任領袖的機會。毛建立起廣大深入的間諜網，用以輔助軍隊擊敗他所稱為「人民公敵」的國民黨。在建立政權之後，以他的「矛盾論」為思想基礎，發動海波式的鬥爭運動，制服「人民內部」的任何反對勢力，驅使群眾從事勞役，改造不聽命的幹部與知識分子，消滅他認為心有異議的三位資深同志（彭德懷、劉少奇與林彪）。

第四篇包括第十至第十三章，描繪兩人如何在國際社會中，提高中國地位，以及他們想達成富國強兵的作法與貢獻。蔣在中日戰爭中，採取機動策略，周旋列強之間，並利用外交與內政互動關係，獲得重大成就。他針對日本，以空換時之策，先後爭取蘇、美、英的支援。贏得最後勝利。他暸然蘇聯有兩戰之慮（東面日本，西對德國），首先爭取蘇聯軍經援華，繼而乘德蘇酣戰之時，從蘇聯籠罩之下的新疆，奪回統治之權。祇有在雅爾達密約之下，受美英脅迫，在東北喪權。他知道英國極端關切防禦微弱的大英屬地印度，派遣遠征軍入緬保印，藉以取得英國與華軍事合作，並支持中國為大國的地位。他也因此取得的是遠征軍基地，一向半獨立的雲南的統治之權。他熟知中美之間既是合作又是對峙的關係，採取一種微妙的策略，以中國未來的可能成就，爭取美國對現行國民黨政權的大力支援。到了中日戰爭結束之日，他擊敗日本強敵，統一國土，雪除不平等條約百年之恥。提升積弱之國為四強之一。

在內戰失敗之後，蔣的這些外交成就，自然到了毛的手中。毛繼而用各種手段加強中國地位，在軍事上征西藏、打韓戰、製核武，鞏固疆土，以免於入侵之險；運用外交與意識型態雙重手段，與美蘇爭霸。到了一九六九至一九七二年之際，促成所謂戰略三角（美、蘇、中）鼎立局面，把一九四五年已是四強之一的中國，再度提升為三強之一。就二十世紀整體國際演變來看，蔣、毛實際上在外交方面，作了階段性的配合，讓中國逐步走上強國的道路。

蔣、毛在求中國致富的途徑上，在人事與策略兩方面，截然分歧。蔣任用財經科技人員主導經濟。以「比較利益」這一基本學理為基礎，制訂工商政策，從事國際經濟合作，經由貿易、投資及科技移轉，以求互利。造成了「南京十年」以及臺灣奇跡的非常成就。毛則「重紅輕專」，用打游擊出身及參加過長征的高幹（例如，陳雲、李先念、薄一波）主掌經濟。他把不合國情的馬列主義，死塞硬填於經濟政策之中，在他的急進誇大狂之下，奴役人民從事基礎建設。結果，他結束執政後的中國，仍如他所說的一樣，是一窮二白。蔣的人事與策略，為毛所不齒。可是當鄧小平出任領袖之後，中國大陸卻切實走上蔣的經濟發展途徑，造成今日空前繁榮局面。本篇詳細列舉蔣、毛所任用經濟官員的背景，以及蔣、毛、鄧所施行政策的細節。

書稿的第十三章是結論。先從蔣、毛的領導特點與風格說起，進而分析他們的成敗得失。最後指出他們對中國的興起，所作的四點貢獻：統一國土、維持龐大武力、建立基礎設施、提高國民信心。

本書稿有附錄一節，根據蔣介石日記，敘述他自己所體認的性格缺點，以及他用以改正缺點的幾項修身工夫。

筆者在寫作書稿時，廣泛參閱資料。包括中外書籍四百多本，直接引用的有三百多本；國民黨、共產黨及美國的官方文件；南京中國第二歷史檔案館及史丹佛大學胡佛研究所檔案；有關報章雜誌及國際學術會議記錄。這其中有兩項特別資料值得說明。第一是筆者與李志綏的多次談話記錄。李志綏擔任毛私人醫生二十二年，居住中南海毛的臥室近側。除照顧毛的健康之外，經常被毛邀約，作徹夜長談。他傾聽毛毫無顧忌地表達他對政治事務以及個人瑣事的意見。李醫生在筆者當年翻譯

（由中文譯成英文）他的《毛主席的私生活》（The Private Life of Chairman Mao）一書時，轉述他與毛的各種談話。讓筆者對毛的思想與作為有深度的認識。

第二項特別資料是胡佛研究所儲藏的蔣介石日記。蔣每日記事，起自一九一七年，止至一九七二年。凡是軍國大事、人事關係、個人生活無不坦誠記載。其中值得注意的是許多過去未曾發表過的有關重大事件的記載（例如中山艦事件、西安事變、史迪威事件、重慶和談、金門炮戰、莫斯科與臺北交往）。筆者認為這些記載足以改變已經是定案的看法。筆者在二〇〇六年至二〇一〇年曾五度赴胡佛研究所，閱讀及紀錄蔣的日記，集成五大本，是寫作本書稿的第一手資料。

筆者在寫作這一書稿時，遇到了一些資料取捨問題，需要加一說明。例如，在第三章中，談到毛的游擊戰術。就專家來說，對這一戰術的來源及運用原則，已經是耳熟能詳的事。但是就一般讀者來說，並不如此。而且這是毛在軍事上具有開創性的貢獻，不得不充分解釋。又如，在第四章中，引用許多毛的詩詞。在二十世紀各國領袖中，毛是僅有的一位，能夠運用詩詞，發揮重大政治作用。再如，在第五章中，列出許多蔣、毛所使用的口號。他們以言簡意賅的詞句來發動群眾，推行他們的政策。在他們作古多年以後的今日，一般人或許忘記了他們所推行的政策，但是不會不知道蔣的「安內攘外」，與毛的「原子彈是紙老虎」等口號，所代表的政策是什麼。這些都已經成為世紀性的政治名詞。

同時，有些政治演變，也許應該在書稿中加以仔細討論。譬如，蔣、毛的繼承問題、工農政策細節，以及在重大戰役中的詳細措施等項目便是。但是，為著讓這本書稿不過分擴大篇幅，衹能把這些項目作概括性的敘述。

因為篇幅的限制，書稿引用的資料，也需要作一些選擇。原則上，兩人直接撰寫的作品：書籍、文件、聲明、信函等，給予優先使用；其中以蔣的日記及毛的選集，最為重要。至於，政府或政黨各種彙編，則屬於次一等引用的資料。

總結來說，筆者認為這本書稿，有以下的特色與貢獻：

◎就學術性的著作來看，這是目前唯一的一部作品，從事全面地、系統地、力求客觀地比較蔣、毛的政治經歷。

◎否定一種印象，蔣、毛的政治經歷完全相異。本書稿分析兩人的身世，政治起程點，從政的短期及長遠目標，以及對今日中國的興起的貢獻等方面，有基本相似的地方。

◎利用「筆桿子與槍桿子」這一精簡觀念，分析蔣、毛在運用他們的主要統治工具時，相異之處。

◎描述蔣、毛在他們的政治生涯中，維持一種辯證式的變化。早期為同志；中期以後為敵人；逝世以後，在中國的興起中，又扮演互相配合的角色。

◎透視蔣在第二次世界大戰中，如何周旋於列強之間，所獲得的外交成就。這是現今已經發表的著作中，所忽視的題目。

◎詳細描繪蔣如何利用中國傳統文化方式，聯繫與國人、同志，以及國際人士之間的感情，用以輔助他的政治作為。

◎深入探討毛如何利用間諜網，予國民黨軍隊極嚴重的打擊。

◎敘述毛如何以他的「矛盾論」為基礎，發動各種政治運動。用以施行他偏好的政策，並壓制群眾、幹部、知識分子，以及黨內其他領袖。

◎試圖客觀與合理地評估蔣、毛的成敗得失。

筆者認為上述各點，可以讓我們開展出蔣、毛比較研究的嶄新途徑，在一本簡短的作品之中，深入地了解兩人政治經歷這一龐大題目。

最後需要作三點說明：

一、書稿敘事時，以蔣先毛後為順序。這是因為蔣較毛執政早先了二十一年。

二、書稿引用蔣介石日記處，極為繁多。為方便起見，在引用時，直接在正文中，以ＣＫＳＤ加上簡化的公元年月日注明（例如，**CKSD，9/18/31** 表示蔣介石日記，一九三一年九月十八日）。不再在注釋中表明。

三、書稿引用《毛澤東選集》之處，也極為繁多。為簡化起見，在注釋中注明出處時，以毛選，卷數，及引用文章來表明（例如，《毛選》，卷一，〈湖南農民運動考察報告〉）。

筆者在草擬書稿時，承三十餘位學者閱讀其全部或一部分，提出多項評論與建議，非常感激。其中有幾位的建言或創意很多，應特別列出，再致謝意：陳迺潤（Nai-ruenn Chen, U.S. Department of Commerce and Cornell University）、鄭敦仁（T. J. Cheng, College of William and Mary：評介）、齊錫生（Hsi-sheng Chi, 香港科技大學：評介）、Cho-yun Hsu （Academia Sinica, University of Pittsburgh：作序）、郭岱君（Tai-chun Kuo, Hoover, Stanford）、林孝庭（Hsiao-ting Lin, Hoover, Stanford）、Roderick MacFarquhar（Harvard University）、Andrew J. Nathan（Columbia University：評介）、宋曹琍璇（Shirley Soong, Hoover, Stanford）、Richard Sousa（Hoover, Stanford）、Robert Sutter（George Washington University）、Hans Van de Ven（Cambridge University）、吳景平（Jingping Wu, 上海復旦大學）、內子周明真（Julia C. Tai, University of Michigan, Dearborn）曾校對中文及英文全部稿本。因篇幅所限，其他各位未能列陳，敬致歉意。另承楊勝宗、謝振寶、吳興鏞及亓樂義諸友推介書稿，經中國時報文化出版企業股份有限公司出版，

湯宗勳主編諸多費神聯絡，再致謝意。

本書稿曾經《傳記文學》於二〇一四年五月至二〇一五年四月連載，林承慧主編細心編改，一併致謝。

最後筆者要向史丹佛大學胡佛研究所（Hoover Institution of Stanford University）及聖地牙哥加州大學圖書館（University of California, San Diego, Library）致最深的敬意與謝意。前者提供許多有關中國人事資料；後者充分、及時採購中國書籍，特別是中國大陸出版的各種文集。兩者都給予筆者寫作時極大方便。

第一篇 身世相同

在世界歷史中，世紀性的革命很少出現。美國、法國、俄國的各大革命，分別在一七七六、一七八九、一九一七年發生。但是中國在二十世紀的一整個世紀中，卻發生了三次重大革命：一九一一年亞洲的首次共和（辛亥）革命、一九四九年亞洲的首次共產革命，以及一九六六年史無前例的文化大革命。中國的前兩次革命，把蔣介石（以下簡稱蔣）與毛澤東（以下簡稱毛）帶進政治舞臺。在他們取得政權之前，一連串為時短暫的政治領袖出現在中國。孫中山、袁世凱、北洋各個軍閥的執政時期，都沒有超過四年之久；他們也沒有控制中國全域。

蔣、毛看到民國早年的混亂局勢，都有決心剷除軍閥，反對帝國主義，重建統一之局。當他們執政以後，他們可以說是在辛亥革命以後的第一代國家領袖，因為他們大體上長期而全面地統治中國。可是他們彼此為敵，征戰經年，信奉不同主義，施行相異政策。在這種情形之下，如果說他們身世相同，早年走上同樣政治道路，甚至對今日興起的中國有配合性的貢獻，這似乎不是大家所有的印象。但事實上則確然如此；這也是這本書的一個中心論題。

第一章 幾可互結金蘭

蔣介石在早年時，喜歡與志趣相投的人互換金蘭譜，結拜為兄弟，前後至少有二十人之多。就蔣、毛二人來說，他們的身世有很多相同之處，而且他們在一九二〇年代首次相遇的時候，確是志同道合，並走上了同樣政治道路。如果說，他們在當時幾乎互結金蘭，似乎也不為過。

蔣、毛生死

蔣、毛生於亂世，相差僅六年。蔣生在一八八七年；毛在一八九三年。在他們生後不久的一八九四年，日本在甲午戰爭中大敗滿清，從此節節入侵中國，直到今日還留下了懸而未決的臺灣地位問題。接踵而來的是義和團之亂、八國聯軍占領北京、辛亥革命，及軍閥混戰。血氣方剛的蔣、毛，痛憤內憂外患的時局，決心獻身革命，拯救中國於苦難之中。

蔣、毛分別於一九七五年及一九七六年去世，享年八十八及八十三歲。在這世界上共同生活了八十二年。在這段長久時期中，他們都為建立統一而富強的中國，盡了最大心力。但是他們直到去世時，都沒能完全達到目的，而且都有死不瞑目的遺憾。蔣不能重返大陸；毛無從登足臺灣。

中國很多迷信風水的人說，蔣、毛的遺憾感動了老天爺。在蔣去世時，狂風暴雨不停不休地襲擊臺灣海峽及島上。毛去世前不久，發生了中國有史以來最大的唐山地震。

南國成長

蔣、毛都是南方人。中國過去開國之君，大多是從長江以北起兵，而後一統國土。[1] 蔣、毛則反其道而行。都自長江以南起事，揮軍北上。蔣在廣州誓師北伐，毛從江西長征，都在占領北京（北平）之後取得政權。

兩人都生長在江南魚米之鄉。蔣家居浙江奉化溪口，經營鹽業，家道小康。溪口地處山水縱橫之間，是風光明媚的好去處。附近的妙高臺，確是名符其實的地方。一所亭臺，築於兩山環抱的高地之上，近可觀蜿蜒河流，遠可望青翠阡陌。此外，千丈岩、文昌閣與雪竇寺等都是歷代騷人墨客薈萃的處所。蔣在執政以後，經常在這些地方，流連忘返，解除身心的勞困，思索軍國大事。今日這些地區都成了旅遊勝地。

毛的家鄉在湖南湘潭韶山，地距溪口以西一千公里之遙，也是河流交錯的地帶。毛家務農，算是中農階級。韶山附近也有名勝景緻。滴水洞是緣一泓碧水而築的居處，幽雅塵外。毛偶爾思鄉歸來，有時在此休憩，有時深思熟慮，如何發起驚天動地的大革命。另外，有一個道觀在韶山之上，叫作韶峰寺。從這裡俯首觀看，青山、竹林及田疇，滙成一片恬靜景色。今日的韶山，幾經整修重建，也是遊人如織的去處。

從頑童到好學之士

蔣、毛都在私塾啟蒙，兩人都是頑皮學童，不喜唸書。蔣痛恨這種傳統式的教育，說：「兒童成囚犯……每遇放學，視為大赦。」[2] 他的母親則堅持要他唸下去。在他五歲到十五歲之間（一八九二至一九〇二年），他曾在至少六家私塾就學。[3] 他說見嚴師「畏之如虎」，三十歲時回憶起來還「猶有餘悸」。[4]

一九〇三年他到奉化唸新式的鳳麓學堂時，仍然不肯用功。有一次領導學生從事抗議活動，幾乎被開除。他在東京振武軍事學校就學時（一九〇七至一九〇九年），成績很差，畢業時的平均分數，是六十八分（一百分為滿分）；他的畢業名次，是全班六十二名中的第五十五名。[5]

蔣的頑皮事情很多。他四歲時，把筷子插在食道之中，要量有多深，因而昏迷過去；六歲時，他幾乎兩次被淹死，一次在溪中游泳，另一次一頭栽進半冰凍的水缸之中；七歲時，他手提大刀，扮演將軍，指揮學童如士兵；十五歲時，在課堂上，趁老師不在時，發號施令，視同學為「玩物」。

他老師說他是「狂妄不可一世」。[6]如蔣一樣，毛不喜歡唸四書五經，而常看歷史小說。[7]他十歲時，一次翹課到荒野之中，三天之後才被家人找回來。他因桀驁不馴，三次被學校開除。[8]他也時常更換學校，在九歲到十七歲之間（一九〇二至一九一〇年）就讀過六個私塾。[9]一九一一年，他在長沙新式的中學就讀，還是不專心作功課，而喜歡唸雜書。

毛對父親時常不滿。有次他被父親責備後，憤而出走。當父親追上他時，他作勢要跳池塘自殺，才沒受責罰。一九一七年暑期中，他與同學蕭瑜，異想天開，扮作叫花子，要去農村了解實況。他們分文不帶，從長沙出發，在鄉下轉了一個多月。飲食靠要飯，住宿有時在野地，有時借宿飯店。有一位飯舖女老闆，替毛算了命，說出了幾乎全部應驗的預言。她告訴毛：「你將來可能當大官，也可能當上首相，或者大土匪頭子……。你很勇敢，有很大的野心，但毫無感情。你一點都不在乎殺死一萬人甚至幾十萬人。你很有耐心……。你會有至少六位太太，但是沒有很多子女。」[10]

蔣、毛在小時候沒有好好唸四書五經，但在成年以後，卻對經史子集，下過很深的功夫。下一章將詳細描述，他們如何終身不倦不懈地勤奮為學；除了熟讀中國古典作品外，在中西現代人文及社會學科方面，也涉獵極廣。他們在這樣奠定的學識基礎上，著書立說，對中國現代思潮發生重大影響。毛可以說具有非凡的成就，依照「活學活用」的原則，從實踐中蘊孕出兩種理論，對中國及第三世界發生了深遠的影響：由農民革命（取代工人革命）建立社會主義國家；以游擊戰術制勝現代化軍隊。

蔣在這方面，沒有同樣的造詣。他的主要著作是一九四三年出版的《中國之命運》。他在書中提出結合儒家學說與現代西方思想的構想。如果沒有毛的思想衝擊，這本書的影響力，應該比實際上的大一點。此外，蔣經年研讀宋明理學，特別是王陽明學說，除了重述知行合一這一觀念外，並無著述。

四位夫人

蔣前後有四位夫人。他在十五歲時，與母親所擇配的毛福梅成婚；毛福梅長他六歲。第二位太太（實際上是妾）是姚冶誠，來自出美女的蘇州。第三位配偶是陳潔如；結婚時她是一位十五歲的中學生，比他年輕十九歲。蔣經過兩年的苦苦追求，才得到陳家首肯。她在黃埔興辦時，是一位知名的女士。後來被半哄半騙，到美國哥倫比亞大學去唸書。這樣蔣才能與第四位夫人，後來活躍國際政壇的宋美齡結婚。除了受委屈的陳潔如之外，蔣的夫人們對他都是忠心耿耿。毛福梅是蔣經國（蔣的長子）的生母；雖然被迫離婚，但終其一生住在溪口蔣家。姚冶誠曾照顧年幼時的蔣緯國（蔣的第二個兒子）；後來到了臺灣，蔣緯國奉之如母，在臺中去世。宋美齡與蔣結婚後，維持著超乎一般人想像的恩愛生活；在她於一百零三歲去世以前，對蔣的政治事業始終尊崇不渝。

毛也有四位夫人。他在一九〇八年，十五歲時，與他年長四歲的羅氏結婚，以後似未同居；他在一九二〇年，與北京大學教授楊昌濟的女兒楊開慧結婚。楊開慧是個馬克思主義的初期信仰者，在一九三〇年因為毛在江西進行反抗國民黨活動，被湖南省主席何健殺害。可是毛卻在江西與賀子珍陷入愛情，成為「革命情侶」。一九三〇年代末期，賀子珍與毛感情破裂，赴蘇聯醫病。之後，江青乘虛而入，對毛敬愛有加，成了毛的第四位夫人。毛的夫人們，除了羅氏早年去世外，對他也是忠心不變。楊開慧曾賦詩明志，要為毛生，為毛而死。[11] 賀子珍在江西打游擊時，被飛機轟炸，死裡逃生；在長征途中，當時正懷孕的她，又受了傷。她在中日戰爭結束後，從蘇聯回國；多年之後，曾與毛在廬山相會，互道唏噓。她長期在上海居住；在神經失常的病中，仍然懷念當年與毛在一起的戰鬥與愛情生活；她在一九八四年溘然長逝。當然江青才是毛的「最忠實學生」與戰友。在一九八〇到一九八一年四人幫受審的時候，文化大革命的烈火已是灰飛煙滅；但她仍然為毛的革命，喊出了最後的呼聲。一九九一年，她在萬念俱灰中，自殺身亡。

政治凋零

蔣對他的長子經國，在一九三七年從蘇聯回國以後，花了許多心血，延師教導他治學為人的道理，並進一步培植他的政治聲望與勢力。但是一直到一九四九年他們同赴臺灣之後，蔣才開始培植經國為他的政治繼承人。經國按步就班，擔任許多重要職位：國防部長、國家安全會議祕書長、經濟合作委員會主任委員，及行政院長。最後在一九七八到一九八八年之間，擔任總統。蔣的次男緯國，服務軍旅，曾任三軍大學校長，國家安全會議祕書長等職。經國與緯國在他們繼母宋美齡還在世時，分別在一九八八年與一九九七年去世。在這期間，蔣家在臺灣的政治勢力已是江河日下，逐漸消沈。

經國生有三男，孝文、孝武、孝勇；一女，孝章。三位男兒都是在壯年之時，他們的母親還活著的時候，因病去世。重演他們父輩「白髮送黑髮」的悲劇。筆者在撰寫這本書稿時，看到只有兩位蔣家後代，還在政壇之上。蔣方智怡是孝勇的遺孀，曾任國民黨中央委員；蔣孝嚴是經國的婚外之子，曾任外交部長及立法委員等職。其他的人，遠離政治，好像認為沾染不得。

毛的後代也是一樣。他有三男。岸英在二十八歲時，也就是一九五〇年，戰死朝鮮；岸青曾任軍中俄語翻譯工作，多年來患精神失常病症，在二〇〇七年去世。還有一位兒子是岸龍，從一九三〇年代失蹤後，了無音訊。毛還有兩女。李敏及李納，分別由賀子珍及江青所生。因戰時保密關係，從未跟隨父姓。

蔣、毛這一代人物，在二十世紀主宰中國命運將近五十年，當二十一世紀到來時，已成明日黃花，受盡凋零。

其他相同處

美國前總統尼克森，可以說是蔣、毛在不同時期的朋友。他曾寫出蔣、毛相同之處。「我覺察到，他兩人在說到中國時候，有點像過去的皇帝一樣……都有朕即國家的觀念……毛只離開過中國兩次。在一九四九年及一九五七年，先後到了莫斯科，與蘇聯領袖會面。蔣到過亞洲以外的地方，也只有兩次。一次是在一九二三年，率領代表團到莫斯科訪問；一次是在一九四三年，以四強之一的代表人，到開羅參加會議。兩人都喜歡有單人獨處的機會。毛用以賦詩；蔣遊歷山景。兩人都是從事革命的人。」[12]

尼克森並且說，兩人都很早表現了反對滿清的決心，「蔣比毛早七年割去了辮子。」[13]

蔣、毛在家庭關係方面，也有相同處。他們對父親，沒有什麼情感。蔣早年亡父，在以後的歲月裡，很少提到他。毛則經常與父親發生爭執，前面已經說過。兩人對母親，都有很深厚的感情。蔣在他幾十年的日記中，經常提到他的母親。例如，他在一九二一年五月記載道，他在廣州服務軍旅時，作了一個怪夢，突然覺得這是母親得了重病的徵兆，立刻打點行裝，返回遙遠的溪口。果然不錯，他到家之後，發現她已病危。他日夜侍奉湯藥，到了次月，她病亡而去。他在祭母文中寫道：「悲莫悲於死別……苦莫苦於孤子……猶憶當時吾母呼吸迫促，兒乃趨撫母背，以冀挽危亡於頃刻。然竟因是不獲睹慈容之悲戚。」[14] 從此以後，蔣每年在她母親的冥誕，都禁食早餐。

毛在一九三六年與史諾（Edgar Snow）會談時說，「我的母親是一個慈祥的婦人，慷慨而仁愛……她很憐惜窮人。在荒年，她常施米給……人。不過在父親面前，她就不能這樣做了。他不贊成做好事……我家有『兩個黨』。一個是父親，是『執政黨』。『反對黨』是我、我的母親和弟弟組成的，有時甚至雇工也在內。」[15]毛在他母親於一九一九年去世時，用眼淚攪和墨水，寫了一幅輓聯，說她在彌留之際，呼喚他的名字；他因為不能再看到她的慈容，感覺到無限的悲傷。他還寫出一篇四字一詞的長詩，作為祭文。[16]

蔣、毛的子輩，都在蘇聯待過很長的時間。蔣經國在一九二五到一九三七年，在蘇留學、工作，也當上了共產黨員。毛的兩個兒子，岸英與岸青在一九三七到一九四六、一九四七年，也在蘇聯留學；岸英還曾在蘇聯軍隊服役；毛的兩個女兒，李敏及李訥，一九四〇年代，也在蘇聯生活。[17]就當時的情形看來，史達林似乎把蔣、毛的子女，作為人質，以便與蔣、毛作政治上的討價還價。

蔣、毛都很愛護他們的下一代，關心他們的學業。蔣在他的日記中，時常說經兒可教，緯兒可愛這一類的話語。蔣在一九二二年，有一次寫信給他的兩個兒子，說收到他們所練習的書楷，「如獲至寶」一樣。在另外的一封給經國的信中，他寫道：「你的楷字，仍不見佳。總須間日映寫一二百字，以求進步。你校下學期既有英語課，你須用心學習。現在時世，不懂英文，正如啞子一樣。將來什麼地方都走不通，什麼事業都趕不上。」[18]

毛在岸英與岸青留蘇時，有時趁機會與他們聯絡。他在一九四一年一月給他們信中寫道：「你們長進了，很喜歡的。岸英文理通順，字也寫得不壞……唯有一事向你們建議。趁著年輕，多學習自然科學，少談些政治。政治是要談的；但目前以潛心學習自然科學為宜，社會科學輔之。將來可倒置過來。」[19]毛曾兩次寄給他們大批的書，要他們唸。有一次曾寄出六十本，分為二十一個科目。

蔣、毛還有一個相同處。他們都穿中山裝。有些外國人稱之為毛裝。大多的中國人都知道，這衣著是因孫中山的喜好才流行的。還有最後一點巧合處，關係他們的個人醫生。當過蔣醫生三十三年之久的熊丸，以及當過毛醫生二十二年之久的李志綏，都曾在四川成都，加拿大教會所辦的華西大學醫學院唸過醫學。[20]妙的是，他們最初都不想作「御醫」，都想作外科醫生，卻沒能如願以償。

注釋

❶歷史上在南方起事的，有太平天國的洪秀全，自廣西發兵，以後建都金陵，但他的事業，沒有成功。另外，孫中山從南方開始革命，建立中華民國，但是只當了三個月的臨時大總統，在去世時，沒有完成革命。

❷蔣介石一九一七年的日記，是後來補記的，不分日記事。

❸蔣的私塾老師，包括任介眉（一八九二～一八九三、一八九五年）、蔣謹藩（一八九四、一八九五年）、姚宗元（一八九九年）、毛鳳美（一九〇〇年）、竺景松（一九〇一）與毛思誠（一九〇二）。

❹毛思誠編，《民國十五年以前之蔣介石先生》，香港：龍門書店，一九六五年，頁八～十六。毛思誠是蔣的最後一任私塾老師，後來曾任蔣的秘書。這本書記述，蔣在他出生的一八八七年到他四十歲的一九二六年之間的事蹟。書中附有蔣的日記、信件、文告及其他文件，是有關蔣早年生活，極重要的參考資料。

❺黃自進，《蔣中正先生留日學習實錄》，臺北：中正文教基金會，二〇〇一年，頁七四六～七五二。

❻毛思誠編，《民國十五年以前之蔣介石先生》，頁八～十六。

❼包括《水滸傳》、《三國演義》、《西游記》及《岳傳》。

❽Jung Chang and Jon Halliday, Mao, The Unknown Story (New York: Alfred Knopf, 2005), p. 6.

❾毛的六位私塾老師是鄒春培（一九〇二～一九〇三年）、毛咏生（一九〇四年）、周少希（一九〇五～一九〇六年）、毛宇居（一九〇六年）、毛岱鐘（一九〇九年）及毛麓鐘（一九一〇年）。

10 Siao Yu, Mao Tse-tung and I Were Beggars (New York: Collier Books, c1959), pp. 98 and 154.

11 Quoted in Chang and Halliday, Mao, p.23.

12 Richard M. Nixon, Leaders (New York: Warner Books, 1982), p. 241.

13 實際上，蔣在十八歲時（一九〇五年）割去辮子；毛在十七歲時（一九一〇年）年割去。李勇、張仲田，《蔣介石年譜》，北京：中共黨史出版社，一九九五年，頁十六；《毛澤東自傳》，北京：解放軍文藝出版社，二〇〇一年，頁十九。

14 周盛盈，《孫中山和蔣介石交往紀實》，河北：河北人民出版社，一九九三年，頁六〇。

15 Edgar Snow, Red Star over China (New York: Random House, 1938), p. 114.

16 孫寶義，《毛澤東的讀書生涯》，北京：知識出版社，一九九三年，頁六～七。

17 蔣經國留蘇的記載很多，不必重述。毛的子女留蘇生活，見李敏，《我的童年與領袖父親》，成都：四川少年兒童出版社，二〇〇三年，頁四二；Chang and Halliday, Mao, pp. 260-262.

18 毛思誠編，《民國十五年以前之蔣介石先生》，頁一四四、一四六。

19 林克，《毛澤東的人間相，林克答客問》，香港：利文出版社，一九九六年，頁一四〇～一四一。林曾任毛的祕書。

20 熊丸，《我當蔣介石「御醫」四〇年》，北京：團結出版社，二〇〇六年，頁三二～三六、一七一～一七二；Li Zhisui, The Private Life of Chairman Mao, (New York: Random House, 1994), pp. 36-37. 熊也當過蔣經國的個人醫生，服務蔣氏父子兩人共四十年。

第二章

走上同樣政治道路

政治起程點

蔣、毛於一九二四年來到廣州，這是他們在政治行程上首次相逢。蔣接任中國國民黨黃埔軍事學校校長。毛則由他家鄉湖南的共產黨人，選派為代表，參加國民黨第一次全國代表大會。當時的共產黨人也是國民黨黨員。

在這以前，蔣、毛兩人都積極支持孫中山所領導的、推翻滿清建共和的革命。一九一一年十月十日武昌起義的勝利，帶來了共和革命初步成功的響聲。當蔣聽到這消息後，立即放棄在東京的軍事訓練，趕回中國。數十天後，他參加一個敢死隊，攻擊清廷的杭州衙門，擒獲曾韞巡撫。之後，全國迅速響應武昌起義，推翻了滿清，於一九一二年一月一日成立中華民國。可是幾個月後，袁世凱奪權竊國，先於三月擔任總統；後來利用他建立的新軍，作復辟稱帝之舉。一九一六年，因他突然病逝而結束。從這年開始到一九二八年，中國陷入軍閥割據之局。段祺瑞、吳佩孚、張作霖等人先後控制北京政府；其他地方則由馮玉祥、閻錫山、孫傳芳、李宗仁以及其他軍事強人分割而治。

當時蔣參加孫中山等人所領導的第二次革命，以求推翻軍閥之治，曾攻擊江蘇省江陰要塞，及進行其他反叛活動，但都沒有成效。從一九一八到一九二一年，他加入支持孫中山的陳炯明在廣東所率領的軍隊。這以後到一九二四年，他曾執行孫交予的各項短期任務。在一九一八到一九二四年之間，蔣在執行各項軍事任務時，經常發生不符合規定或紀律的行為。根據一位歷史學者的統計，他在這期間內任意離職復職，達十四次之多。其他的研究者，也有類似的記載。[1]他在離開軍旅的期間，大多在上海盤桓。雖未放棄革命事業，也常尋花問柳，吃喝玩樂，放蕩不羈；並且合夥經營股票，虧損有加（他在日記中多次坦白記述這些事情）。

蔣在東京留學期間，參加國民黨前身的同盟會，並結識孫中山；從此以後，對孫中山領導的革命事業，矢志不渝。他雖然時易軍職，他的軍事才幹仍為孫中山所賞識。他對孫中山個人更是忠心耿耿。在一九二二年六月，孫中山因陳炯明叛變被困在廣州永豐艦上，蔣從家鄉急速趕赴該艦，與孫中山共患難；也是國民黨高階層中唯一表現這種赴湯蹈火精神的一人。一九二三年他贏得孫中山的高度信任，被派赴蘇聯，觀察軍事三個月；次年被任命為黃埔軍校校長，以後屢次擔任軍政要職，再無輕離職守的情形。

毛也像蔣一樣，在初期的政治生涯中，時時變換職務。武昌起義時，他放棄中學學業，跑到長沙去當兵，於次年二月脫離軍隊，回到學校。十二月，他又棄學，在省立圖書館進行自修。次年他進入湖南省立第一師範學校；一九一八年畢業後，到了北京大學當助理圖書管理員。在這裡，他涉獵社會主義、無政府主義及共產主義書籍。五個月之後，他在一九一九年回到湖南。

這時他從事各式各樣的活動，包括驅除張敬堯為湖南省省長、創辦新民學會、協助學生赴法國留學、參加反抗帝國主義運動、前赴山東曲阜，表達尊崇孔子之意。在一九二一年七月，毛代表湖南的十二位共產黨員，出席在上海召開的中國共產黨第一次全國代表大會；當時全國黨員共五十三名。八月，他回到湖南，雖然沒有唸過一天大學，卻創辦起湖南自修大學。但實際上他沒有在這所「大學」花什麼時間，倒是在湖南省立第一師範當起教員。在年底前，他建立起共產黨湖南支部。在以後的三年中，他組織工會、策動罷工、參加學運，並進行驅除趙恆惕為湖南省省長的活動。

這時毛的政治活動，還沒有中心目標；正如他向史諾（Edgar Snow）所說的，「我仍然迷糊，還在尋找道路。」[2]他說的不錯，他在一九二二年去上海參加共產黨第二次全國代表大會時，竟忘了地址，最後沒能參加。[3]

蘇聯影響

當毛參加國民黨一全大會時，他好像找到了政治方向。這次大會是經過蘇聯的協調，促成國民黨與共產黨合作而後召開的。大會的主要目標有兩個：反對帝國主義與反對軍閥割據的局面。這是毛堅信不移的目標。

一九一七年在俄國成功的共產革命，對一些中國政界人物具有相當大的吸引力，特別是左傾人士。就從事革命的中國人來看，引導蘇聯共產革命成功的馬克思主義與列寧主義，是一種新鮮思想，可以用來解除中國的兩大困境。一個是封建社會所造成的極端貧窮；另一個是列強侵蝕中國的局面。馬列主義的主要精神，是以廢除封建實行共產而走向富有之道，以聯合被壓迫民族，共同反對列強而取得民族獨立。

蘇聯除在意識型態方面具有吸引力之外，曾在一九一八、一九一九及一九二〇年，三次宣布廢除帝俄對華的不平等條約，獲得中國人的好感。[4]蘇聯是當時世界各國中，唯一採取這種對華友好措施的國家，與西方列強在一九一九年巴黎和會中支持日本取得德國在華特權的行徑，形成極鮮明的對比。在這種情勢下，由北京大學兩位教授李大釗與陳獨秀所領導的左傾人士，在一九二一年七月於上海舉行了中國共產黨第一次全國代表大會。這時蘇聯更給予積極支援，並派第三共產國際代表馬林（H. Maring）為顧問，參與大會，協助制訂中共黨綱、政治方案及組織規程。如前所述，毛澤東是一位與會的代表。[5]

蘇聯不但對中共的建立發生重大影響，也積極開展與國民黨合作關係。在一九二〇年代初期，孫中山感覺到中國的革命前途非常暗淡。在國內，沒有實力剷除軍閥；在國際上，得不到西方的支援，反受其害。另外，他深切領會到，革命受到挫折的一項重要原因，就是國民黨組織鬆散，而且沒有自己的軍隊。

蘇聯廢除不平等條約的決定，讓孫中山感到欣慰；而蘇聯又接連向國民黨表示友善態度，這更使孫中山興奮。蘇聯首先在一九二一年，經過馬林向孫表示願意協助國民黨完成革命；在一九二三年，派另一位第三共產國際代表越飛（Adolf Yoffe）來華，與孫中山簽訂共同宣言，作出幾項保證：共產主義不適合中國國情、蘇聯重申廢除對華不平等條約的立場、與蘇聯決定對華援助。[6]之後，蘇聯立即派鮑羅廷（Mikhail Borodin）為政治代表，嘉倫將軍（General Galen，原名 Vasily Blücher）為首席軍事顧問，前往廣州：支持國民黨改組，建立起列寧式的組織，負責軍事及財務援助事宜。[6]

國民黨改組，是要採取列寧式的政黨組織。主要分為兩方面，一方面建立起雙重政治體制。一個是政黨體制，分為中央、省、地方三級，下級服從上級；另一個是政府體制，也是分為中央、省、地方三級，下級服從上級。政黨體制高於政府體制。政府的每一級服從平行的政黨同一級。另一方面，由國民黨領導全國社會、經濟、文化各團體，以及軍隊。在各個團體及軍隊中，成立小組，成為黨的基層組織。改組的目的，是讓國民黨變成一個堅強有力的團體，嚴密地控制整個社會。[7]

蘇聯同時推進國共合作。馬林在一九二二年參加中共的中央委員會，在中共創辦人之一陳獨秀的反對之下，仍促使該會通過決議，由共產黨員以個人身分參加國民黨。[8]另外蘇聯也勸服孫中山，容納共產黨員在國民黨之內。於是，國民黨一全大會的一百六十五名代表中，有共產黨員二十名，包括李大釗與毛澤東在內。毛還擔任其他國民黨職務：中央執行委員會候補委員、宣傳部代理部長、上海支部委員、農民訓練所所長。隨後，蘇聯開始大批軍事及財務援助，派遣多人擔任軍事顧問及黃埔軍校教官。[9]於是，在一九二四年，蔣、毛都在國民黨擔任重要職位，執行同一政綱，走上同一政治道路。[10]

歷史使命

蔣、毛走上了同一條政治道路，是因為他們具有同一信念，要建立起統一、富強的中國。這是由他們的歷史觀所形成的：他們從唸私塾開始，就有一種中華民族大一統思想；在成年後熟讀中國歷史，更加深這一思想。他們認為中華民族自古及今，在疆土與人口兩方面，一直維持著可大可久的擴展。

疆土擴展

絲路也許可以提供中國疆土擴展的實際軌跡。在中國西北的一個地方，現今有一座砌琢整齊的石牆，環繞著一泓泉水。五十尺以外，有一排古裝的士兵的塑像，士兵的左邊，有一座大將軍的塑像，這就是設立在甘肅酒泉縣，紀念霍去病的公園。霍去病是西漢時（西元前二〇六至西元二五年）的一位年輕將軍，善用騎兵，快速征敵。一次在大敗匈奴之後，得到漢武帝犒賞的一桶良酒。因為酒的數量不夠分配給士兵，霍大將軍便把酒倒入泉水之中，讓大家共飲此水，酒泉因此為名。這是許多人熟悉的故事。

酒泉地處通往西域，河西走廊的西端。在西漢時，漢武帝為著要擴展到尚不是中國國土的西域，在西元前一三九年及一一五年，兩度派遣重臣張騫前往西域，展開外交及通商活動。張騫所行走的路線，以後稱為絲路。到了西元一世紀，漢朝再派另一重臣班超前往西域，運用外交及軍事雙重手段，與各邦結盟，擴張漢朝勢力。

絲路是自中華民族的發源地帶向西擴展的一條路線。這個發源地的範圍是以河南為中心，西至陝西，東到山東。中華民族在秦朝時（西元前二二一至西元前二〇七年），已經大規模擴張疆土，北至蒙古，築長城為界；南至今日的越南北部。漢朝以後，唐朝再度向西域推進。到了元朝（一二七九至一三六八年），中國疆土擴展到西藏，設為十三行省之一。最後，在清朝（一六四四—至一九一一年）初期，統一歷代擴展的疆土，形成東方最大帝國。這樣的疆土擴展，經歷二十幾個世紀之久，由多次戰爭與無可計算的生命與物質損失而完成。這當然是從中華民族或者大漢民族為出發點，來演變而成的。如果從邊疆民族觀點來看，又另當別論。

清朝中葉以後，中國逐漸喪失土地予列強之手。俄國蠶食鄰近新疆及東三省的地帶；英國取香港九龍；葡萄牙占澳門；日本強奪臺灣。再加上，原是中國朝貢國的越南及朝鮮等地，卻變成他國殖民地。鴉片戰爭以後，列強仍不滿足，又在中國本土上建立特權，侵害經濟，並有瓜分之議。

對具有濃厚民族主義思想的蔣、毛來說，他們認為過去的疆土擴展，是光榮的歷史；十九世紀以來的失地、喪權、辱國的各種情勢，則是無以復加的恥辱。他們認為恢復失土，廢除列強特權，是建立富強中國的先決條件，也是他們的歷史使命。

人口變遷

在北宋時期（九六〇至一一二六年），一位不知名的學者編著了《百家姓》這本書。實際上，這本書經過增修，列有五百多個姓氏。可說是中華民族（漢族）的大家譜。蔣、毛在私塾求學時都唸過這本書，認為中華民族是炎黃子孫，大家是同一祖先。在這種觀念下，他們稱主權政體為「國家」，稱國民為「同胞」。

中國的第一次人口估計是在西元二年，漢朝的時侯。據《漢書》記載，當時人口是五千七百七十萬。比當時是西方第一大國的羅馬帝國人口還要多。[11] 根據一位西方歷史學家伊佩霞

（Patricia Buckley Ebrey）的了解，「從羅馬帝國解體以後，再沒有一個國家能夠接近如中國一樣多的人口。事實上，中國通常保有比所有歐洲國家還眾多的人口。」[12]中國人口在漢朝以後，保持在五千萬至六千萬之間，直到一一〇〇年宋朝時期，增長到一億。在一八五一年，大幅增加到四億三千二百萬。直到今日，中國一直是世界上人口最多的國家。[13]

中國人口中，漢族占絕大多數。可是，從漢朝開始，漢族容納了許多的邊疆民族。在以後的兩千多年中，由於戰亂、通商、邊疆民族統治中國及漢化、民族通婚、人口遷徙等因素，很多漢族人具有邊疆種族的血統。最有名的例子是唐太宗李世民，他的母系屬於鮮卑族。

就蔣、毛的歷史觀來看，中國人口的變化，受循環性的國家統一與分裂的巨大影響。一般說來，經年戰亂、大規模的天災、昏庸君主，異族入侵等因素，容易導致分裂。昇平時期、聖明君主、治國能臣等因素，則可引至統一。中國的統一分裂周期，可以表達如下：[14]

大體來說，在分裂時期，邊疆種族占領中國北部，北方漢人南遷。

統　一	分　裂
秦朝，西元前二二一～二〇七年	三國，西元二二〇～二八〇年
漢朝，西元前二〇六～西元二二〇年	晉朝，西元二六五～四二〇年
隋朝，西元五八一～六一八年	十六國，西元三〇四～四三六年
唐朝，西元六一八～九〇七年	南北朝，西元四二〇～五八九年
元朝，西元一二七九～一三六八年	五代、十國，西元九〇七～九七九年
明朝，西元一三六八～一六四四年	宋朝／遼、金，西元九六〇～一二七九年
清朝，西元一六四四～一九一一年	中華民國，西元一九一二～一九二八年

在統一時期，漢族與邊疆種族融合。從大漢民族的觀點來看，統一是國家富強的先決條件。具有這一觀點的蔣、毛，在他們步上政治道路時，中國正遭遇到列強侵略，軍閥割據之局。他們認為，中國必須從混亂中建立秩序，將世界上最大的民族，團結在一個政府之下。

總結來說，蔣、毛認為中國的歷史，給予他們兩項重大使命：近程的使命是打倒帝國主義與軍閥割據而完成統一；遠程的使命是建立富強中國。

利用武力

當蔣、毛走上政治道路後，他們都迅速認識到，武力是取得權力，完成歷史使命的不二法門。他們知道國民黨在辛亥革命以後，袁世凱能奪權竊國，就是因為國民黨沒有一支堅強軍隊。就蘇聯來說，共產黨能夠保障一九一七年大革命的成果，一統國家，正是它有武力作後盾的結果。這是孫中山積極接受蘇聯援助，建立黃埔軍校的的原因。

黃埔建軍帶來了蔣取得政治權力的一個絕好機會。在孫中山去世以後，蔣馬上作了一項抉擇：他要先剷除軍閥統一中國後，再解決列強侵華的問題。他認為沒有統一的中國，就沒有能力對付武力強大的列強。於是，一九二五年，在黃埔軍校開辦僅僅一年之後，他就提出北伐之議。這時候，他實際上連對付一個軍閥的軍隊都沒有，更不要說對付所有的北方軍閥。所以，當時他的蘇聯顧問們都反對他的提議，主張按部就班地訓練出一支堅強軍隊之後，再行北伐。

其實，蔣是另有打算。他認為北伐的第一步是征伐在廣東東部，背叛孫中山的陳炯明軍隊。如果把陳炯明打敗了，他的軍力便可大為增強，然後以廣東為基地，聯合南方各省武力，再與北方軍閥決戰。東征是為北伐舖路。就在一九二五年，他率領「三千子弟兵」，再加上許崇智的部隊（許崇智曾是蔣在陳炯明部隊服役時的上司），開始東征，與號稱十萬之眾的陳炯明軍隊交鋒，而獲得幾乎是不可能的勝利。

蔣東征的成功，讓他成為中國南方聲譽極高的軍事領袖。一九二六年國民黨任命他為國民革命軍總司令，決定北伐。於是，他按照計畫，匯合南方各省軍力，聚集八萬五千之師，在這年七月宣誓北伐，與北方各軍閥統率的百萬之眾的軍隊交戰。在兩年之內，擊敗北方主力的吳佩孚及孫傳芳部隊，於一九二八年占領北京，完成北伐。蔣隨之成為國民黨最高軍政領袖。

當蔣領軍北伐時，許多共產黨員也參與其事，例如後來成為紅軍高級將領的林彪與葉劍英便是。毛澤東則沒有參加軍事行動，而在宣傳方面及發動農民方面，支援北伐。蔣在一九二七年四月，在北伐的過程中，採取了清除共產黨於國民黨之外的措施，在上海及其他地方，殺害許多共產黨員，造成國共分裂。蔣採取這種極端措施，是因為他相信，中共要利用一九一七年俄國革命時工人暴動方式，達成中國共產革命，進而取代國民黨領導的革命。這時中共所領導的工人暴動，曾在南京及上海發生。[15]

也正是這一年，毛蘊釀成熟兩項觀念，對於將來如何取得政權及共產黨以後如何發展，產生了決定性的影響。這就是農民革命與游擊戰的兩種理論。他在四月間提出的「湖南農民運動考察報告」中指出，中國農民具有巨大的潛力，可以完成共產革命。根據他在湖南三個月的考察，他說有些農民已經從地主手中爭奪到田地，有些拒絕交付過高的田租，並且組織農會保護自己利益。農會會員在一九二六年，從三十萬擴展到一百三十萬。他說，如果把農民的革命潛力加以充分發揮，他們將會把「一切帝國主義、軍閥、貪官汙吏、土豪劣紳……葬入墳墓。」[16]

毛在一九二七這一年，更指出武力是取得政治權力的必要條件，說出了一句名言：「槍桿子裡出政權。」他在湖南時曾組織農民武力，開始暴動；因為當局的鎮壓，沒有成效。當時，他想到鄰省江西的叢山峻嶺地帶，是掩護發展農民武力的好去處。於是在一九二七年四月，他帶領一千多武裝農民，進入江西的井岡山地區。與當地土匪結盟，取得生存之地。另外，他從一個叫做朱聾子的土匪頭子處，得到一點如何運用武力的靈感。朱聾子利用他的「打圈兒」（團團轉）辦法，能夠長期躲避政府當局的追剿。毛也利用這個辦法，對付國民黨軍隊的追剿，習之常久，發展出一套游擊戰作法，應付一九三〇年代國民黨的圍剿。這在下一章再詳細說明。

毛利用他的土地政策配合他的游擊戰術。他的政策是奪取地主的土地，分配給無土地的農民。

這樣，他分配的土地愈多，就會有愈多的農民加入他的游擊隊，以保護已得的利益。他的游擊隊愈壯大，就能奪取愈多土地，分給愈多農民，再行壯大游擊隊。這種循環性的措施，是他能夠在江西生根，擴大地盤，對抗國民黨的原因。可是，在上海的地下中共中央，卻反對這個策略。中共中央當時走李立三路線，認為馬克思的思想，要以工人階級，而不是農民來領導共產革命。於是在南昌、長沙、廣州進行工人罷工及暴動，但都沒有成功。

中共中央因為毛的策略違背了馬克思思想，一度取消他的中央政治局候補委員身分，並讓他賦閒養病一陣。可是毛始終堅持他的策略。他在復出以後的一九三一年，於江西成立蘇維埃政府，擔任主席，繼續實行他的農民革命策略。一九三三年，中共中央因無法在上海繼續生存，轉移到江西。這時的中央受王明領導。王明與中共的軍事顧問李達，認為毛一面跑、一面打的游擊戰術，不合時宜。而採用了與國民黨軍隊正面為敵的策略。結果造成潰敗，不得不在一九三四年，走上了長征之途。

中共的領導人員，在一九三五年長征途中，於貴州遵義舉行一項重要會議，決定今後中共發展的方針。他們認為李立三及王明路線，都已經被事實證明不適合中共的要求，而毛的農民革命策略才能挽救中共於危亡的命運，走向發展之途。大家一致接受他為中共的最高軍事領導人；次年，正式任命他為中共軍事委員會主席（毛一直保持這一職位，達四十年之久，到他去世為止）。十三年以後，他擊敗國軍，建立起中共政權。

蔣、毛在一九二八年及一九三五年，大致在相同年歲時（一為四十一歲，一為四十二歲），分別成為國、共的最高軍事領導人。

博覽群集

蔣、毛雖然都靠武力起家，可是並不是全靠武力來維持他們的領袖地位。他們從童年起，就開始了畢生的讀書生活，可以說是博覽群集，極力吸收知識。兩人雖然同樣痛恨私塾生活，卻在四書五經及其他古籍方面紮下根基。[17] 成年後，他們選擇性地重讀這些書籍，對他們的思想及政策的形成，有重大影響。除此之外，他們都下過自修功夫，進而研讀現代中外學說。

他們所讀的書，有不少相同科目：中國史籍方面，包括《史記》、《二十四史》、[18]《資治通鑑》、《綱鑑》。中國其他書籍，包括哲學、名人文集、傳記、兵法、現代雜誌與小說[19]。西方書籍（翻譯作品），包括黑格爾哲學、達爾文進化論、克羅塞維茲（Carl von Clausewitz）戰爭論、杜威（John Dewey）在華演說講義、列寧文集、馬克思主義摘要與基督教聖經。[20]

蔣、毛也讀過彼此喜歡的書。蔣在早期，時常唸左派作品。[21] 他在一九二三年九月及十月日記中記述道：他不懂馬克思主義摘要的前半部，但是堅持唸下去，到後半部時，喜歡得不能釋手。他讀過經典性的《共產黨宣言》（The Communist Manifesto）；仔細研究過列寧有關組織策略的文章；讀過德國社會民主黨史、俄國革命史、俄國共產黨史，以及陳獨秀一度編過的《新青年》雜誌。毛早年，唸過蔣平生鑽研的《曾國藩文集》及《王陽明文集》。後來他反對這兩人的學說。

蔣、毛生活在動亂時代中，時無定所。但讀書的習慣，數十年如一日。在辦公室裡，在行旅中，甚至在戰場上，都是手不釋卷。蔣的日記記述很詳細（參看CKSD，6/3/28，7/26/31，9/18/31）。一九四九年十二月十日，可說是他生平最痛苦的一日。他倉皇乘機離開成都，從此永別大陸；在飛往臺灣途中，他還在看書。

蔣所唸之書，不只是前面所列出的作品。據筆者統計，他在一九一七年到一九三一年之間，讀過的項目有八十七種之多，包括多本文集。[22] 一位研究者曾列出蔣在一八九四年至一九四五年所唸過的書目，達到一百種以上。[23] 蔣唸書時非常仔細，不讀完一本書不看下一本，有時再三重讀一本書。有一次他偶然看到《曾國藩文集》，他說，這是「不啻舊友重逢」（CKSD，4/29/21），不忍釋手。他在書中文詞之間，時圈時點，非常用心。

毛比蔣讀書，更下功夫。他在井岡山打游擊時、在長征時馬背上、在北京他的書房兼會客廳裡，以及在他的特製臥床之上，[24] 都在看書。他私人藏書，達數千卷之多，還經常向北京圖書館及私人借書看。[25] 他在行旅之中，經常帶著兩大木箱的書，隨時備他閱讀。他有一次說，他會唸書到死亡為止。結果他真做到了這一點。一九七六年九月八日下午五時五十分，他從死亡邊緣，被救活回來，讀了七分鐘的書，便又陷於昏迷，次日死去。他簡直是在書中生活，書中死去。[26]

如蔣一樣，毛讀書時也是圈點有加。經常重讀已經唸過的書。他說他唸過《資治通鑑》至少十七遍。[27]在一九五二年到一九七六年的二十四年間，他把《二十四史》全部唸完，這套著作包括八百卷，四千萬字。[28]他有時向他的祕書或者醫生，學一點英語。在有如英國蒙可馬利元帥的外國客人面前，還能講兩句。[29]

蔣、毛為什麼如此勤奮為學？蔣認為他自己「愧無學問，看書無暇矣」（CKSD，3/13/28）。他又說：「學業時習不間，則德行進步，故欲自強獨立，乃以求學業為要也。」（CKSD，12/20/30）。他這種觀念，正是他的政治道德化的思想基礎。在第四章中再詳細敘述。從實用的觀點來看，蔣勤學的原因，是為了增強他在動亂之中治世的能力。因此，他有一次說：「今日未讀書，何以為革命也？」（CKSD，9/3/28）

毛認為，有知識的人有如站在高山之上，可以高瞻遠矚；沒有知識的人，有如在黑巷中的人，摸索困難。[30]什麼是毛認為最重要的學習項目？他在一篇文章中指出，中國歷史與馬克思思想最為重要：

「學習我們的歷史遺產，用馬克思主義的方法給以批判的總結，是我們學習的另一任務。我們這個民族有數千年的歷史，有它的特點，有它的許多珍貴品。對於這些，我們還是小學生。今天的中國是歷史的中國的一個發展；我們是馬克思主義的歷史主義者，我們不應當割斷歷史。從孔夫子到孫中山，我們應當給以總結，承繼這一份珍貴的遺產。」[31]

事實上，毛讀中國歷史書籍遠比馬克思理論為多，就《毛澤東選集》來說，有關中國史籍的文章是有關馬列文章的四倍。[32]

脫穎而出

蔣、毛征戰多年，以武力擊敗強敵，取得政權。但他們在自己的政黨內，是如何取得領袖的地位？就蔣來說，在孫中山一九二五年逝世時，他在國民黨領導階層中的地位不高。據他當時的夫人陳潔如記載，他地位數第七，在汪精衛、胡漢民、廖仲凱、許崇智、劉振寰與吳稚輝之下。[33] 汪精衛、胡漢民與廖仲凱是孫中山最親近、多年共事的同志。廖仲凱在一九二五年被刺身亡；許崇智及劉振寰在東征後失職失勢；吳稚輝自動退出角逐權力局外。這樣只剩下汪精衛與胡漢民具有較蔣為高的政治權位。可是，兩人都是文人從政，既無軍事才幹，也無兵權足以執行國民黨當時最重要的任務：剷除軍閥。蔣則兵權在握，迅速利用一九二六年的中山艦（原名永豐艦）事件，大力削弱汪精衛的權勢。胡漢民又因牽涉在廖仲凱暗殺事件內，自顧不暇。[34] 蔣便在當時情形之下，取得了國民黨高階層中的優勢地位。

如蔣一樣，毛也是經過歷史的淘汰過程，取得權位。中國共產黨兩位創辦人李大釗與陳獨秀，一個在一九二七年被張作霖殺害，一個因為反對第三共產國際，被排除黨外。受蘇聯支持的李立三及王明，曾經主掌中共中央，但是在一九三〇年代，因為政治與軍事路線的錯誤，失去權勢。在一九三五年，黨內能與毛一爭權位的，只有張國燾、周恩來及朱德三人。張國燾在長征中，因為撤退路線的失誤，政治聲勢大為削弱，後來倒向了國民黨。周恩來在一九三五年，已經徹底信服毛為共黨的領袖，向他的同志們宣稱，毛的思想蘊孕著共產黨的正確路線。至於朱德，他熟稔游擊戰術，但缺少整體戰略思想，沒有政治領袖的條件，也無政治野心。

在一九二八年及以後的幾年中，蔣、毛都脫穎而出。

❖ 注釋

❶ 李敖，《蔣介石研究》，臺北：天元圖書公司，一九八六年，頁八六～一二六；張憲文、方慶秋，《蔣介石全傳》，鄭州：河南人民出版社，一九九六年，頁四〇～四一；Pichon P. Y. Loh, The Early Chiang Kai-shek: A Study of His Personality and Politics, 1887-1924 (New York: Columbia University Press, 1971), p. 31.

❷ Snow, Red Star over China, p. 135. 史諾在這本書中，記述有關毛澤東早年生活的談話，是唯一毛自傳式文章。許多中共出版的毛自傳板本，都是根據史諾的文章而來的。例如《毛澤東自傳》（青島：青島出版社，二〇〇三年）便是。

❸ Snow, Red Star over China, p. 142.

❹ Emmanuel C. Y. Hsü, The Rise of Modern China, 2nd ed. (New York: Oxford University Press, 1979), p. 620. and Harold R. Isaacs, The Tragedy of the Chinese Revolution, 2d rev. ed. (Stanford: Stanford University Press [1966, c1961]), p. 47.

❺ 中共中央組織部、中共中央黨史研究室、中央檔案館，《中國共產黨組織史資料》卷一，北京：中共黨史出版社，二〇〇〇年，頁十八。Chang Kuo-t' ao, The Rise of the Chinese Communist Party: The Autobiography of Chang Kuo-t' ao, Vol. 1 (Lawrence: University Press of Kansas [1971-72]), pp. 137-47. For the party' s early history, see Arif Dirlik, The Origins of Chinese Communism, (New York: Oxford University Press, 1989. and Benjamin I. Schwartz, Chinese Communism and the Rise of Mao, (Cambridge: Harvard University Press), 1961 [c1951]. 蘇聯所設立的第三共產國際，是它的外圍組織，用以在他國推展共產主義。

❻ Conrad Brandt, Benjamin Schwartz, and John K. Fairbank, eds. A Documentary History of Chinese Communism (London: Allen & Unwin, 1959), pp. 70-71.

7 國民黨多年來保持著列寧式的政黨組織，但是在實際的運作及意識型態方面，已與原來的列寧模式，相去甚遠。這在第七章，再為討論。

8 有關蘇聯推動國共合作的記述，參閱郭恆玉，《共產國際與中國革命：第一次國共合作》，臺北：東大圖書股份有限公司，一九八九年。Brandt, A Documentary History of Chinese Communism, p. 52; S. A. Smith, "The Comintern, the Chinese Communist Party and the Three Armed Uprisings in Shanghai, 1926-27," in Tim Rees and Andrew Thorpe, eds., International Communism and the Communist International, 1919-43, New York: St. Martin's Press, 1998; and Robert C. North, Kuomintang and Chinese Communist Elites (Stanford: Stanford University Press, 1952), pp. 24-29.

9 See Soviet Volunteers in China, 1925-1945: Articles and Reminiscences, translated from the Russian by David Fidlon, Moscow: Progress, c1980.

10 在應裡應指出一項重要史實，這就是蘇聯對國民黨的支援，不僅僅是一種友誼措施，而有不光明的一面。蘇聯實際上，圖謀恢復帝俄在中國東北及外蒙古的特權。換言之，蘇聯一方面宣布廢除特權，另外藉對國民黨的支援，設法恢復特權。事實上，蘇聯首先與中國北方軍閥進行談判，希望達到同一目的。只有在談判無成時，才與國民黨接觸。Bruce A. Elleman, "Soviet Diplomacy and the First United Front in China", Modern China, Vol. 21(October 1995): 450-80. Similarly, in promoting the Nationalist-Communist alliance, as John King Fairbank and Merle Goldman have pointed out, "the ulterior objective of the Comintern was to develop the Chinese Communist Party and get it into a strategic position within the Guomindang (GMD) so as eventually to seize control of it." John King Fairbank and Merle Goldman, China: A New History, 2nd and enlarged ed. (Cambridge: Belknap Press of Harvard University Press, 2006) pp. 281-82. The Soviet intention to dominate both the Nationalist and Communist parties repeatedly manifested itself in subsequent Soviet-Chinese relations, particularly in a number of historically significant events: the collapse of the Nationalist-Communist alliance in 1927, the dispute over the policy line within the Communist Party in the Jiangxi period, Chiang Kai-shek's] painful negotiations with Stalin over the Yalta agreement in 1945, and Mao Zedong's tumultuous relations with the Soviet

leaders in the 1960s. These events will be treated in other chapters.

⓫ 班固，《漢書》；葛劍雄，《中國人口發展史》（福州：福建人民出版社，一九九一）。

⓬ Patricia Buckley Ebrey, The Cambridge Illustrated History Of China (Cambridge: Cambridge University Press, 1996), p. 246.

⓭ Ibid., pp. 73, 141, and 246; Fairbank and Goldman, China: A New History, pp. 167-68.

⓮ "TABLE 1, ERAS OF CHINESE HISTORY," in Shuhsi Hsü, Understanding Chinese History, edited and revised by Hung-chao Tai (Carlsbad, CA: American Society of China Scholars, 2004), p. 3.

⓯ 根據一項中共方面的作品，蔣介石清除共產黨的行動，導致了三百餘名共產黨員的死亡，五百多人被監禁，五千多人失蹤。王建華，《紅色恐怖的鐵拳：中共中央特科紀實》，北京：人民中國出版社，一九九三年，頁十六～十七。

⓰ 〈湖南農民運動考察報告〉，《毛選》，卷一。另外，湖北及江西的農民曾在北伐時，組織農會，占領田地，罷繳田租。農會會員達數萬人，其中有些是受共產黨影響而產生；大多數為自發性的運動。在共產黨內，關於這一運動，曾發生歧見。有些人認為，農民運動有助於北伐進展；有些人認為，如果共黨贊同農民的暴力行動，可能破壞國共的合作關係。張憲文，《中華民國史》卷一，南京：南京大學出版社，二〇〇五年，頁五七二～五七九；Philip Short, Mao: A Life (New York: Henry Holt, 2000), pp. 165-78.

⓱ 四書包括《論語》、《大學》、《中庸》、《孟子》；五經包括《詩經》、《書經》、《易經》、《禮記》、《春秋》。

⓲ 蔣僅唸《二十四史》摘要，毛則唸全部。

⓳ 以下為例：《莊子》、《屈辭》、《孫子兵法》、《孫中山全集》、《王陽明全集》、《曾文正公全集》、《水滸傳》、《西遊記》、《新青年》。

⑳ 有關蔣閱讀的書目，見蔣介石日記，及毛思誠編，《民國十五年以前之蔣介石先生》。有關毛閱讀的書目，見龔育之、逄先知、石仲泉，《毛澤東的讀書生活》，北京：生活・讀書・新知三聯書店，一九九六年；孫寶義，《毛澤東讀書生涯》；江東然，《博覽群書的毛澤東》，長春：吉林人民出版社，一九九八年。所列蔣、毛閱讀書目中，部分是簡化的書名，不是全名。

㉑ 參看楊天石，《蔣氏祕檔與蔣介石真相》，北京：社會科學文獻出版社，二〇〇二年，頁十二～十五。

㉒ Paul H. Tai, "Chiang Kai-shek's Rise to Power: Reflections from His Recently Released Diaries," American Journal of Chinese Studies, Vol. 16(April 2009): 54.

㉓ 王奇生，「蔣介石的閱讀史——以一九二〇—一九四〇年代為中心」，中國社會科學院，近代史研究所與美國史丹佛大學胡佛研究院，民國人物與民國政治國際學術研討會，北京，二〇〇八年。

㉔ 毛的臥床一側，有連接的書架，列陳大多為線裝書。在一九五〇至一九六六年為毛祕書的逄先知，在《毛澤東的讀書生活》一書中列有照片。

㉕ 在一九四九年至一九六六年之間，毛曾向北京市圖書館借出五千餘冊書籍。

㉖ 龔育之、逄先知、石仲泉，《毛澤東的讀書生活》，頁十六。

㉗ 孫寶義，《毛澤東讀書生涯》，頁一一一。

㉘ 同前書，頁一一〇。

㉙ 毛的祕書林克，及毛的醫生李志綏，都曾偶爾教過毛的英語。林克，《毛澤東的人間相》，頁二四二～二五〇；Li, Chairman Mao, pp. 68 and passim.

㉚ 江東然，《博覽群書的毛澤東》，頁三六二。

31 〈中國共產黨在民族戰爭中的地位〉，《毛選》，卷二。

32 Xiao Yanzhong, "Shilun Wannian Mao Zedong Yanjiu de Sige Ceng Mian", http://www.chinastudygroup.org.

33 Ch' en Chieh-ju, Chiang Kai-shek' s Secret Past: The Memoir of His Second Wife, Ch' en Chieh-ju (Boulder: Westview Press, 1993), p. 157.

34 中山艦事件發生在一九二六年三月。當時手執兵權的蔣介石，因懷疑蘇聯軍事顧問團以及中國共產黨，可能在黃埔調動中山艦（艦長為共產黨員李之龍）時扣押他。他立即逮捕李之龍，宣布戒嚴，並一度包圍蘇聯顧問團住處。當時汪精衛與蘇聯顧問團接近，也為蔣所懷疑，被迫出走國外。

35 Michel Oksenberg has provided a penetrating analysis of Mao' s techniques and mechanisms to safeguard his leadership position within the party Michel Oksenberg, "Chapter 3: The Political Leader," in Dick Wilson, ed., Mao Tse-tung in the Scales of History: A Preliminary Assessment (New York: Cambridge University Press, 1977), pp. 70-116.

第二篇 主要統治技術

政治人物

亞利士多德曾經說：「人是政治動物。」蔣、毛是屬於西方政治學家拉塞維爾（Harold D. Lasswell）所說的典型政治人物。他們有一種極端追求而永不滿足的權力欲望。[1]他們如果有別的欲望，譬如說，增加財富或追求知識，他們所獲得的財富與知識，都是用來幫助他們行使權力。

事實上，他們兩人從政以來，並沒有追求過富裕的生活。就蔣來說，這是特別值得注意的事，因為許多人認為他領導的政府，是出名的腐敗。可是在他去世將近四十年的今天，還沒有他留給子孫巨大遺產的傳聞。如前所述，蔣、毛都非常好學；可是他們的目的，仍然是在利用學識來制定及施行政策。毛非常喜歡寫詩；通觀他的詩集，幾乎沒有一篇是不牽涉到政治的。

蔣、毛的嗜好不多，在晚年時很少朋友。蔣喜歡遊覽山景，他藉隔絕塵世的機會，思索軍國大事。毛喜好游泳。在一九六六年七月十六曰，文化大革命開始時，他在武漢有橫渡長江之舉。當時的報導渲染說，他的游泳速度非常高，高到超過奧運紀錄。[2]他的目的是讓他內外政敵都知道，已是七十三歲的他，政躬康泰，能夠發動驚天動地、牽涉億萬人的大革命。

天有兩日

雖然蔣、毛都是濃厚性的政治人物。但是，正是在政治上，他們是壁壘分明，南轅北轍。毛在一九四五年八月，到達重慶與蔣舉行會談時，告訴記者說：「蔣先生總以為『天無二日，民無二主。』我不信邪，偏要出兩個太陽給他看看。」[3]這句話的含意很簡單：毛相信，他與蔣多多少少都是中國的統治者。歷史似乎肯定他的說法。從一九二〇年代末期到一九四〇年代的末期，蔣統治著大部分的中國，但不包括共產黨控制的地區（先有江西南部，後有延安邊區，再加上中日戰爭時共黨在敵後的活動區域）。[4]從一九五〇年起到一九七〇年中期，毛統治著整個中國大陸。但不包括蔣治下的臺灣、澎湖、金門與馬祖。

兩個桿子

用毛的生動的俗語來說，他與蔣兩人的主要統治技術，是如何運用槍桿子與筆桿子。[5]前者是用以擊敗敵人，取得與維護政權的工具；後者是一統人心，發號施令的工具。兩人運用這兩項工具的方式截然不同，所得效果也大有差異。

注釋

1. Harold Dwight Lasswell, Power and Personality (New York: Viking Press, 1948), pp. 17, 38, and 54.
2. Li, Chairman Mao, p. 463.
3. 辛子陵，《毛澤東全傳》卷四，臺北縣：書華出版事業有限公司，一九九三年，頁二。毛在一九四五年七月，與訪問延安的青年黨領袖左舜生會談時，第一次講過這樣的話。http://blog.sina.com.cn/s/ blog_49afd4c501000ciw.html.
4. 在一九三〇年，共產黨在江西所控制的地區，包括三十四縣，人口二百多萬。黃允升，《毛澤東三落三起：開闢中國革命道路的艱難與曲折》，北京：中央文獻出版社，二〇〇六年，頁一九七、二六五。從一九三〇年代中期到一九四〇年代中期，共產黨控制著部分的陝西、甘肅與寧夏。根據當時管理共黨財務的林伯渠估計，這地區與奧地利或英國大小相當。Snow, Red Star over China, pp. 226 and 261.
5. 毛在一九四二年的一個延安座談會上說：「在我們為中國人民解放的鬥爭中……有文武兩個戰線，這就是文化戰線和軍事戰線。我們要戰勝敵人，首先要依靠手裡拿槍的軍隊。但是僅僅有這種軍隊是不夠的，我們還要有文化的軍隊。」文化的軍隊是要筆桿的。《毛選》，卷三，〈在延安文藝座談會上的講話〉。後來，在一九五八年，他直截了當地說，共產黨的幹部要「一手拿筆桿，一手拿槍桿。又是文化，又是武化。」《毛澤東外交文選》，北京：中央文獻出版社，一九九四年，頁三四七～三四八。

第三章　運用槍桿子

用槍桿去革命

在國民黨治下的中國，各政府機構、學校與軍隊都要舉行紀念週這一儀式。集會的人員，面向孫中山的遺像，行三鞠躬禮；遺像的兩邊，有幅對聯宣稱，「革命尚未成功，同志仍須努力。」然後共同宣讀「總理遺囑」。前面的話語是：「余致力國民革命，凡四十年……」這表明國民黨是如何地重視革命。蔣更不用說，革命是他常用的術語，是他畢生的使命。

共產黨不舉行類似的儀式，但是也自認為是一個革命政黨。毛在他的整個政治生涯中，就是要繼續不斷地推動革命。在他的選集中的第一篇文章中，他開宗明義地說道：「誰是我們的敵人？誰是我們的朋友？這個問題是革命的首要問題。」[1]在選集的第二篇文章中，他又說道：「革命不是請客吃飯，不是做文章，不是繪畫繡花……革命是暴動，是一個階級推翻另一個階級的暴烈的行動。」[2]

蔣、毛都認為革命是如此的重要，但是革命的目的是什麼？簡單的說，就是更換國家的命運。這又引出兩個問題。首先是如何更換命運？就毛來說，非常簡單。就是一個階級推翻另一個階級的暴烈行動。蔣不認可毛的階級鬥爭的觀念，但同意毛的暴力革命的說法。也就是說，兩人都認為武力「以槍桿子為象徵」，是革命的手段。

其次的問題是，更改後的命運是什麼？在一九二〇年代的初期，蔣、毛都認為是剷除軍閥，打倒帝國主義以後的統一與獨立國家。但是到了一九二七年，他們在政治上分裂以後，毛認為實行社會主義及推翻封建制度，是革命的另外方向。蔣不同意這樣的想法。他認為社會主義不適合中國國情，而封建制度，在中國歷史中已經老早被廢除了。

當毛在井岡山，以他薄弱的兵力，開始他的農民革命時，他說這是星星之火可以燎原。蔣知道毛的目的，就是要推翻國民黨政權。於是他圍剿共軍，要撲滅這燎原之火。這樣，原來是革命的同志，變成了世仇大敵，彼此征戰，打了一輩子的仗。

蔣：陣地戰術，火力制敵

要研究蔣如何用武力去革命，須先簡單地說明他的軍事經歷。他在清廷設立的保定軍校作短期學習之後，於一九〇七年進入東京振武軍事學校。振武是日本政府應清廷之請設立的軍校。蔣在一九〇九年畢業後，到日本部隊作兩年炮兵科的見習。他在保定及振武所受到的軍事訓練，都以戰地陣術為中心學科，受到德國俾斯麥以來的軍事思想很大的影響。

如前所述，自辛亥革命以後，蔣曾參加各種反抗滿清及軍閥的武裝活動；一九一八年他在陳炯明軍中任作戰科長及大隊司令；一九二四年擔任黃埔軍校校長；一九二五年在東征中，擊潰陳炯明；一九二六年，誓師北伐，兩年後完成使命；一九三〇年在中原大戰時，打敗了馮玉祥與閻錫山；在一九三〇到一九三四年，發動五次圍剿江西共軍；之後，在繼續與共軍作戰的同時，應對廣東與廣西的叛變；從一九三七年到一九四五年，領導對日抗戰，贏得最後勝利；在一九四七到一九四九年的內戰中，敗於共軍；一九四九年退居臺灣；在一九五四年及一九五八年，與共軍發生兩次金門炮戰。

蔣在他早期軍事生涯中，有非常輝煌的成就。幾乎是戰無不勝，攻無不克。尤其是在一九二五到一九二八年，他的表現，最為優異。在這短短四年之間，他完成了東征與北伐兩大軍事任務；在每次任務中，擊敗至少十倍於他的敵人。他從一個率領「三千子弟兵」的軍官，躍升為中國最高軍事領袖，統率百萬之師；把中國從分割之局，帶上了統一的道路。

蔣的軍事成就，歸功於三點因素：他的勇氣、戰略才能與熟稔陣地戰術。如前所述，他在十八歲，還是一個少年的時候，就毅然把辮子割去；他這種反抗滿清的行動，不是在別的地方採取的，而是在清廷設立的保定軍校。他也是學員中唯一採取這種行動的一人，引起教官的注意。他在服務軍旅時經常說，軍人必須有不怕死的精神。當他唸到胡林翼（清朝名將）文集時，他記述道：「其言凡有兵柄者，日夜懸一死字於臥榻旁，知此身必死，則於此求生，或有生機。信乎其言！」（CKSD，11/7/18）。蔣經常在擔負危險使命時，寫下遺囑。他在下面的幾個事例中，便是如此。一九一一年十一月二日，在參加敢死隊逮捕曾韞巡撫前夕；一九二〇年三月一日在陳炯明軍中，接受一項危險任務時；一九二二年六月二日，他到永豐艦與孫中山共同蒙難時；一九三一年九月二八日，他因九一八事件，準備帶軍北上，可能與日軍開戰時。在一九三六年十二月西安事變中，他曾寫下三份遺囑，一份給國人，一份給宋美齡，一份給蔣經國及蔣緯國。

蔣在作戰時，更是身先士卒，表現無畏的精神。一九一八年，他在福建作戰時，帶領一支「孤軍」，直入敵地七百里之深。他當時生病，有時還須要坐著轎子，卻仍勇往直前。在一九二五年東征時，他更是親往前線指揮，前後下達軍令六十次之多。有一次與敵交鋒時，他認為可能被擒，便舉槍要自殺，被他的黃埔學生，後來是共軍將領的陳賡救護下來。陳潔如形容他在東征時，具有如瘋似狂的自信心。[3] 在北伐途中，他身受軍閥及日軍的炮火攻擊。[4]

在蔣的眼光中，勇氣是軍人的必要條件。但是作為將帥，還須有更重要的條件，這就是謀略。他告訴自己說：「將在謀不在勇。兵貴精而不在多。信然矣。」（CKSD，7/30/22）他在一九一四年到一九三一年間所參與的各項戰役中，親自制定的作戰計畫與命令至少有三十三項之多。[5] 這其中有兩項最值得注意。

一項是蔣在一九一七年九月二十日，向孫中山提出的「對北軍作戰計畫」。他說明：「南軍〔可〕動員之兵力，〔分為〕滇軍……黔軍……桂軍……湘軍……川軍……我軍乃在十師以上。」然後，他進一步詳細陳述如何進軍北上：「茲分作戰計畫為二期。其概要如〔下〕：第一期作戰計畫，中央軍由兩粵進擊長沙，肅清湖南全境。待左翼軍解決四州，東下湖北時，與之合攻武昌……待中央軍與左翼軍克復武昌，然後與之會師南京……占領淞滬……第二期作戰……以中央軍由津浦路北進，」最後攻下北京。在一九一八年三月十日，他又提出「南北軍兩軍行動之判斷」的意見書，作為補充說明。[6]

蔣提出他的北伐計畫時，還是一個名不見經傳的人物。九年之後，北伐的籌備與進軍，就是完全依照這個計畫實行的。[7] 當時的國民革命軍，是由廣東、廣西、雲南及湖南的軍隊所組成，共計八萬五千人。由廣州北進，面對由吳佩孚、孫傳芳、馮玉祥、閻錫山、張作霖等所率領的號稱百萬大軍。北伐軍在一九二六年，首先擊敗吳佩孚，占領長沙與武漢，然後揮軍東下，在一九二六年十一月至一九二七年三月之間，擊敗孫傳芳，連續攻占南昌、南京與上海。最後沿津浦路北上，於一九二八年六月八日，占領北京，完成北伐。

在北伐過程中，蔣充分利用各軍閥之間的敵對關係，取得優勢。在他與吳佩孚作戰時，他與孫傳芳聯絡，默許合作之機，勸孫傳芳不要參與戰事。孫傳芳當時認為吳佩孚是他的大敵，蔣不足為慮，也就按兵不動。當蔣敗吳佩孚之後，孫傳芳變成孤軍無援。與蔣征戰時，雖有小勝，終歸潰敗。這時，馮玉祥與閻錫山看到勢如破竹的北伐軍，於一九二六年十二月，加入國民革命軍，大大地加強北伐軍的聲勢。蔣的最後的敵人是占據北京的張作霖。他派人與張作霖聯絡，說明國民革命軍無意進攻張作霖根據地的東北；另外，他還給予張作霖金錢方面的協助。就這樣，張作霖在一九二八年六月四日，撤軍關外，讓國民革命軍於四日之後，順利進占北京。蔣在北伐時所使用的整個謀略，也正是戰國時代出名的遠交近攻之策。

蔣另一次表現戰略才能，是在抗戰開始時，於一九三七年八月發動淞滬戰爭。他所採取的策略是「以空換時」與爭取英美參戰的雙重作法，最後就靠這個策略，擊敗日本。這在第十章中，將仔細討論。

蔣的有效運用陣地戰，是他打敗軍閥的另一個重要因素。陣地戰的基本原則，是把兩個或多個交戰國的軍隊，排列為對峙之局。每方以步兵部隊居陣前第一線，由裝甲部隊及空軍（如果具有這兩軍種的話）支援；炮兵陣地列為第二線；指揮司令部及軍需後勤居最後一線。利用空間時間有利之機，以火力制敵，作攻守之勢，擴大一己陣地，擊敗對方。蔣與軍閥作戰時，雙方都是使用陣地戰術。事實上，許多北洋軍閥，也曾留學日本，學習陣地戰術，只不過不如蔣一樣地得心應手而已。

蔣的軍事成敗，可以說是以一九三〇年為分界線。在這年，他在中原大戰中，擊敗馮玉祥及閻錫山。在這年以前，他是一位幾乎每戰必勝的無敵將軍；在這以後，他是敗多於勝，特別是與共軍的多次戰役中，最為明顯。[8] 在中日戰爭中，他曾在台兒莊、長沙及緬甸諸役中獲得勝利。但是，日軍一直勝多敗少，甚至在抗戰末期，採用「一號作戰」計畫，直有威脅重慶之勢。後來還是靠美國共同對抗日本，才獲得勝利。中日雙方在交戰時，都是運用陣地戰術，蔣之所以敗多勝少，主要的原因是，他缺少這一戰術火力制敵的先決條件，在飛機大炮坦克車配備方面，日方占絕對優勢。就蔣的批評者的角度來看，還有些其他原因，這就是，國軍中有不少部隊，素質不良，士氣不旺。至於蔣為何敗於共軍之手，這將在本章最後一節討論。

毛：游擊戰術，機動克敵

毛在一九二七年帶領他湊合的隊伍進入井岡山時，毫無把握能在這裡生根壯大，因為這裡正是土匪叢生之地，沒有理由讓出他們的地盤。毛這時作出一個果斷的決定。他給當地的兩個土匪頭子袁文才與王佐，各送一份大禮。一個一百支步槍；另外一個七十支。袁文才與王佐極端缺少槍枝，對這種雪中送炭的禮品，自然是感恩不盡，願意分給毛一些地盤。其實毛自己，也缺少槍枝。他之所以如此大方，固然是要與山中豪傑建立合作關係，同時也表明他一直信奉的軍事原則：「人比槍重要。」他爭取的是更多的人加入他的隊伍；人多了以後，就會想辦法找到槍。他在井岡山落足以後，便開始農民革命運動，要沒有土地的窮人從地主手中搶奪田地。袁文才一度作過土共，領導農民暴動；王佐是他的結拜兄弟。他們兩夥土匪就逐漸加入了毛的隊伍。[9]而暴動取田的人也越來越多，更行壯大毛的聲勢。第二年，毛認為他的隊伍已經強大到一種程度，讓他能自封為紅軍第一師師長。

毛的農民革命策略，點起了星星之火，多年後起了燎原之勢，燒燬了數百萬蔣的軍隊。這個策略有三個構成因素：政治掛帥、游擊戰術、人民戰爭。就軍事角度來看，游擊戰術是核心思想。

政治掛帥

毛在他的「論持久戰」這一篇文章中，提到戰爭學家克勞塞維茲（Carl Von Clausewitz）的名言：「戰爭是政治的繼續。」他評論道：「在這點上說，戰爭就是政治，戰爭本身就是政治性質的行動，從古以來沒有不帶政治性的戰爭……政治是不流血的戰爭，戰爭是流血的政治。」[10]

毛在另外一篇文章中說，他也贊成「蔣介石有軍則有權」這一說法。「對於這點，我們應向他學習……每個共產黨員都應懂得這個真理：「槍桿子裡面出政權」。[11]但是，他認為軍隊只是達成共產黨政治使命的工具。因此，他堅持「我們的原則是黨指揮槍，而決不容許槍指揮黨。」[12] 根據這一原則，共軍採取一種蘇聯式的雙重指揮系統。司令官負責戰地指揮；黨代表從事政治領導。他進一步說，雖然共產黨靠軍隊建立政權，但是不應該變成軍事至上的軍閥式政權。[13]

共產黨當時的政治使命是農民革命。在這一革命的過程中，共產黨的軍隊必須一方面灌輸農民共產思想，另一方面要協助農民，從地主手中奪得土地。這樣，農民就便會自動自發地參軍，為保護他們的權益而戰。史諾在一九三六年訪問延安時，他說他發現「紅軍戰士都是志願兵。」就是這個道理。[14]

游擊戰術

如第二章所說，毛初到井岡山時，從朱聾子的「打圈兒」辦法，得到一點心得。然後經過心領神會，以及與同志從戰爭經歷中，相互切磋，歸納出游擊戰術的十六字真言：「敵進我退，敵駐我擾，敵疲我打，敵退我追。」後來，在一九三八年，他把這簡單的話語，推展到六項指示。[15] 在一九四七年，他進一步把游擊戰術的經典原則，總結為下列幾點：

◎先打分散和孤立之敵，後打集中和強大之敵。

◎先取小城市、中等城市和廣大鄉村，後取大城市。

◎以殲滅敵人有生力量為主要目標，不以保守或奪取城市和地方為主要目標。

◎每戰集中 絕對優勢兵力（兩倍、三倍、四倍，有時甚至是五倍或六倍於敵之兵力），四面包圍敵人，力求全殲，不使漏網。

◎不打無準備之仗，不打無把握之仗。

◎在攻城問題上，一切敵人守備薄弱的據點和城市，堅決奪取之。……一切敵人守備強固的據點和城市，則等候條件成熟 時然後奪取之。

◎以俘獲敵人的全部武器和大部人員，補充自己。我軍人力物力的來源，主要在前線。[16]

毛所制定戰術觀念，雖然來自實地的戰場經驗，毫無疑問地，他也受到中國古典兵法書籍的影響。毛當然熟讀《孫子兵法》，[17]試看這兵法列出的部分原則：

◎城有所不攻，地有所不爭。

◎能以眾擊寡者，則吾之所與戰者，約矣。

◎避其銳氣，擊其惰歸。

◎知可以戰與不可以戰者勝。知己知彼，百戰不殆。

◎避實而擊虛，兵應敵而制勝。[18]

孫子的這些原則，給予毛相當的啟發；毛的戰術觀念都符合這些原則。[19]

游擊戰單靠打仗是不會成功的，他認為軍隊還必須與人民相結合。要達成這樣任務，推行土改是必要方法。另外，軍隊必須制定規章，以便建立起良好的軍民關係。所以，毛在軍隊中頒布了所謂三大紀律與八項注意：

「三大紀律：（一）一切行動聽指揮；（二）不拿群眾一針一線；（三）一切繳獲要歸公。」「八項注意：（一）說話和氣；（二）買賣公平；（三）借東西要還；（四）損壞東西要賠；（五）不打人罵人；（六）不損壞莊稼；（七）不調戲婦女；（八）不虐待俘虜。」[20]

如此，游擊隊才能成為「人民的軍隊」。毛說共軍與人民是維持著一種魚與水的關係。水能養魚，也能隱蔽魚。

這裡需要作一點重要說明。毛的軍民關係規章中，所指的人民或群眾，有特定的意義。僅僅包括窮農與小農，至多也不過中農；地主及富人排除在外。對前者而言，共軍「不拿一針一線」，「說話和氣」。對後者而言，這規章不適用。共軍可以剝奪財產及土地，甚至窮凶極惡，予以殺害。這樣就符合了毛給革命下的定義：窮人階級推翻富人階級的暴烈行動。

人民戰爭

毛在他的「論持久戰」這一篇文章中，以游擊戰這一核心思想，引伸到人民戰爭這一觀念。[21]他說明：「持久戰將具體地表現於三個階段之中。第一個階段，是敵之戰略進攻、我之戰略防禦的時期。第二個階段，是敵之戰略保守、我之準備反攻的時期。第三個階段，是我之戰略反攻、敵之戰略退卻的時期。」這三個階段，是分別以游擊戰，運動戰，及陣地戰為主要戰術。游擊戰與陣地戰的特點，本章前文已經說明。關於運動戰，毛解釋道：「它的特點是：正規兵團，戰役和戰鬥的優勢兵力，進攻性和流動性。」[22]

毛的這篇文章是在一九三八年發表，是針對中日戰爭而寫。但是，在應用上，也適用於以後發生的國共內戰。總體來說，人民戰爭這一觀念，可概括他的三階段論。[23]它注重靈活機動，持久作戰，配合民眾，及戰爭結果取決於人，不取決於武器。關於最後這一點，毛解釋道：他不贊成「所謂『唯武器論』，是戰爭問題中的機械論，是主觀地和片面地看問題的意見。我們的意見與此相反，不但看到武器，而且看到人力。武器是戰爭的重要的因素，但不是決定的因素，決定的因素是人不是物。力量對比不但是軍力和經濟力的對比，而且是人力和人心的對比。軍力和經濟力是要人去掌握的。」[24]人力是指兵源；人心指士氣。一個軍隊兵源多，士氣高，但是武器差，不一定就打敗仗。一九五〇年到一五三年發生的韓戰，可以說證明毛的見解是正確的。共軍有人源，可以進行人海戰術，還有經過政治教導（或稱之為「洗腦」）士氣高昂的士兵。可是在武器方面，遠遜於美軍。結果打了三年，還不是打了一個平手。[25]

就國共戰爭史來看，當人民戰爭進入第三階段，也就是施行陣地戰的時候，共軍已經超過國軍兵力，占有較大面積，控制較多人口，然後動員人力物力，從鄉村包圍占據城市的國軍，最後致勝。

一九六五年，林彪發表了一篇「人民戰爭勝利萬歲」的長文，說毛的這一軍事思想，不但可以適用於中國，也可適用於全世界。他解釋道：「從全世界範圍看問題，如果說北美、西歐是『世界的城市』，那麼，亞洲、非洲、拉丁美洲就是『世界的農村』……今天的世界革命，從某種意義上說，也是一種農村包圍城市的形勢……全世界革命人民，都將學會用人民戰爭來對付美帝國主義及其走狗」。[26]

毛何以致勝

毛是怎樣戰勝蔣的？他如何從一個打圈兒的閉塞山區，運用兵力，征服了整個中國大陸？他如何從拚湊起來的一千多人隊伍，擴展到幾百萬人的解放軍？要解答這些問題，就要看他在三次重大戰役中，如何運用他的戰爭理論，獲得了最後勝利。這三次戰役是江西戰役（一九三〇～一九三四年），延安戰役（一九四七年），及國共內戰（一九四七～一九四九年）。

江西戰役（一九三〇～一九三四年）

江西戰役，是國軍在一九三〇到一九三四年，在江西南部五次圍剿共軍的大規模軍事行動。在一九三〇年第一次圍剿開始時，蔣動員了十萬國軍，以犁庭掃穴之勢，圍攻三萬共軍。很快攻入共軍根據地，但是沒有發現敵人。毛說出他當時如何應付這強兵壓境之勢：「強敵跟追，用盤旋式的打圈子政策。『很短的時間，很好的方法，發動很大的群眾。』這種戰術正如打網，要隨時打開，又要隨時收攏。打開以爭取群眾，收攏以應付敵人。」[27] 有了群眾，就有人掩護與配合共軍行動。再加上，共軍根據地是山多林深的地方，很容易隱藏軍隊。他們待機而動，隨時反擊。

當時的一位國軍師長公秉藩，在事後回憶說：國軍「經過的地方，看不到人民，房屋一空如洗，沒有糧食，沒有鍋碗瓢勺，……遊擊隊到處鳴槍示威，利用熟悉地形，隱藏在……複雜的要害地方，伺機襲擊隊頭，截擊隊尾，捕捉掉隊士兵。……〔國軍〕就被搞的昏頭昏腦，迷失方向。」結果，公秉藩這一師被打得「潰不成軍」，他自己化裝而逃。[28] 在一九三一年一月第一次圍剿結束時，共軍擊潰一萬五千名國軍，獲得一萬二千支步槍，及一百萬發子彈。[29]

蔣在一九三一年五月第二次圍剿時，動員二十萬士兵。經過兩個月的戰鬥，又輸給共軍。在這之先，毛填了一首詞《漁家傲》，預祝他的勝利。它的下半闋寫道，「二十萬軍重入贛，風煙滾滾來天半。喚起農工千百萬，同心幹，不周山下紅旗亂。」[30]

後來，一次共產黨會議的紀錄，記載著毛所舉出的三點共軍致勝原因：「我們在軍事力量的對比上，雖然很小，但我們有幾個優點：第一紅軍好，此時士兵群眾鬥爭情緒非常之高，……大家都……要打。第二群眾好，群眾得到了土地革命的利益，又被敵人摧殘，鬥爭情緒當然好，對紅軍是極端擁護。第三是地勢好，……我們可以占領優越的地勢以進攻敵人。」[31]

蔣在第三次及第四次圍剿時，沒有改變策略，還是用重兵，以火力制敵。第三次圍剿使用了三十萬士兵；第四次是二十五萬士兵。[32]兩次都沒有見效。重兵有分散的時候，給游擊隊襲擊的機會。火力無法制敵，因為敵人時常躲得無影無蹤。好像用機關槍打跳蚤，很難打得到。結果，共軍在第三次圍剿中，擊潰國軍七萬五千多人，俘虜四萬六千多人，獲得三萬六千槍枝，五百多萬發子彈。[33]共軍也付出代價，紅三軍軍長黃公略戰死，賀子珍被飛機轟炸，死裡逃生。[34]

蔣在一九三三年第五次圍剿時，採納德國顧問的建議，把這次使用的四十萬軍隊，不再像過去一樣，長驅直入地攻進共軍根據地，而是把隊伍各單位充分互相配合，首尾相顧，逐步前進，使共軍無法偷襲截擊，建築堡壘，鞏固陣地，擴展占領地區。

在共產黨內部，關於如何應對這次國軍攻勢，發生了嚴重爭執。負責中央的王明，在過去就一直不贊成毛的農民革命策略；現在認為應該採用蘇聯以城市為中心的革命策略。[35]王一度曾調動共軍，圍攻江西南部的最大城市贛州，達三十三天之久，但是沒有拿下來。[36]這次面對國軍築堡攻擊的策略，他不再使用毛的時打時躲的方式，而是與國軍正面為敵，全力戰鬥。結果損失慘重，有全軍覆沒的危險，不得不從戰場南側突圍，開始長征。

蔣在江西戰役中，是四敗一勝。

延安戰役（一九四七年）

在抗戰結束以後的第二年，也就是一九四七年，國軍擁有四百三十萬士兵，其中不少具有美式裝備；共軍共有一百二十七萬士兵，裝備參差不齊。[37]這時國共和談失敗，全面的內戰已經無從避免。當時國軍有二十五萬軍隊，在延安以南地區，由胡宗南指揮。自抗戰開始後，一面防日西侵，一面防共南下。

抗戰結束以後，毛決定把大批共軍調動到華北及東北，要搶先占領日軍區域。當時留守延安的共軍僅有二萬七千人。蔣抓住這絕好機會，進攻延安。一九四七年三月十一日，胡宗南親率十四萬大軍，加上七十五架飛機作空中支援，進軍延安。[38]

面對這樣的情勢，毛認為應該放棄延安。其他共軍領導人員，不同意。他們說延安是共軍總司令部所在地，怎能麼能在大規模內戰將要開始之際，放棄共軍的神經中樞。一定要不顧一切犧牲，死守下去。再說，共產黨經過十年的辛苦經營，才把延安從一個荒涼小城，建造成一個欣欣向榮的革命聖地。無論如何，要保持下來。毛與他的同志們反覆討論，最後他說出一句簡短有力的話，結束了討論，決定棄城。他說：「存人失地，人地皆存；存地失人，人地皆失。」[39]於是共軍撤退北上，他自己一直留在延安到三月十八日，也就是胡宗南部隊到達的前夕，才離開。

國軍進入延安，發現已是一座空城，只有毛下令留下來的宣傳品，說是讓國軍去唸。胡宗南馬上下令追擊。毛採用所謂「隔山行軍」辦法，來對付來敵。在延安北部遍地皆是丘陵地帶，你在山這面追我，我跑到山另一面去。你再追我過來，我再跑到另外一個山區去；又是打圈兒的老法子。共軍轉來轉去，等到碰上好時機，給來敵一痛擊。就這樣，四十幾天戰鬥下來，共軍在延安北面百里方圓以內的青化砭、羊馬河及蟠龍三個地方，擊潰了一萬四千追兵，俘虜了幾千士兵，獲得一萬二千袋麵粉。[40]在這樣重創之下，胡宗南只好下令，重整陣勢，再作戰鬥。可是，這時共軍援兵自華東地區回到陝西，雙方打了一年多，共軍又占領了延安。如毛所說，這是存人失地，人地皆存。這裡必須說明一點是，蔣的祕密延安作戰計畫，事先被共產黨間諜完全偵知，給予毛無上的方便。在第八章中，將詳細敘述。

國共內戰（一九四七～一九四九年）

於是一九四七年拉開了國共內戰的序幕。這一年，也是共軍戰略變換的轉捩點。在這年的下半期，共軍人員與地盤的擴展，已經到了一種程度，讓共軍從游擊戰進入運動戰階段。這時共軍編成幾個野戰軍（後來稱為第一到第四野戰軍），開始向以城市為中心的國軍，以時攻時退的方法，來削弱國軍主力。現在讓毛自己來解說：

〔我們〕十七個月（一九四六年七月至一九四七年十一月為止，十二月的尚未計入）作戰，共打死、打傷、俘虜了蔣介石正規軍和非正規軍一百六十九萬人，其中打死和打傷的有六十四萬人，俘虜的有一百零五萬人。這樣，就使我軍打退了蔣介石的進攻，保存了解放區的基本區域，並使自己轉入了進攻。我們所以能夠如此，在軍事方面 來說，是因為執行了正確的戰略方針。我們的軍事原則是……力求在運動〔戰〕中殲滅敵人。同時，注重陣地攻擊戰術，奪取敵人的據點和城市。[41]

到了一九四八年，國共兩軍的對局，發生劇烈的變化。[42]根據國民政府官方的估計，在一九四八年六月，共軍已擴展到二百六十萬人；國軍只有二百十八萬人。[43]在這年，共軍進入陣地戰階段。共軍第四野戰軍，在東北的長春與瀋陽，以優勢的兵力，對困守的國軍作圍城之舉，消滅了對方，結束了遼瀋戰役。在次年初，四野入關，協助華北野戰軍，勸降被圍困在北平的國軍。結束了平津戰役。在同一年下半期，第二野戰軍及第三野戰軍擊潰了，分由黃百韜、邱清泉、黃維指揮的三個國軍精銳兵團，結束了淮海戰役。在每一次戰役中，共軍達成了毛的目標：「四面包圍敵人，力求全殲，不使漏網。」到一九四八年年底，共軍大體上控制了整個長江以北的中國。

面對如此巨大的敗績，蔣不得不在次年一月，宣布下野，由他的副總統李宗仁，進行已經是毫無意義的國共和談。在十月，毛看到共軍已經渡過長江，占領大部華南，內戰進入尾聲，便在北京宣布成立中華人民共和國。十二月，國軍在四川的最後一仗敗退下來，內戰結束，國民黨也結束了在中國大陸的統治時期。

至此，共軍完全施行了毛在「持久戰」這一文章中，所說的三個階段戰爭。共軍從一九二七到一九四六年，以游擊戰從事戰略守勢行動；從一九四七年上半年，以運動戰從事有攻有守的行動；在一九四七年下半期到一九四九年，以陣地戰採取戰略攻勢行動。毛也完成了他的「鄉村包圍城市」的大戰略。他說共產黨進入北平，是「進城啦！」毛的這樣革命歷程，也讓美國一位政治學家杭廷頓（Samuel P. Huntington），就世界上西方革命與東方革命的區別，這一大題目上，作出睿智的分析。他說「在西方（例如，美國、法國及俄國）革命中，革命者首先在一國的首都得勢，然後逐漸推展他們的勢力到外圍的鄉村去。東方（例如中共）革命則不同。革命者，先從偏遠地區建立根據地，爭取農民的支持……革命的最後階段才是占領首都。」[44]

現在把毛如何在二十年來的戰鬥中獲得最後勝利，總結如下：

◎蔣在大多數戰役中，使用陣地戰，來攻擊毛。他在江西、延安及內戰各戰役中，靠重兵與火力制敵。可是共軍這樣的敵人，用毛的術語說法，是採用「打得贏就打；打不贏就跑」的作法。陣地戰就很難制敵了。蔣輸了，是因為他失去了機動。

◎蔣當然知道機先、機動在軍事上的重要性。[45]他經常細心地研究毛的游擊戰術，並且親自編定如何應對游擊戰的手冊，發給國軍（見CKSD，5/17/47，2/27/48，8/1/49）。可是，國軍官兵既沒有實地游擊作戰的訓練，也不能在心理與體力上適應這種戰術，還是落了下風。據說國軍中有一個也許不是事實的傳聞。說蔣任命一位非常著名的軍事學家去指揮國軍對共軍作戰。結果，敗得一塌糊塗。蔣問他為什麼打敗。他說：共軍不按軍事課本打仗。

◎蔣作戰時，通常第一步工作是準備軍需，把給養與輜重集結在戰場的最後一線。隨時供應前綫士兵。但是，這便給予共軍游擊隊機會，偷襲軍需集結地以及供應路線。國軍不得派兵，守護集結地與路線，減少了作戰實力。共軍沒有這一方面的困擾，他們從敵人手中奪取軍需。

◎就兵力、武器及城市對軍事重要性而言，蔣與毛的看法完全相反。蔣認為保有城市，最為重要。這象徵著一個政府維持國家安全及公共秩序的能力。同時，城市是財政與經濟中心，是軍需的必要來源。他當然重視武器。但是，只要城市在手，就有財源，便可購買及製造武器。至於兵力，其重要性在其次。大體說來，中國人口多，兵源廣。徵兵沒問題。事實上，他從完成北伐以後，沒有覺得過缺少兵員。他在一九二九年及一九四五年，還有兩次裁兵之議。

◎毛覺得在這三者之中，兵力為最要。正如他在延安戰役中所說，存人失地，人地皆存；存地失人，人地皆失。反過來看蔣，他在內戰中堅持要死守城市，結果不是人城兩失嗎？至於武器，沒有它，沒辦法打仗，當然非常重要。但是武器的來來去去，是看哪一方面的人會打仗；打得好，就有武器，打得不好，武器落入打得好的人手中。在國共內戰期間，共軍的美式裝備，不是來自國軍嗎？最後說到城市，毛認為在戰爭結束前，占不占城市無關宏旨。有了兵力，自然會占領城市。沒有兵力，一切歸於泡影。在國共的歷次戰爭中，共軍始終要打的，是國軍主力。在達成這個任務後，共軍有時會把原已占領的城市，讓出給國軍。

◎還有一個毛戰勝蔣的原因，尚未經過深刻研究。這就是共產黨規模龐大而深入的間諜戰。第八章將回到這個問題上。

◎最後一點原因，是共軍為達到軍事勝利，採取對平民慘無人道的暴力行為。就西方新聞界來說，一直到最近才有這方面的報導。在共產黨慶祝建國六十周年時，美國紐約時報在二〇〇九年的一篇通訊中說，有一件共軍製造的慘案，還從來沒有被報導過。這就是共軍在一九四八年，圍困長春時，故意讓城內十六萬平民活活餓死，使國軍不得不投降。這篇通訊還說，一位共軍中校軍官張正隆，在訪問許多當事人之後，寫了一本叫《雪白血紅》的書，描寫這一悲劇。張正隆說長春像廣島一樣，死了同樣多的平民。廣島在九秒鐘之內；長春則經過五個月。[46] 其實《雪白血紅》在一九八九年已經發表，後來在中國成為禁書。共軍還有很多其他慘害平民事件，都是為著打勝仗這一目的。[47]

❖ 注釋

❶《毛選》，卷一，〈中國社會各階級的分析〉。

❷《毛選》，卷一，〈湖南農民運動考察報告〉。

❸ Ch' en, Chiang Kai-shek' s Secret Past, p. 176.

❹ See Tai, "Chiang Kai-shek' s Rise to Power," pp. 51, 54.

❺ 李勇，張仲田，《蔣介石年譜》，頁二六等；毛思誠編，《民國十五年以前之蔣介石先生》。

❻ 毛思誠編，《民國十五年以前之蔣介石先生》，頁四一～四四，五〇～五二。

❼ 有關北伐進展實況，參看中國第二歷史檔案館，南京，國民政府檔案，《國民革命軍戰史紀要》，第二編〈會師武漢〉，微縮號 16J0104，案卷號六三〇。

❽ 蔣在一九三〇年以後，還在其他戰役中獲勝：一九三四年江西的第五次圍剿，及一九四九年金門登步島戰役。

❾ 黃允升，《毛澤東三落三起，開闢中國革命道路的艱難與曲折》，北京：中央文獻出版社，二〇〇六，頁三〇～三三。Another source indicates that Mao became a sworn brother of the bandits' and married one of their sisters. See Xiaobing Li, A History of the Modern Chinese Army (Lexington, KY: University Press of Kentucky, c2007), p. 50. The integration of the bandits' men into Mao' s army often took complicated and dangerous turns. After joining Mao' s army, the bandits continued, on occasion, to loot the civilians, murdered Mao' s political workers, and some of them even tried to defect to the Nationalist army. But eventually they were totally absorbed into the Red Army. See Agnes Smedley, China's Red Army Marches (Westport, Conn.: Hyperion Press, c1934), pp. 94-

109.

⑩《毛選》，卷二，〈論持久戰〉。

⑪《毛選》，卷二，〈戰爭和戰略問題〉。

⑫同前。

⑬《毛選》，卷一，〈關於糾正黨內的錯誤思想〉。

⑭ Snow, Red Star over China, p. 292.

⑮《毛選》，卷二，〈抗日遊擊戰爭的戰略問題〉。

⑯《毛選》，卷四，〈目前形勢和我們的任務〉。

⑰毛在一九三六年才仔細研讀《孫子兵法》。

⑱《孫子兵法》，上海，中華學藝社，一九三五年。

⑲ Robert T. Ames, pointed out that both Sun Bin (c380-320), a descendant of Sun Wu (c544-496 BC), and Huan Nanzi articulated their thoughts on the conduct of war that, in this writer' s opinion, have a bearing on the Mao' s military thinking. He noted especially Huan Nanzi' s concept of three strategic advantages a commander should pay attention to: a morale advantage (qi shi), a terrain advantage (di shi), and an advantage of opportunity (yin shi). See Ames, The Art of Rulership: A Study in Ancient Chinese Political Thought (Honolulu: University of Hawaii Press, 1983), pp. 66, 71.

⑳《毛選》，卷四，〈中國人民解放軍總部關於重行頒佈三大紀律八項注意的訓令〉。

21 《毛選》，卷二，〈論持久戰〉。

22 《毛選》，卷二，〈論持久戰〉，第三五節、九一節，及九三節。

23 For Western analysts' perception of the people's war doctrine, see John Gittings, The Role of the Chinese Army (London: Oxford University Press, 1967), pp. 234-38; Andrew J. Nathan and Robert S. Ross, The Great Wall and the Empty Fortress: China's Search for Security (New York: W.W. Norton, 1997), pp. 139-41; Samuel B. Griffith, II, The Chinese People's Liberation Army (New York: McGraw Hill [1967]), pp. 235-50; William W. Whitson, The Chinese High Command: A History of Communist Military Politics, 1927-71 (New York: Praeger c1973), pp. 481-97; Harlan W. Jencks, From Muskets to Missiles: Politics and Professionalism in the Chinese Army, 1945-1981 (Boulder, Colo.: Westview Press, c1982), pp. 75-76; King C. Chen, China's War against Vietnam, 1979: A Military Analysis (School of Law, University of Maryland, Occasional Papers/Reprints Series in Contemporary Asian Studies, No. 5. 1983), pp. 3-6; Georges Tan Eng Bok, "Strategic Doctrine," in Gerald Segal and William T. Tow, eds., Chinese Defence Policy (Urbana: University of Illinois Press, c1984), pp. 3-17; Alexander L. George The Chinese Communist Army in Action: The Korean War and Its Aftermath (New York, Columbia University Press, 1967). pp. 25-55; and Ellis Joffe, The Chinese Army after Mao (London: Weidenfeld & Nicolson, 1987), pp. 70-93.

24 《毛選》，卷二，〈論持久戰〉，第四八節。

25 In a study on the Chinese army's performance in the Korean War, Alexander L. George cited two quotations to underscore this point. The first of these was from an American field officer during the war, in 1950: "You can't fight millions and millions of drugged fanatics, and it's not worth the waste of life to try. What are we here for, anyway?" [italics added] The second is from Mao, "A revolutionary army must have discipline… [But it] must be self-imposed, because only when it is, is the soldier able to understand completely why he fights and how he must obey." George, The Chinese Communist Army, pp. 1, 25.

Thus, indoctrination instilled in the Chinese soldiers' consciousness a sense of something like the holy war. They fought like drugged fanatics against the overwhelming American firepower. In contrast, American soldiers did not know what they were fighting for and did not think it worthwhile to die for. Their superior firepower could not subdue the drugged fanatics.

See Mao Zedong's observation on the Chinese army's reliance on its large manpower and high morale to contest American army's superior firepower in Li Yongtai, Mao Zedong yu Mei Guo [Mao Zedong and the United States of America] (Kunming: Yunnan Ren Min Chu Ban She, 1993), p. 446.

26 http://www.marxists.org/reference/archive/lin-biao/1965/09/peoples…

27 《毛選》，卷一，〈星星之火，可以燎原〉。

28 楊樹標，《蔣介石傳》，北京：團結出版社，一九八九年，頁二一六。

29 允升，《毛澤東三落三起：開闢中國革命道路的艱難與曲折》，北京：中央文獻出版社，二○○六年，頁二○三。

30 見同前書，頁二○七。

31 見同前書，頁二○九。

32 史諾根據他在一九三六年與毛的談話，列舉國軍各次圍剿兵力如下：第一次，一九三○年十二月至一九三一年一月，十萬人；第二次，一九三一年五月至六月，二十萬人；第三次，一九三一年七月至十月，三十萬人；第四次，一九三三年四月至十月，二十五萬人；第五次，一九三三年十月至一九三四年十月，四十萬人。Snow, **Red Star over China**, pp. 163-67.

33 黃允升，《毛澤東三落三起：開闢中國革命道路的艱難與曲折》，北京：中央文獻出版社，二○○六年，頁二二○。

34 同前書，頁二一九～二二○。

35 For a full account, see John E. Rue, Mao Tse-tung in Opposition, 1927-1935. Stanford: Stanford University Press, 1966.

36 黄允升，《毛澤東三落三起：開闢中國革命道路的艱難與曲折》，北京：中央文獻出版社，二〇〇六年，頁二三七。

37 陳冠任，《毛澤東的鬥爭藝術》，北京：中央文獻出版社，二〇〇三年，頁一一六。

38 辛子陵，《毛澤東全傳》，卷四，頁七八。

39 陳冠任，《毛澤東的鬥爭藝術》，頁一五一。

40 同前書，頁一五八。金沖及，《毛澤東傳（一八九三～一九四九）》，下冊，北京：中央文獻出版社，二〇〇四年，第三十三章，〈迎接中國革命的新高潮〉。閻長林，《警衛毛澤東紀事》，長春：吉林人民出版社，一九九二年，頁三〇～二三六。有關國軍關於延安戰役的記載，參看胡宗南上將年譜編纂委員會，《胡宗南上將年譜》，臺北：文海出版社，一九七八年，頁二〇五～二〇八。

41 《毛選》，卷四，〈目前形勢和我們的任務〉。毛把國共內戰的開始年代，算為一九四六年。實際上，在這一年只有較小、個別性的國共衝突。在一九四七年全面內戰爆發。

42 參看劉統，《中国的一九四八年：兩種命運的決戰》，北京：生活・讀書・新知三聯書店，二〇〇六年。

43 F. F. Liu, A Military History of Modern China, 1924-1949 (Princeton: Princeton University Press, 1956), p. 254. For detailed statistics on the rising strength of the Communist army from 1937 to 1950, see Gittings, The Role of the Chinese Army, pp. 303-04.

44 Samuel P. Huntington, Political Order in Changing Societies (New Haven: Yale University Press, 1968), pp. 271-72.

45 See Deng Wenyi , Xian Zhongtong Jiang Zhongzheng Zhi Bing Yu Lu [Quotations from the Late President Chiang Kai-shek on Military Training] (Taipei: Gu Lao Chu Ban She, 1978), pp. 162, 178, 185.

46 The New York Times, October 2, 2009, p. A4.

47 參看龍應台，《大江大海一九四九》，香港：天地圖書有限公司，二〇一〇年。

寫法與作品

蔣、毛平生都用毛筆，寫出的東西千千萬萬。蔣臨過歐陽詢及柳公權，這兩位大書法家的字體，講究筆畫工整、對稱與平穩。他經常用心寫字，不但一筆不勾，而且排列整齊。年青時還能寫蠅頭小楷；後來在事務繁忙時，寫的字體比較潦草。

毛在年青時，也能寫工筆字。筆者曾看到他一幅字，與蔣的相去不遠。後來他所寫的字，則是自成一體，屬於草書或者狂草；有時如龍飛鳳舞；有時如風捲殘葉。與蔣的字體完全相反。看他字的人要花點時間，才能認清楚他在寫什麼。蔣、毛所用文體，也大有不同。蔣常用文言，喜歡以言簡意賅的詞句，不用標點符號的文字，來表達他的思想。他大部分的文告，則使用白話。毛寫詩詞時，通用文言；絕大部分的其他文字，用白話；有時還會加進一點土語笑話。

他們都使用祕書。蔣任陳布雷為首席機要祕書，長達二十二年；為他寫過不知道有多少文告。

有人甚至說，蔣的重要文告全是陳布雷一人獨自所寫。其實，兩人相處多年，心意相通，很多文告是共同作品。正如美國甘迺迪總統與他出名的顧問邵韻紳（Theodore Sorensen）一樣，許多甘迺迪傳誦一時的文告，都是出於兩人之手。蔣時常聘請成就卓著的學者為顧問，從事研究或撰寫報告，如陶希聖、徐復觀等便是。在一九三〇年代，他曾聘任所謂「八大祕書」：羅貢華、徐慶譽、高傳珠、何方理、傅銳、徐道鄰、張彝鼎及李毓九。大多是名重一時的專家；都曾留學國外：三位留日；其他分別赴英、蘇、法、德及美國就學。蔣對他們執禮甚恭，虛心就教。曾在蔣的侍從室服務十二年的居亦僑，觀察道：「蔣介石召見他們，提出問題後，只是洗耳恭聽，不插話，不表態，聽他們講述後，從中分析利弊。」[1]

毛的祕書也很多，例如陳伯達、胡喬木、李銳及林克等便是。陳伯達多年負責意識形態工作，是文革中的一位重要負責人。在一九七一年，因被認為鼓動林彪接替毛為國家最高領導人，被毛整肅。其他各位，都在黨內擔任過重要職位。毛喜歡自己直接書寫文件。有時會在《人民日報》或《新華社通訊》，發表不署名的重要聲明。[2]他很少讓他的祕書們替他寫文章。雖然他們也是有才幹的人，也只能替毛作研究，找資料，或者抄寫的工作。

蔣、毛寫出的東西數量非常龐大，在這裡只舉出他們影響重大的作品，特別是大家仍然記憶猶新的東西。這可分為三類：以建立信心、樹立正統思想，及宣揚政策為主旨的各種文件。第一類在這一章討論；其他兩類在下章敘述。

蔣：政治道德化

領袖觀念

一九三六年十二月二十五日早晨，西安事變已近尾聲，兩架波音飛機在西安機場，等待載運蔣一行返回南京。在這之先，宋美齡與兩位事變主謀者的張學良及楊虎城，商議好在耶誕節這一天釋放蔣；對信仰基督教的她來說，這是最好的禮物。

可是，楊虎城這時卻不願放人。他要求蔣在雙方所達成的協議上簽字後，才能離開。蔣無論如何不答應這要求，造成最後的僵局。之先在談判時，蔣曾經在口頭上同意這協議上的主要條件：停止剿共，準備抗日。但是他在當時就曾拒絕簽字；現在，在登機之前，他仍然如此。

蔣在他的日記中記述道，他原先決不答應張學良、楊虎城提出的的任何條件，因為他認為在部屬的脅迫之下，改變他的政策，這將損害他身為國家領袖的尊嚴。（見 CKSD，12/12-16/36）。他說，他「決為國犧牲……〔乃〕不愧為總理之信徒。余既為革命而生，自當為革命而死。」他寫了三份遺囑，以表示他的決心，分別給國人、宋美齡及兩位兒子，交給在場的宋子文，請他轉交他們。（CKSD，12/15，20/36）

可是，他為什麼後來又接受張學良、楊虎城的條件？有很多人曾作各種不同的解說。就筆者的看法，這是宋子文勸解的結果。據宋子文在十二月二十日的日記所記載，他在當天見到蔣時，蔣仍準備犧牲；宋子文勸他三思，認為如果蔣在事變中死去，中國勢將陷入混戰之局；這樣，日本必然乘虛而入，占領中國。蔣為著保存個人榮譽，反而為國家帶來了很大的禍害。這是得不償失之舉。再說，蔣雖然準備犧牲，可是，如果張學良、楊虎城不讓他殉難，裹脅他去，甚至投共，蔣恐怕求死不成，反受其辱。宋子文覺得與張學良、楊虎城妥協，應該是不得已中的明智之舉。[3] 蔣當時默然無語。幾天之後，則接受了宋子文的建議。可是，他從來沒有公開解釋過改變立場的原因；只有在他一年後的日記中，才說出真相。[4]

但是他仍然堅決拒絕簽字，他覺得他已經在不得已的情形下，向張楊妥協；再要他簽字，是絕不可容忍的事。他說：「如簽一字，余即違法。」（CKSD，12/23/36）。如此，他便失去人民的信任。[5] 最後，在蔣寧死不簽的立場下，楊虎城只好不再堅持，讓他在當天下午離去。

這件事說出了蔣的領袖觀念。他認為一位領袖必須獲得人民的信任，才能有效地治理國事；要獲得人民的信任，作領袖的人必須具有道德觀念。蔣的這種想法，來自儒家的「其身正，不令而從；其身不正，雖令不從」這一觀念。美國歷史學家費正清（John K. Fairbank）說得好：「身正才有權力。」[6] 事實上，蔣在他任職國民政府主席的兩個多星期前，也就是一九二八年九月二十三日，就說明這一觀念是他的信條。[7] 後來，他在他的《政治的道理》這一本小冊子裡，引用許多孔子的其他言論，來解釋這一觀念。[8]

蔣的最長作品

蔣雖然一再強調道德對政治的重要性，他早年在上海的行徑則是非常荒唐；這在第二章已有說明。然而他又有極強的欲望，想繼承孫中山為國民黨領袖。因此，他認為他必須徹底洗心革面，培養端莊品行。要達到這一目的，他首先非常坦白地列出他的品格缺點，然後嚴格實行一套辦法，以求改正（包括早起、默坐檢討言行、遵守修身格言、熟讀經書）。幾經掙扎奮鬥，大體完成他的心願。這種過程，可以從本書附錄：「蔣介石的缺點與修身工夫」看出梗概。

至於他如何實現政治道德化，則需從他的整個日記來瞭解。他的日記起自一九一七年，終至一九七二年，計五十六年。他每日記事，寫下軍國大事、私人生活。另有每週、每月、每年計畫與檢討。他非常坦誠記載個人活動，以及對他人的評論。他的部分日記，曾經在各種文集中發表。[9] 整個日記則於二〇〇六年到二〇〇九年之間，由史丹佛大學胡佛研究所陸續公布。這是蔣的最長的作品。

道德觀念的來源

蔣的道德觀念，有三個來源。第一當然是他終身信奉的儒家思想。他在私塾長年背誦四書五經，以及他後來在經史子集各方面的勤奮自修，讓他對這一派的學說有深切的了解。在一九三五年，他曾體認到，「自覺得力於大學中庸之道者，近益加深也。」（CKSD，4/11/35）[10] 他特別認為大學的中心觀念：「在明明德，在親民，在止於至善」是從政者至高無上的目標。他經常在日記中「提要」一欄，列為格言。（例如，CKSD，5/4/34，7/30/36）[11] 此外，也是本於儒家思想，他呼籲國人，恢復四維八德的傳統道德觀念。這將在下一章討論。

蔣的第二個道德觀念的來源，是宋朝與明朝盛行的理學。這是正統儒家思想對另外兩種思想（即佛教與道教）的反應與揉合而成的學派。在這裡，僅需指出這一學派的兩項基本觀點。一個是由心智所理解的天人觀念；一個是由氣或者道來規範人的行為。就實際應用來說，每個信奉理學的人，都有發揚道德的使命。蔣研究理學經年，在修身養氣方面有很深切的感受。他的日記列出許多他在這方面的見解：

「天命者……非『人為』而出於『自然』。合乎常理與人性，即謂之天命。」（CKSD，2/12/36）

「天命之為性，即宇宙自然生成之物。而其理，為人力所能測處者，謂之天命。性即理也。」

（CKSD，2/21/36，9/2/34，9/15/35）

「其為氣也，至大至剛……塞於天地之間。」（CKSD，6/16/36，9/20/38）

另外，蔣的許多經常書寫的格言，都是從理學領會而來。例如，「寓理帥氣」、「敬靜澹一」、「懲忿窒欲」等便是。[12]

蔣的第三個道德觀念來源，是基督教義。他接受這一教義比起儒家思想及理學思想遠遠為晚，但是他在日記中，引用教義之處卻最多。試看他的各項記載：

一、他篤信基督教

「以耶穌為師範。」（CKSD，6/12/36）

「耶穌是一個切實計畫改造世界的領袖。」（CKSD，10/28/36）

「信仰上帝之心益篤；禱告無間。」（CKSD，12/31/38）

二、他祈求上帝指導政務

在一九四一年珍珠港事變前夕，美國與日本舉行談判時，他勸告美國，不要犧牲中國利益，以求與日妥協。結果美國聽從了他的意見。他事後解釋道：「此種旋乾轉坤之大力，非有上帝眷佑指導，決不能致此也。」（CKSD，11/29/41）

在一九四四年七月，中日衡陽戰役中，他「默禱上帝，賜我衡陽戰事勝利。許以六十生辰建立大鐵十字架，於南嶽頂峯。」（CKSD，7/25/44）同樣地，他默禱上帝，助他擊敗共黨，將在他八十生辰時，於臺灣玉山建立大鐵十字架。（CKSD，2/17/59）

在一九四五年八月抗戰勝利時，他記述道：「唯有深感上帝所賦予我之恩典與智慧之大，殊不可思議。尤以其詩篇第九章，無不句句應驗。」（CKSD，8/15/45）[13]

三、他甚至希望把中國變成一個基督教國家

「中國宗教，以耶教代〔替〕佛教，方可與歐美各民族爭平等。」（CKSD，2/15/36）

「自誓戰勝倭寇之後，必成中華民國為基督教國；使全國學校皆讀聖經，明聖道也。」（CKSD，9/18/37）

四、儒教與基督教相輔相成

「政治以孔子中庸哲學為基；宗教以基督犧牲救世為主。」（CKSD，6/15/34）

「孔子〔學說〕……應為倫理思想之正宗與政治哲學之鼻祖；而宗教則以耶穌服務與犧牲精神為教條也。」（CKSD，4/18/37）

毛：動人心弦的詩詞

在一九四五年秋天，很多中國人都遠望戰時首都的重慶，懷著無限喜悅的心情，看到國共雙方，在緊接著八年辛苦抗戰勝利之後，舉行和談，商議如何重建破碎的河山。這時從重慶傳出來，一個大家意想不到的消息。曾被國民黨稱為赤匪之酋的毛澤東卻是個詩詞能手。當地的報紙在十一月刊出了毛的〈雪〉這一首詞，氣勢磅礴，用詞典雅，意境非凡。轟動了首都文化界，不久也傳誦全國各地。這個經年打游擊，土裡土氣的共產黨頭子，原來是一位有文學修養的人。

後來大家都知道，毛浸淫詩詞多年。他不喜歡風花雪月或者無病呻吟的詞句，而著重如何表達理想、發人深省、激勵士氣的作品。正如前述，他的作品具有濃厚的政治情緒，他要憑藉這文學方面的東西，潛移默化群眾，特別是共黨幹部，建立起對他的信心，接受他的領導。

現在介紹一下他的各項詩詞。[14]

遠景

一、書生意氣

〈長沙〉（調寄《沁園春》），一九二五）

背景：毛填寫這首詞時是三十二歲，已經結束早年政治上的動盪生活，而堅信共產主義。但仍然有一種初次上道年青人的朝氣與傲氣。他的詞句充滿雙重意義：一面描繪自然景色；一面說出他的氣象萬千憧憬。

獨立寒秋，湘江北去，橘子洲頭。
看萬山紅遍，層林盡染；漫江碧透，百舸爭流。
鷹擊長空，魚翔淺底，萬類霜天競自由。
悵寥廓，問蒼茫大地，誰主沉浮？
攜來百侶曾遊，憶往昔崢嶸歲月稠。
恰同學少年，風華正茂；書生意氣，揮斥方遒。
指點江山，激揚文字，糞土當年萬戶侯。
曾記否，到中流擊水，浪遏飛舟。

二、試比天公高

〈雪〉（調寄《沁園春》，一九三六）

背景：毛在一九三六年隆冬，於一個窯洞中寫出了這首詞。這時長征結束才幾個月，他率領的共產黨人在這千辛萬苦的行程中，喪失了三分之二之多。他既缺軍火，又少食糧，而國軍又緊追在後。這應該是毛生命中最黑暗時刻。可是就在這個時刻，他卻能用一隻詩人的筆，把淒涼荒漠之地，生動地繪畫出一幅雄偉浩瀚的原野。他雖缺軍火，卻想要把白雪原野變成紅色大地。他雖窮困，卻渺視歷代偉大君王。[15] 他身陷深谷，卻要與天公比高。這就是毛澤東！

北國風光，千里冰封，萬里雪飄。
望長城內外，唯餘莽莽；大河上下，頓失滔滔。
山舞銀蛇，原馳蠟象，欲與天公試比高。
須晴日，看紅妝素裹，分外妖嬈。
江山如此多嬌，引無數英雄競折腰。
惜秦皇漢武，略輸文采；唐宗宋祖，稍遜風騷。
一代天驕，成吉思汗，祇識彎弓射大雕。
俱往矣，數風流人物，還看今朝。[16]

評論：毛在重慶談判時，選出這一首九年前所寫的詞來發表。他不是借這一作品來炫耀他的才華，而是表示要與把他趕進窯洞的蔣，一爭天下。筆者當時就讀高中，聽到許多年長的人說，蔣、毛地位的懸殊，有如天地之別。毛要取蔣而代之，似乎是狂妄不可一世。可是在四年之後，出乎許多人（包括毛自已）的意外，他果然達到這一目的。在二十世的中國，他成為億萬人的崇拜偶像；〈雪〉也成為傳誦最廣的一首詞。

三、驚世之夢

〈游泳〉（調寄《水調歌頭》，一九五六）

背景：毛在一九五六年六月，自長沙抵達武昌，突然興之所來，要游渡長江。他的隨從人員及醫生都認為，當地江寬水急，建議已是高齡六十三歲的他，不要冒險一試。他力排眾議，一頭跳進水中，游起水來，比護衛人員還快速。橫渡興餘，填詞一首，說出他對建造三峽水壩的夢想。水壩原是孫中山在一九一九年的擬議；這次他在武昌召見長江水利人員，要他們建造舉世無雙的水利工程。[17] 五十年後，他夢想震驚世界的大壩，果然成真。

才飲長沙水，又食武昌魚。
萬里長江橫渡，極目楚天舒。
不管風吹浪打，勝似閒庭信步，今日得寬餘。
子在川上曰：逝者如斯夫！
風檣動，龜蛇靜，起宏圖。
一橋飛架南北，天塹變通途。
更立西江石壁，截斷巫山雲雨，高峽出平湖。
神女應無恙，當驚世界殊。

關懷同志

〈答李淑一〉（調寄《蝶戀花》，一九五七）

背景：毛填這首詞，是為了回答李淑一紀念她丈夫柳直荀的一首詞。李淑一是毛的第二位夫人楊開慧的好友；楊開慧與柳直荀同在多年前為共黨犧牲。

我失驕楊君失柳，楊柳輕揚直上重霄九。
問訊吳剛何所有，吳剛捧出桂花酒。
寂寞嫦娥舒廣袖，萬里長空且為忠魂舞。
忽報人間曾伏虎，淚飛頓作傾盆雨。

評論：毛的這首詞雖然是針對兩家的悲劇而寫，但因為詞句般配，典故妥切，用情至深，激起無數共黨幹部的同情心，昇華為一種廣泛的同志愛。即使與共黨無關的人，如果知道箇中故事，也會覺得這是一個動人優美的作品。」

鼓勵士氣

一、〈婁山關〉（調寄《憶秦娥》，一九三五）

背景：毛在一九三五年二月，於長征途中，填出這首詞，鼓勵他的疲憊寒冷的同志們，翻越艱險山關。這裡面的詞句充滿了激情：即將到來的黎明，征戰中的蹄聲、悲壯的號角，以及越關以後的紅色太陽。

西風烈，長空雁叫霜晨月。
霜晨月，馬蹄聲碎，喇叭聲咽。
雄關漫道真如鐵，而今邁步從頭越。
從頭越，蒼山如海，殘陽如血。

二、〈長征〉（《七律》，一九三五）

背景：這是同年十月毛所寫的律詩，描寫出一個艱難困苦的征途，用以襯托紅軍無畏的精神。他使用非常對仗的詞句：「萬山」與「千水」、「騰細浪」與「走泥丸」、「金沙崖暖」與「大渡索寒」，把一片河山變成了生動有機之體。

紅軍不怕遠征難，萬水千山只等閒。
五嶺逶迤騰細浪，烏蒙磅礡走泥丸。
金沙水拍雲崖暖，大渡橋橫鐵索寒。
更喜岷山千裡雪，三軍過後盡開顏。

評論：清末民初的國學大師王國維曾說道：「詞以境界為最上，有境界則自成高格，自有名句……大詩人所造之境必合乎自然，所寫之境亦必鄰於理想……。」[18]這正是「婁山關」與「長征」的寫照。也是毛的詩詞，能夠感人肺腑，因而獲得他人信服之處。

蔣、毛筆桿的墨水有如河水，流出了萬千文字。兩人都有獨特的文字工具，來表達他們的思想。在二十世紀中國的政治人物之中，沒有一個人像蔣一樣寫出長達五十六年的日記，把一部活歷史，擺在桌上，讓人思索回味。也沒有一個人像毛一樣寫出如此眾多的詩詞，字字擲地有聲，句句扣人心弦。他們都竭力希望，取得他人信任。蔣的文字注重以道德觀念，建立起他是「身正」的領袖地位，以便一統華夏。毛則藉重詩詞，引起他人的共鳴與尊敬，進而讓他「一主沉浮」，建立社會主義中國。

注釋

1. 居亦僑，《跟隨蔣介石十二年》，長沙：湖南人民出版社，一九九八年，頁二〇～二一。
2. 林克，《毛澤東人間相》，頁八四～八五。
3. Soong kept a diary, in English, on the Xi'an Incident from December 20 to 25, 1936. See T. V. Soong Files, Box 62, File 1. Stanford University, Hoover Institution Archive. Quotations appeared in his diary entries of December 20 and 21.
4. 蔣在西安事變一周年的日記中記述道：「假使余因事變而死，共黨乘機竊國，各省軍閥割據，中央覆亡，倭寇侵入……若果事變尚留此身，以拯救今日殘敗之局，是即勝於死也。」（CKSD，12/12/37）
5. May-ling Soong, General Chiang Kai-shek, the Account of the Fortnight in Sian [Xi'an]:Extracts from a Diary…and Mme Chiang Kai-shek, Sian: A Coup d'État (Garden City, NY: Doubleday, Doran & Co., 1937), p. 170.
6. John King Fairbank, The United States and China, 3rd ed. (Cambridge: Harvard University Press, 1972), p. 55.
7. 王正華，《蔣中正總統檔案：事略稿本》，卷四，臺北：國史館，二〇〇三年，頁一六八。
8. 蔣中正，《政治的道理》，臺北：中央文物供應社，一九七一年（一九三九年初版）。
9. 這包括：毛思誠編，《民國十五年以前之蔣介石先生》；秦孝儀，《總統蔣公大事長編初稿》，八卷，臺北，一九七八年；王正華，《蔣中正總統檔案：事略稿本》，六卷。中國第二歷史檔案館（南京）收藏有蔣一九四九年及以前的日記。《日本產經新聞》在一九七〇年代，所連載的〈蔣總統祕錄〉有蔣的日記摘要。

❿參看蔣中正，《政治的道理》，頁一。

⓫同前書，頁十九。

⓬參看本書附錄，「蔣介石的缺點及修身工夫」。

⓭使蔣感觸最深的基督教《聖經》詩篇第九章中的字句是：「我要一心稱謝耶和華……我的仇敵轉身退去的時候，他們一見你的面，就跌到滅亡。因為你已經為我伸冤，為我辨屈；你坐在寶座上，按公義審判。你曾斥責外邦，你曾滅絕惡人……」

⓮毛的詩詞見，《毛澤東詩詞》，北京：商務印書館，一九七六年。

⓯毛詞中所列舉的歷代偉大君王，似乎由他年青時的友人蕭瑜首先提出。Siao, Mao Tse-tung and I Were Beggars, p. 132.

⓰毛在一九五八年曾談到「數風流人物」這一詞句的涵意。他說，這「是指無產階級」，而不是他自己。但是，就這一首詞的整體以及口氣來看，其中充滿了個人的英雄主義。他的解釋太為勉強。參看劉濟昆，《毛澤東詩詞全集》，臺北：海風出版有限公司，一九九二年，頁一三一。

⓱See Li, Chairman Mao, pp. 166-67.

⓲王國維，《人間詞話》，臺北：開明書店，頁一。

第五章

運用筆桿子：（二）正統思想與政策

樹立正統思想

在中國歷史上，秦始皇焚書坑儒是一件非常重大的事情，他之所以採取這一極端措施，是因為當時的儒家學派反對他廢封建、置郡縣的政治改革，而儒家所尊崇的則是周朝的分封體制及倫理思想。秦始皇為著要維持中央集權制度及法治思想，不允許國內有任何異議。也因此，秦始皇建立起中國歷史的兩個傳統：一個是維持君主專制政府，另一個是由政府樹立正統思想。前者傳統維持了兩千多年，到辛亥革命為止；後者傳統則持續到蔣介石與毛澤東時代。

樹立正統思想這一觀念，表示國家領袖是政治智慧的源泉，能夠確立國人共同的信奉的理念；所謂一個信仰，一個主義；根據共同理念，政府制訂及施行政策。

蔣：偏於孫中山之右的思想

蔣在一九四三年發表的《中國之命運》，寫出了他的中心思想。他認為當時不平等條約剛剛被廢除，中國已擠身強國之列，國人應該檢討一下，西方入侵中華以後百年來的演變。大家當務之急，是如何揉合中國的傳統文化與現代的西方文化。自鴉片戰爭以來，國人一直在討論而沒有解決這一問題。清廷最初認為西方列強之所以能夠入侵中華，是因為它們具有先進的工業，建立起船堅炮利的強大軍力，使中國難以抵禦。但是清廷堅持中國的固有文化高超於西方文化，覺得中國只要建立起工業與現代武力，就可富國強兵，抵禦外侮。當時流行的「中學為體，西學為用」這一口號，正代表這種想法。[1]

在西學為用這一觀念下，清廷於一八六〇到一八八〇年代，發起大規模的自強運動，興建各式各樣的輕工業及軍火工業。可是這一運動中辛辛苦苦建立的現代海軍與陸軍，卻在一八九四年的甲午戰爭中，完全潰敗於日本軍隊之手。於是，不少朝廷重臣及知識界領導人物覺得，中國必須重新考慮應對西方之策。他們認識到，中國欲求富強，除了學習西方科技之外，必須接受西方政治思想與政治制度。這一認識激起了改革思潮的巨大浪花，引起一連串巨大的政治變動：一八九八年戊戌政變、一九一一年辛亥革命，及一九一九年五四運動。

五四運動提倡新文化，反對以儒家思想為中心的傳統文化。但是，什麼是新文化？當時的思想界產生了兩大派別：一派主張全盤西化，以民主與科學為中心思想。另一派主張接受馬列思想，實行共產主義。在一九二〇年代初期，孫中山提出另一想法；他在《三民主義》一書中，說明中國應該採取中西政治文化的優點，加以結合，並且舉出具體的建議：就民族主義來說，他主張接受西方國家民族獨立的觀念，同時恢復中國固有道德；就民權主義來說，他認為應該實施西式的民主制度；在這制度下成立一個「五權憲法」政府。行政、立法及司法權，取之於西方制度，考試與監察則取之於中國傳統制度；就民生主義來說，他主張一方面維持中國的一種傳統：政府負責維持國計民生，另一方面採用西方工、農、商業的方式，開展經濟。

蔣以孫中山的繼承人自居，終生信奉三民主義。但就揉合中西文化這一大課題來說，他與孫有某種程度的差異。他雖然贊成接受西方文化的優點，但覺得國人過分崇洋，喪失了對中國文化的信心，是一項很大的損失。他在《中國之命運》一書中寫道：

> 近百年來……中國國民對於西洋的文化，由拒絕而屈服，對於固有文化，由自大而自卑……於是中國人本為不甘心做奴隸而學西洋的文化，然而結果卻……在不知覺之中做了外國文化的奴隸了。五四以後，自由主義與共產主義的思想，流行國內。〔國人〕對於中國文化，都是只求其變而不知其常的。他們對於西洋文化，都是只仿其形跡，而不求其精義，以裨益中國的國計民生的。致使一般文人學子，喪失了自尊與自信。……在這種風氣之下，帝國主義者文化侵略纔易於實施。……

這真是文化侵略最大的危機，和民族精神最大的隱患。[2]

蔣認為要解除危機，必須廢除一味崇洋心理，恢復民族自信。在這方面，他比孫中山更重視傳統道德觀念。他強調，中國悠久的歷史是「基於中華民族固有的德性。……我們知道：中國國民道德的教條，是忠孝仁愛信義和平，而中國立國的綱維，為禮義廉恥。」[3]事實上，他早在一九三四年推行新生活運動時，已經積極倡議恢復中國的四維八德，並且制定了國民守則十二條，來實踐傳統道德觀念。[4]

蔣的另外一部重要著作，是一九五七年發表的《蘇俄在中國》。[5]他在書中敘述道，他在一九二三年訪問蘇聯之後，深切認識到這一個國家如何處心積慮地要赤化中國，利用中國共產黨為其達到目的工具。孫中山在世時，他為著尊重孫，沒有反對國民黨容共的措施。在孫中山死後，他與蘇聯顧問及中國共產黨領袖之間，屢次發生衝突，到了一九二七年則完全破裂。在以後的國共內戰衝突時，他一再強調蘇聯支持中共，使其強大，以獲得政權。這部書僅在說明蔣的反共經歷與思想，沒有談論中西文化問題。除了《蘇俄在中國》之外，蔣還寫出一篇文章，「民生主義育樂兩篇補述」，引伸孫中山在教育與娛樂方面的構想，沒有提出新的見解。[6]

綜觀蔣與孫中山的思想，可以看出兩點差異。蔣認為四維八德是中國文化的根本，遠較西方文化任何優點為重要，絕對不能因學習西方而忘本。孫中山則認為，中西文化的優點有同等的重要，必須切實揉合。另外，蔣堅決反共，孫中山則主張容共。蔣所樹立的正統思想，雖然是三民主義，究竟偏於孫中山的思想之右。

毛：偏於馬列主義之左的思想

經過八年的黨內與黨外幾番生死鬥爭，毛在一九三五年的遵義會議中，獲得與會同志的一致認可，他的革命策略是中共今後必須執行的策略。一九四三年，也就是《中國之命運》發表的同一年，周恩來代表中共領導高層進一步宣稱：「我們黨二十二年的歷史證明：毛澤東同志的意見，是貫串著整個黨的歷史時期，發展成為一條馬列主義中國化，也就是中國共產主義的路線！」[7] 再過兩年，毛澤東思想便列入中共黨章之中；一九四九年中華人民共和國成立以後，又列入歷次國家憲法之中，與馬列主義同具正統思想的地位。

毛的思想，不是出之於一書，而是散見於他所寫的許多文章之中，絕大部分收編在《毛澤東選集》。[8] 現在簡單列述毛澤東思想的要義如下：

矛盾論：毛在一九三七年所發表的矛盾論，是他所有革命思想的哲學基礎。[9] 他寫道：「事物的矛盾法則，即對立統一的法則，是唯物辯證法的最根本的法則。」他指出，「列寧……這樣說明過矛盾的普遍性：『在數學中，正和負，微分和積分。在力學中，作用和反作用。在物理學中，陽電和陰電。在化學中，原子的化合和分解。在社會科學中，階級鬥爭。』戰爭中的攻守，進退，勝敗，都是矛盾的現象。失去一方，他方就不存在。」毛進一步解釋道，矛盾存在於各種社會之中，以各種方式解決，以求推進歷史：「無產階級和資產階級的矛盾，用社會主義革命的方法去解決；人民大眾和封建制度的矛盾，用民主革命的方法去解決；殖民地和帝國主義的矛盾，用民族革命戰爭的方法去解決；在社會主義社會中工人階級和農民階級的矛盾，用農業集體化和農業機械化的方法去解決；共產黨內的矛盾，用批評和自我批評的方法去解決。」

農民革命：前面有幾次提到這一觀念。現在需要作進一步的說明。毛指出，中國社會中最大的矛盾，不在於資產階級與無產工人階級之間。因為，正如他向史諾所說的，「中國的工人不滿四百萬人」，占總人口百分之一還不到，不能形成一種革命力量。[10] 中國最大的矛盾，是產生在地主階級與貧農階級之間。他在一九二七年說：「很短的時間內，將有幾萬萬農民從中國中部、南部和北部各省起來，其勢如暴風驟雨，迅猛異常，無論什麼大的力量都將壓抑不住。」[11] 毛為什麼覺得農民有如此大的力量？他說這是因為在中國歷史上，「總計大小數百次的起義，……都是農民的革命戰爭。中國歷史上的農民起義和農民戰爭的規模之大，是世界歷史上所僅見的。在中國封建社會裡，只有這種農民的階級鬥爭、農民的起義和農民的戰爭，才是歷史發展的真正動力。」[12] 可是，農民在長期的封建制度壓制之下，沒有政治意識，沒有階級觀念；農民戰爭的結果，只是改朝換代而已。

既不能改善他們的生活，也沒有建立起公正的社會。所以，毛認為中國共產黨必須動員農民，納入組織，灌輸政治意識，加強階級觀念，以便完成共產革命，建立公正合理社會。毛用農民推行共產革命的理論，與馬克思以工人完成共產革命的理論，不相符合。但是毛的理論實際上已經在中國應驗。所以周恩來說，毛的農民革命思想，是一種創新的馬克思主義，使其適用於中國。毛的理論的重要性，是它也能夠適用於中國以外的其他農業國家，例如越南、北韓與古巴便是。

游擊戰術：前面曾仔細討論過毛的游擊戰術理論。這裡僅須說明一點：馬克思及列寧從來沒有提到這個題目。它完全是毛所創新的思想，也像農民革命理論一樣，適用於中國以外的其他國家。越南、古巴、阿爾及利亞，及肯亞是最明顯的例子。

實踐論：毛在以這一題目為名的論文中，就知識與實踐的關係作出簡單說明。[13]他寫道：「一個人的知識，不外直接經驗的和間接經驗的兩部分。」由經驗，得到認識。「認識的過程，第一步，是開始接觸外界事情，屬於感覺的階段。第二步，是綜合感覺的材料加以整理和改造，屬於概念、判斷和推理的階段。」他強調，「通過實踐而發現真理，又通過實踐而證實真理和發展真理。……實踐、認識、再實踐、再認識，這種形式，循環往復以至無窮……這就是辯證唯物論的知行統一觀。」他繼續寫道，「馬克思列寧主義之所以被稱為真理，也不但在於馬克思、恩格斯、列寧、斯大林等人科學地構成這些學說的時候，而且在於為爾後革命的階級鬥爭和民族鬥爭的實踐所證實的時候。」換言之，馬列主義是普遍、永遠的真理。

毛的實踐論，沒有什麼新奇的地方；它的重要性是，毛先提出農民革命這一個想法，然後用實踐論，再加上矛盾論，與馬列主義連接起來，以便推行共產主義革命於中國。它可以說是中國共產黨建立政權過程中不可或缺的思想貢獻。這一理論的另一點重要性，也是他的同志與敵人，有時疏忽的一點，這就是，毛因為熟悉中國的悠久歷史，能夠在其中找出許許多多「實踐例證」，用以推行他偏好的政策，以及撻伐敵人甚至同志。

新民主主義論：這是毛的另一項創新思想。[14]他在一九四〇年時寫出這篇文章，指出近代世界歷史中，出現兩種大革命。第一種，是西方國家的資產階級在十八世紀發動的民主主義革命；第二種，是俄國無產階級在一九一七年發動的社會主義革命。毛稱第一種革命為舊民主主義革命；中國的辛亥革命屬於這一種。但是中國因為它的社會特質，還不能實行社會主義革命。他解釋道：「中國現實社會的性質……是殖民地、半殖民地、半封建的性質，它就決定了中國革命必須分為兩個步驟。第一步，改變這個殖民地、半殖民地、半封建的社會形態，使之變成一個獨立的民主主義的社會。第二步，使革命向前發展，建立一個社會主義的社會。中國現實的革命，是在走第一步。」第一步就是新民主主義革命。換言之，新民主主義革命是舊民主主義革命與社會主義革命之間的，過渡性的革命。在過渡性革命中，毛強調，「中國無產階級、農民階級、知識分子和其他小資產階級在中國共產黨領導之下，已經形成了一個偉大的獨立的政治力量」，進而再由中國共產黨領導各革命階級實行聯合專政。

就中共執政以後的經驗來看，毛寫這篇不算短的文章只有一個目的。他要求共產黨以外的廣大群眾，支持中共專政；而中共專政實際上就是毛個人專政。毛花費心機，作出理論，描寫曲曲折折的歷史進程，就是想假民主之名，行專政之實。

大躍進：如果新民主主義是中共建立社會主義國家以前的正統思想，毛在一九五八年提出了大躍進這一新的正統思想，要在中國建立社會主義社會，甚至跳越到共產主義社會。就蘇聯當局來看，當時的中國尚沒有具備建立社會主義社會的充分條件，更不要說共產主義社會了。可是毛不顧一切，用高壓手段及粗陋的生產方式，要中國在二十年以內躍進共產社會。

毛的大躍進運動是政策性質的措施，將在第九章作進一步分析。但也是毛思想的重要構成要素，所以在這裡先行提起。同時大躍進也充分顯示出，毛的思想的極端性質，偏於馬列主義之左。

以口號宣揚政策

蔣、毛根據他們樹立的正統思想，制訂政策，在施行政策的時候，都喜歡用精短字句，引起眾人注意，加深他們的印象，使得他們遵從。多年來他們使用的口號，經常出現在政府文件之中，書寫在公共建築物與街頭市面之上，以及在公共集會中重複宣讀。有些口號，已經成為政治術語，直到今日，國人甚至外國人仍然記憶猶新。

蔣：四字成語

蔣習慣用四字成語為口號，取其言簡意賅，含意深遠的好處。以下列出他時常使用的重要口號及相關政策：

◎安內攘外：在北伐完成之後不久，中國再度陷入分裂情勢；同時日本開始加強對華侵略。這時蔣擔任國民政府主席不久，便使用這一口號，來表達他如何應對當時的雙重危機。[15] 在一九三一年九一八事變前夕，他描述國內有五處分裂之勢：西北閻錫山與馮玉祥，在中原大戰之後，仍然醞釀反叛；江西共產黨進行軍事抗爭；占領河南的石友三部隊可能生變；廣東及廣西反對南京政府的立場日益明顯；湖南當局是否反蔣未定（CKSD，8/16/31）。而日本數十年來，處心積慮，先行蠶食侵華之策，占朝鮮與臺灣，駐軍於東北及山東，威脅華北，最後鯨吞整個中國。

蔣衡量這樣的局勢，認為國內的各方敵對勢力，會立即威脅南京政府的存在，而日本侵占整個中國，則是長遠之事。再說，如果他的政府被推翻，中國必然陷於混亂之局，無從抵抗日本侵略。反之，他如果先行平定各方敵對勢力，統一中國，便可積極從事準備抗日工作，對付強敵。於是，他在一九三一年七月發表演說，聲明他要先安內，後攘外的立場。

可是，許多國人，特別是反對他的各派勢力，不贊成他的政策，認為外患當頭之時，國人不應互相廝殺，而應團結一致對抗外敵。九一八事件發生以後，反對的聲音愈形強大。蔣則堅持他的決策符合中國利益，沒有改變立場。直到一九三六年西安事變發生後，他不得已才放棄安內攘外的政策。

◎**禮義廉恥**：蔣為著要實現政治道德化的理想，於一九三四年倡議新生活運動，採取這一個代表整個中國傳統道德觀念的成語，作為指導國民生活的方針。他親自書寫這四個字，製成匾額，置於各公共設施之中，是蔣治下的中國，最常見的口號之一。

◎**抗戰到底**：這四個字雖然直截了當，它的內涵卻很複雜，當盧溝橋事變發生時，蔣不知道這是地方性衝突，還是日本大規模侵華的前奏。當他判斷出日軍的行動是屬於後者，立即在七月十九日發表談話，決心與日本作戰，直到勝負的最後一日為止。他的決定，在事後看來是理所當然的事；但在當時並不如此簡單。之先，他的安內攘外之策，受到國民黨內外很多人的反對；現在他放棄這個政策，要與日本打下去，在國民政府內外卻又有人反對。在政府之內，除了知名的親日派首領汪精衛外，一向愛國聞名的監察院院長于右任，及司法院院長居正，也出人意外地不主張對日作戰（CKSD，12/26，27，29/37）。學術界的名流如胡適及蔣夢麟者，認為中國不具備對日作戰條件，抗戰只能帶來毀滅，不是智者之舉。

蔣抗戰到底的聲明是一種決斷性的措施，在國家存亡絕續的關頭，他用這一口號消弭反對聲音，促成全國一致抗日。這一口號還有另一深意，就是給他即將採用的「以空換時」的抗戰戰略，下一注腳。抗戰拖得愈久，中國勝利機會愈大。這在第三章中，已有說明。

◎以德報怨：日本在一九四五年八月宣布的無條件投降，給中國人帶來無限的喜悅。在中國近代史中，八年抗戰可能是最長久最堅苦的戰爭，現在終於結束了。可是日本帶給中國的禍害，也是太大了，幾千萬人喪失生命，公私財產損失無以計算，整個國家變得支離破碎。這時中國應該如何對待日本？蔣迅速作了決定，表示中國要採取以德報怨的立場，對付窮兇惡極的敵人，立即遣返所有在華日本軍民，並宣布放棄要求日本賠償。蔣的寬大為懷立場，一筆勾銷日本數十年的侵華罪行，使得許多身受日本禍害的國人感到痛苦與不滿。直到今日，許多人看到日本政府無意承擔侵華罪行，都覺得蔣的立場是錯誤的。

◎反共抗俄：蔣在內戰失敗撤退臺灣以後，採取這個口號，作為今後大政方針。他決定以臺灣為基地，繼續反對共產黨，在適當時機反攻大陸。同時，因為他一直認為蘇聯支持中共壯大，使其在內戰中獲勝，所以他在口號中宣示，要對抗蘇聯（俄國）。這個口號在臺灣通用多年，直到一九六〇年代末期，因為蘇聯與中國大陸發生嚴重邊境衝突，開始與臺灣接觸，商討軍事合作對付大陸時，才不再使用。

◎毋忘在莒：在戰國時期，齊國在戰爭中敗於燕國，僅僅保有兩個城市；其中的一個城市叫做莒。齊國大將田單在這裡，經過五年的生聚教訓以後，把燕軍趕出國境，收復失地。蔣用這個口號來形容他在臺灣的處境，與田單在莒的情形相似。他書寫這四個大字，刻在石碑之上，置於金門的太武山頂。喚醒臺灣與金門軍民，不要忘卻反攻大陸的任務。

◎處變不驚：美國總統尼克森在一九七一年十一月，宣布一項震驚世界的聲明，要與中華人民共和國，建立正常關係。他在宣布聲明幾個小時以前，才通知蔣。在這之前的三十年中，美國極力支持中華民國，而尼克森更是出名的美國反共領袖。現在卻要與蔣的世仇大敵建立友好關係，間接中也暗示與臺灣斷絕外交關係。面對這樣嚴重演變，蔣引用這一成語，來穩定民心士氣。同時，他還引用另一成語「莊敬自強」，昭示臺灣軍民，必須自力更生，以堅定的立場，來應對即將來臨的驚濤駭浪國際局勢。

以上所列出蔣口號中，有些引起多年爭議（例如，安內攘外）；有些獲得多人贊同（例如，抗戰到底）；有些則了無後果（例如，處變不驚）。不論別人如何反應，這些以時間順序列出的口號，正表達出他執政時期的各個主要政策。

毛：通俗話語

毛經常使用一般人所說的話語作為口號，甚至夾雜一些土語，來宣揚他的政策。以下是他較著名的口號：

◎槍桿子裡出政權：一九二七年是中共在早期時，所遇到的最危險的一年。先有蔣清除共產黨於國民黨以外之舉，殺害許多共產黨人，後來又有國民黨右派與共黨的分裂，被迫走入地下，再加上共黨在各城市中暴動完全失敗，似乎已無生存之策。中共中央面對這樣危亡的關頭，在八月七日舉行緊急會議，檢討「大革命失敗原因」。毛在會中提出了這一口號，說是他領會出的歷史真理：要取得政權，武力是不二法門；至於遊行、抗議、罷工，及暴動這些抗爭行動，都是革命的輔助手段，不足以取得政權。當時，毛的說法並沒有得到所有與會者的支持。可是他堅持不移，在以後歲月中，逐漸得到中共中央的認同。他自己更是身體力行，到江西闖天下，用槍桿子斷斷續續打了二十二年的仗，終在於一九四九年建立共產政權。

打得贏就打，打不贏就跑：這二十二年的仗，主要是靠游擊隊打的。游擊戰戰術規則，在第三章中已經詳細說明。現在這個口號，看來似乎兒戲，事實上卻是所有戰術規則的總結。它要求每一個戰鬥人員必須保持機動性，不要死守一地，不要顧面子，怕不打而逃；要有知彼知己的功夫，能夠判斷每一戰役輸贏的可能性；還要熟悉地形，何處可有利一擊；何處可逃避無蹤。這口號可說是游擊隊的金科玉律。

◎**長征：**共產黨在一九三四年，從江西國軍第五次圍剿中西走，是遭逢空前的軍事大失敗，國軍窮追不捨，沿路給予無數次的重創。到了一九三五年，共軍抵達陝西北部時，已損失了原來三分之二的人數。這時面對強大國軍，繼續追剿，前途未卜之時，毛卻無限樂觀地說，共軍的大逃跑是「長征」，共軍的大潰敗是勝利。且看他如何解釋：

長征是歷史紀錄上的第一次，長征是宣言書，長征是宣傳隊，長征是播種機。自從盤古開天地，三皇五帝到於今，歷史上曾經有過我們這樣的長征嗎？十二個月光陰中間，天上每日幾十架飛機偵察轟炸，地下幾十萬大軍圍追堵截，路上遇著了說不盡的艱難險阻，我們卻開動了每人的兩只腳，長驅二萬餘裡，縱橫十一個省。請問歷史上曾有過我們這樣的長征嗎？沒有，從來沒有的。長征又是宣言書。它向全世界宣告，紅軍是英雄好漢，帝國主義者和他們的走狗蔣介石等輩則是完全無用的。……長征又是宣傳隊。它向十一個省內大約兩萬萬人民宣布，只有紅軍的道路，才是解放他們的道路。長征又是播種機。它散布了許多種子在十一個省內，發芽、長葉、開花、結果，將來是會有收穫的。總而言之，長征是以我們勝利、敵人失敗的結果而告結束。[16]

◎**紙老虎：**這是毛在一九四六年與美國記者安娜・路易斯・斯特朗談話時的用語。這個有點像土話的用詞，恐怕是最引起西方國家注意的毛的口語了。[17] 他說：「原子彈是美國反動派用來嚇人的一隻紙老虎，看樣子可怕，實際上並不可怕。當然，原子彈是一種大規模屠殺的武器，但是決定戰爭勝敗的是人民，而不是一兩件新式武器。」在一九五八年的中共政治局會議上，他回到這個題目上，加以擴充與解釋。他說：「拿中國的情形來說，我們所依靠的不過是小米加步槍，但是歷史最後將證明，這小米加步槍比蔣介石的飛機加坦克還要強些。中國人民為了消滅帝國主義、封建主義和官僚資本主義在中國的統治，花了一百多年時間，死了大概幾千萬人之多，才取得一九四九年的勝利。你看，這不是活老虎，鐵老虎，真老虎嗎？但是，它們終究轉化成了紙老虎，死老虎，豆腐老虎。這是歷史的事實。」[18]

毛使用這一口號，是基於他始終堅信一種觀念：決定戰爭的結果是在人，不在武器。不了解這一點，便不能了解他對付國內外強權的政策。

◎中國人站起來了：毛在一九四九年九月二十一日舉行的政治協商會議中，說道：「占人類總數四分之一的中國人從此站立起來了。」十天之後，他宣布成立中華人民共和國。毛用這個口號，是在表示共產黨戰勝了帝國主義，封建主義，官僚資本主義；中國人再也不受壓迫了。這句話激起許多非共產黨的中國人的愛國情操，認為中國從此一雪百年來列強侵華之恥，成為一個完全獨立自主的國家，不再受他國的壓迫。就毛爭取非共黨人支持共黨的作法來說，這個口號比起他的「新民主主義論」，較有更大效果。

◎東風壓倒西風：在毛說出「中國人站起來了」的一九四九年，他也說出與此完全矛盾的話語：中國要「一面倒」，倒向蘇聯。八年之後，毛到莫斯科參加俄國共產革命四十周年紀念大會，又講出一個同樣生動的話語：「東風壓倒西風。」這年蘇聯趕先美國，發出人類第一顆人造衛星「史普尼克」（Sputnik），震驚了西方國家；同時中國經濟建設，也有相當的成就。毛說這樣的話，是稱讚在蘇聯老大哥領導下的共產世界，有了優異成就。可是這時中蘇關係已起微妙變化，不到二年，發生破裂，彼此成仇。從此東風並未壓倒西風，反而中蘇之間，狂風亂起，掀起動武之勢。

◎百花齊放：中國在一九五〇年代中期，已從韓戰復原，一如上面所述，經濟也有進展，可是就在這當頭，社會上發生不滿現象，罷工時起。於是，毛在一九五七年發起了雙百（百花齊放，百家共鳴）運動，借歷史上春秋時代的名詞，來推展運動，改正主觀主義，宗派主義，與官僚主義的不良風氣，並且特意約請黨外的知識分子，對共產黨執政以來的工作，進行檢討與批評。但是當這一運動發展到群情憤怒，大肆撻伐共黨時，毛突然發起反右運動，結束雙百，嚴懲不慎開口的知識分子。其中詳情在第九章敘述。

◎大躍進：這在前面說明毛的思想時，已經提到。第九章將作進一步分析。

兩人差異

蔣、毛都使用竹筒毛筆，寫作長篇大論的文章或者精簡短句，來傳達他們的思想與政策於他人。可是他們傳達的方式與內容則大為不同。蔣善用古典文字，以上傳下達方式，把他的思想與政策遞送他人；他的口號有時像老師指定學生的作文題目一樣，例如「處變不驚」及「毋忘在莒」便是。非常抽象，人人解釋未必一樣。但他個性堅毅，一而再，再而三，重複使用，希望灌輸給他人。至於不識字的人，他只有靠部屬的口頭解釋，有多大效果，就不得而知了。

毛喜歡用通俗的話語寫東西；他能寫出來的，別人就能說出來。他的大多數文章與口號，好像似與人面對面的談話方式表達出來。他的有些用詞，生動活潑，給人深刻印象。有哪些打游擊的人會忘掉，「打得贏就打；打不贏就跑」這兩句話？有哪些關心中國事務的中外人士，會不知道「大躍進」及「紙老虎」這些名詞？顯而易見地，毛是傳達思想與政策的能手，比蔣較有效果。

如前一再所述，蔣的思想與政策，注重道德觀念；毛的思想與政策，注重功利性的政治智慧。在這裡，有兩句成語，正好說明兩人相異之處：「仁者樂山，智者樂水。」蔣樂山，毛樂水，都是不爭的事實；樂山近仁；樂水近智。

❖ 注釋

❶這一信念出於清廷重臣，自強運動主導人物之一張之洞之手。

❷ Chiang Kai-shek, China's Destiny and Chinese Economic Theory (New York, Roy Publishers [1947]), pp. 99-100.

❸同前書，頁四十。

❹這十二條守則是：一、忠勇為愛國之本；二、孝順為齊家之本；三、仁愛為接物之本；四、信義為立業之本；五、和平為處世之本；六、禮節為治事之本；七、服從為負責之本；八、勤儉為服務之本；九、整潔為強身之本；十、助人為快樂之本；十一、學問為濟世之本；十二、有恆為成功之本。

❺蔣中正，《蘇俄在中國：中國與俄共三十年經歷紀要》，臺北：中央文物供應社，一九五七年。

❻見孫文，《三民主義》，臺北：中央文物供應社，一九五七年，〈增錄民生主義育樂兩篇補述〉。

❼葉永烈，《毛澤東與蔣介石》，下篇，臺北：風雲時代出版，一九九三年，頁三七一。

❽參看 Stuart R. Schram, The Political Thought of Mao Tse-tung. New York, Praeger, 1972, c1969; and Stuart R. Schram, ed., Mao' s Road to Power: Revolutionary Writings 1912-1949, 7 volumes, Armonk, NY: M. E. Sharpe, 1992 ；中共官方編纂各文集：《中共中央文件選集》，一九二一～一九四九，十八卷；《建國以來重要文獻選編》，一九四九～一九六六，二十卷；《建國以來毛澤東文稿》，一九四九～一九七六，十三卷。

❾《毛選》，卷一，〈矛盾論〉。

❿ Snow, Red Star over China, p. 439.

⓫《毛選》，卷一，〈湖南農民運動考察報告〉。

⓬《毛選》，卷二，〈中國革命和中國共產黨〉。

⓭《毛選》，卷一，〈實踐論〉。

⓮《毛選》，卷二，〈新民主主義論〉。按馬克思的說法，在歷史的進程中，社會制度的變遷是由奴隸社會，進入封建社會，資本主義社會，社會主義社會，最後達到共產社會。沒有新民主主義社會這一階段。

⓯原來的詞句是「攘外必先安內」。

⓰《毛選》，卷一，〈論反對日本帝國主義的策略〉。

⓱《毛選》，卷四，〈和美國記者安娜．路易士．斯特朗的談話〉。

⓲同前文，注解。

第三篇

次要統治技術：政治藝術

前面三章敘述到，蔣與毛的主要統治技術：如何運用槍桿子與筆桿子。下面四章將討論他們的次要統治技術，統稱之謂政治藝術。在西方，政治藝術稱之為「the art of the possible」。講究的是從政的人，如何因人、因事、用時、因地所採取的有創意性的措施。各個從政的人，運用的政治藝術不一，能否有成，在乎一心。

這一篇的前兩章分析蔣的政治藝術，包括：建立以情感為主軸的社會關係，以達到政治目的；採行恩威並濟方式加強下屬對自己的效忠；懲罰異己等項措施。其次兩章說明毛的政治藝術，包括運用間諜戰，輔助軍事行動，打敗國軍；發起時起時伏的鬥爭運動，用以推行偏激政策，撻伐「黨內敵人」，及維持自己的絕對權威。

第六章　蔣的政治藝術：（一）動之以情

蔣曾與許多同志、友人及下屬建立準家庭關係；並採取各種方式，表達對他人生死禮儀的重視與敬意。他花費許多心思，用這些社會活動建立起與眾人的濃厚情感，希望國人尊重他為一國之主。

同是一家人

結拜兄弟[1]

蔣的結拜兄弟非常之多。他們互換金蘭譜，其中載明彼此姓名、年齡、籍貫及共同志趣。以下列出他與各個結拜兄弟結交經過，及後來關係的演變。

◎奉化十兄弟：蔣在一九〇三年到奉化唸新式學堂後，與多人結拜兄弟，多為名不見經傳的人。有些兄弟，例如周淡游、王恩溥、何祿山等人，曾參加過反清或者反袁世凱運動。有些在蔣發跡以後，擔任中下級職務。[2]

◎陳其美與黃郛：蔣在東京留學時，經由陳其美的介紹，加入同盟會，結識孫中山，參加反清運動；辛亥革命後，他曾在陳率領的軍隊中擔任職務。黃郛也曾在共和革命中任職軍旅。他們三人在武昌起義這一年，於上海結拜為兄弟，寫下誓言：「生死與共，安危同仗。」後來他們幾乎真的實現這項誓言。當時有一位著名革命領袖陶成章，與陳其美時生齟齬，蔣在一九一二年親自指使他人，刺死陶成章。他為著避免被逮捕，不得不度過一些時日的流亡生活。後來陳其美因為反對袁世凱復辟的舉動，於一九一六年被刺身亡（一般相信受袁世凱指使），沒有人敢照顧後事，只有蔣奮不顧身，親赴現場，撫屍痛哭，並予以安葬。

蔣執政後，黃郛從事國民政府外交工作，在一九三〇年代與日本進行多次談判；在蔣的安內攘外政策下，他必須向日本時時讓步，處處妥協；因而許多國人責備他出賣國家利益。可是，他一方面覺得這政策有其必要性，另一方面要履行結盟時「安危同仗」的諾言，不得不「跳火坑」，為蔣承擔責任。但他終究為此事，於一九三六年鬱鬱而終。

◎黃郛與張群：黃郛與蔣在一九一一年舉行第二次結拜儀式；另外還有張群一起參加。張群與蔣在二十世紀初葉，同為保定軍校及振武軍校學員。蔣當權以後，張群曾擔任一連串的重要職位，包括外交部長及行政院長。同時他也是蔣的親信與密友，幾乎有七十年之久，於一九九〇年在臺灣去世，享年一百零一歲。

◎張靜江與許崇智：張靜江是一位傳奇人物，早年在中國及法國經商有成，為知名財經人士，曾經支援孫中山，從事革命；與蔣在一九一一年相識，於一九一六年在上海舉行結拜儀式，同時介紹許崇智一同參加。張靜江隨即也成為蔣的智囊與密友，曾與蔣合資在上海經營股票生意。當蔣在一九二〇年代迅速躍升為國民黨領袖過程中，張提供不少寶貴意見，為蔣解除困難，幫助攀升；曾在國民黨及政府中擔任重要職位；於一九三〇年代退出政壇；一九五〇年在紐約去世。

許崇智是支持孫中山革命的一位軍事人物，曾任孫中山的軍政部長；後來，為粵軍第二軍軍長，是蔣的頂頭上司。一九二五年蔣東征時，許崇智率軍參加。次年，他與蔣發生歧見，被蔣解除軍權，送往上海退休。之後，許崇智參加反蔣人士行列，但未擔任重要職務，於一九六五年在香港去世。

◎陳肇英：他曾參加反清及反袁運動；在一九一六年，與蔣同在福建漳州服務軍旅時，結拜為兄弟。後來曾在國民黨中擔任要職；於一九四八年開始，任監察院委員，直到一九七七年在臺灣去世為止。

◎戴季陶：像張群一樣，戴是蔣的生死之交及親信。他與蔣在一九〇八年於東京結識，在一九二〇年於上海結拜為兄弟。當蔣早年過著動盪不安的軍旅生活時，他時常提醒蔣如何走向上進之途，並時常告誡蔣，要他放棄不檢行為。他曾從事著作，闡述孫中山思想，偏向國民黨右翼；自一九二八年起，擔任考試院院長達二十年。一九四九年，他突然自殺身亡。當時，他對國民黨在大陸的潰敗感到極端悲痛，但既不願隨蔣前赴臺灣，也不願棄蔣投共，只有出此一途。戴季陶與蔣還有一種特殊的關係。一般人相信，戴季陶在東京時，與一日本婦女同居，得一婚外之子。戴季陶因為他的夫人不願承認此子，轉請蔣收養，得到同意。這就是蔣的第二個兒子，緯國。

◎吳忠信：他從一九一〇年代起即追隨孫中山，從事反清及反袁運動；在一九二一年於桂林與蔣結拜為兄弟，蔣掌權後曾任多項重要職務，包括安徽省及貴州省省長；一九三六年任蒙藏委員會委員長，任內極力推展國府在邊疆的勢力；於一九四〇年，代表國府參加後來流亡印度的達賴喇嘛十四世坐床（就任）典禮；在一九五九年於臺灣去世。

◎邵元冲：他在一九一〇年代反袁運動中結識蔣，於一九二三年在英國訪問後，到達莫斯科，參加當時蔣所率領的代表團，訪問蘇聯，在該處結拜為兄弟。自一九二〇年代末期以後，在國民黨及國府屢任要職，包括立法院代理院長。西安事變時，他與蔣同被拘留，逃跑未成，而被槍殺。是國民黨被拘高層人士中，唯一遇害的人。

◎李宗仁：他為桂系軍事首領，於一九二六年參加北伐，為第七軍軍長。他在這一年受蔣約請，在長沙簽訂金蘭譜，互換誓言：「誼屬同志，情比同胞，同心一德，生死系之。」其實，蔣與李宗仁都另有所圖。蔣希望藉結拜之誼，把李宗仁的軍隊納入自己所屬之下，李宗仁則企求借蔣之力，開展政治前途。在北伐途中，李宗仁一度聯合其他反蔣將領，逼蔣辭去國民革命軍總司令之職。當蔣復職完成北伐以後，李宗仁又前後聯合閻錫山、馮玉祥、陳濟棠，斷斷續續從事各種反蔣活動。

直到一九三七年，重回蔣的陣營；在次年對日抗戰中贏得臺兒莊戰役，獲得極大聲譽。

李宗仁在一九四八年競選國府副總統之職，意在組成一股獨立於蔣之外的政治勢力，雖然遭逢蔣的極力反對，仍然獲勝。次年蔣因軍事潰敗，自總統職位引退；李宗仁接任為代總統，負責與共產黨和談，沒有成功。隨即退休於美國，又於一九六五年返回中國大陸，在共產黨治下，生活到一九六九年，在北京去世。

◎馮玉祥：他是一位在中國西北方面勢力雄厚的軍閥，與其他軍閥征戰有年。一九二七年他與蔣取得合作協議：他率軍參加北伐並支持蔣的清黨政策；蔣則資助他軍餉五十萬銀元。次年，兩人在開封互換金蘭譜。蔣的誓言寫道：「安危共仗，甘苦共嚐，海枯石爛，死生不渝。」馮則聲稱：「結盟真義，是為主義，碎屍萬段，在所不計。」

雙方雖然信誓旦旦，要同甘共苦，可是到了次年，蔣藉裁軍會議的決定，削減馮玉祥的兵權，雙方關係因而破裂；再次年，馮玉祥聯合閻錫山，與蔣發生中原大戰。戰敗後，馮玉祥時而反蔣，時而任職國府，後來逐漸走上偏左路線。一九四九年他在歐美旅行完畢回國途中，經過黑海，在船上遇火驚而死。

◎張學良：他為稱霸東北及華北軍閥張作霖之子。張作霖於一九二八年在皇姑屯遇刺後，張學良接掌軍權，並在次年宣布效忠南京國府。中原大戰時，他派軍自東北前往華北，表面上採中立姿態，實際上暗助於蔣，是馮玉祥、閻錫山敗退原因之一。張學良之所以親蔣，原因有二。一個原因是，他認為父親為日本所殺害，極思復仇，覺得蔣最具實力，能在將來對抗日本。另外一個原因是，蔣曾派張群活動於張學良，給予極優厚的條件，因而獲得張學良的合作。[3]

同年，中原大戰結束後，蔣立即邀張學良前赴南京，結拜為兄弟。可是兩人幾乎立即陷入緊張關係。一九三一年九一八事變後，兩人為承擔喪失東北國土的責任問題發生齟齬。隨即又因蔣的安內攘外政策，發生爭執。張學良不滿意蔣派東北軍，前往陝西與共軍作戰，認為國共應該合作，共同抵抗日本，以至後來發生西安事變，兩人成為世仇大敵。之後，張學良被軍法審判，監禁數十年。在監禁期間，宋美齡及蔣經國曾多方照顧其私人生活。當蔣在一九七五年去世時，張學良寫了一幅輓聯：「關懷之殷，情同骨肉；政見之爭，宛若仇讎。」也算妥貼之言了。張學良在一九九〇年獲得釋放；隨後遷居夏威夷，於二〇〇一年在該處去世，享年一百歲。

就以上所述，蔣的結拜兄弟至少有二十餘人。在民國政治人物中，他恐怕是最喜歡利用這種傳統方式與人交往的一人。在這二十餘人中，除了蔣在奉化結拜的兄弟以外，其他十二人都是功業彪炳之士。其中八人屬於政界人物：陳其美、黃郛、張群、張靜江、陳肇英、戴季陶、吳忠信與邵元冲。這八兄弟中，除陳其美早年死去以外，個個對蔣的志業，可說是鞠躬盡瘁，死而後已；而陳其美、張群、張靜江、戴季陶與蔣尤為親近，在不同時期內，提供適時合宜的意見與協助，使得蔣能夠逐步克服困難，攀登政治高峰：介紹蔣加入同盟會與結識孫中山，勸導他接受黃埔軍校校長的任命（他原來無意於此職），採取強硬措施處理中山艦事件及清黨事件，及建議適當步驟度過被逼三次辭職的危機。

蔣對這八位兄弟，也是情至義盡，敬重有加。他奮不顧身，為陳其美收屍安葬，並照顧其子侄，委以重任。他把其他七位兄弟，安置要津，擔任方面之責，甚至一人之下、萬人之上之職；而且結成「生死不渝」至友。蔣與他們的交往，可以說是義薄雲天，與桃園結義的劉、關、張相較，應是不相上下。

蔣的另外四位結拜兄弟：許崇智、李宗仁、馮玉祥、張學良，都是地區性的重要軍事首領，統率著數萬甚或數十萬大軍。蔣與他們結拜的目的，是希望把他們的軍隊，納入自己的軍事系統之中，接受自己直接指揮。可是，四位兄弟都把軍隊作為生命家當，絕對不願輕易放棄。只是為著軍火糧餉的需要，或者基於開展自己政治前的考慮，願意與蔣建立兄弟關係，進而獲得蔣的財經接濟。所以，雙方都沒有真摯的友誼或者確切的共同信仰，作為結拜的基礎。彼此交換金蘭譜之後，因時過境遷，需要相異，便瞬即成仇，甚至廝殺征戰，忘去安危共仗的誓言。

準家庭關係

結拜兄弟是以互換金蘭譜這一形式，來建立異姓人士之間的家庭關係。蔣有時也不拘形式，與他的同志、同僚、下屬，以及其他人士，結合成準家庭關係。這種關係大多以他如何稱呼別人而決定：同一代的人可稱為為兄弟姐妹，上下兩代為叔伯子侄，眾人為「大家」。幾千年來，中國人認為彼此同是一家人；這樣的相互稱呼也就成為一般人的習慣了。可是，蔣畢竟是一國的領袖，他如何稱呼別人，會發生不同的影響，就不得不細心選擇妥切之語。一般說來，蔣對沒有交往的軍、政界人士，稱為同志；對孫中山尊為父輩，稱為「中師」（在他一九二二年給他的兒子緯國的信中，稱孫中山為緯國的爺爺）；[4] 對同僚父輩的人士稱伯父；例如他在與閻錫山修好時期，稱閻錫山的父親為伯父；對同輩有交往的人士，稱兄；對他的部屬，有時也稱兄，是表示客氣的意思；對他部屬中較他年幼者，他會稱弟；被稱呼的人們，往往覺得非常榮幸，因為這表示，蔣免除客套，接受他們為他大家庭的成員；蔣稱他在黃埔軍校校長任期內的學員為子弟或者學生；有時對待其他黃埔學員也是如此；他喜歡這些學員稱他為校長，以師輩看待他。

蔣建立這樣的龐大的大家庭關係，究竟發生何種政治上的效果，無從確定。不過不論是怎樣的效果，他相信，人是有感情的生命體，他在政治上對待別人，動之以情，總是有幫助的。

蔣介石拉攏部下，安撫同僚，策反異黨，很注重這些人物的「生死」問題。所謂「生」，就是生日，為其父輩或本人送賀幛，贈壽禮。「死」是死後，也就是死後的厚葬和致送誄辭。有時交替運用，有時延續不斷，……十分有效。也可以說，別人的「生死」問題，就是他權謀馳騁中的難得機會，是他拉攏、安撫、策反、瓦解異黨的兩大法寶。[6]

慎終追遠[5]

這是安淑萍就蔣如何利用他人生死的場合，尋求達到政治目的的評論。安淑萍研究蔣介石的生死禮儀經年，收集資料極為豐富，觀察深刻銳利，他的評論應是中肯之言。中國傳統文化非常重視生死大事，蔣以及其他信奉傳統文化的國人，都會在這種場合中，從事繁文縟節的活動，表示敬意，是一般常情，不足為奇。但是蔣在這方面所花費的心思與時間，遠遠超過其他當代政治人物；而且他的確利用機會，實現政治目的。他認為是一舉兩得的事，何樂而不為。就當事的個人或家屬來說，他們既然受到一國領袖的關懷，對蔣的政治企圖也就心照不宣了。

就生與死的禮儀分別來說，蔣比較重視後者；認為慎終追遠是中國社會的價值觀念，應該加以保持宣揚。在一個人去世的時候，他的親友甚至社會大眾，舉行隆重儀式，緬懷其生平功績，表揚其處世優點，人人如此，代代相傳；這才是中華民族得以源遠流長的重要因素。至於周歲生日，是一個人生命中的里程碑，值得歡忻慶賀，但究竟不是衡量一人得失成敗的時機；況且，就一般常情而論，生日有再來的機會，也就比較不甚重要了。

蔣向去世人物表達敬意的方式很多，除參加紀念會或追悼會之外，就是撰寫誄辭。據安淑萍的研究，誄辭是一種概括用語，「包括祭文、唁電、唁函、悼辭、輓聯輓辭、輓額」，甚至「旌忠狀、褒揚令、公祭令」等，將近二十種樣式之多。蔣最常用的誄辭，是唁電、輓額及輓聯。唁電通常傳達給死者最親近的家屬，以短文表示哀悼之意；輓額以四字成語，定論死者優異之處；輓聯的上聯讚揚死者的成就，下聯表達蔣對死者的情感與哀思。

蔣為人撰寫的誄辭極多；據估計，中外人數大約一千人。茲舉數例，看他如何運用這項政治藝術。蔣任軍職多年，這其中自然很多是軍界人物。一九四〇年張自忠在中日戰爭中，於湖北陣亡。張自忠官拜中將，是第一位殉職階級最高的軍官。當張自忠的靈柩運到重慶時，蔣親到碼頭迎接，扶棺慟哭；然後主持葬禮，頒發「忠烈千秋」輓額；另題輓聯：「大仁大義至勇至忠，江河萬古國士之風。」張自忠的夫人李敏慧最初不知道他已亡故，當得知他戰死沙場後，絕食七日而逝。消息傳來，震驚各界，感動於蔣；在專門為李敏慧舉辦的追悼會中，蔣頒「相成忠傑」輓額。

一九二八年，張作霖在皇姑屯被炸死後，蔣立即派一位國民黨高官方本仁，代表他前往參加張作霖公祭大會。方本仁曾任北伐軍中的一位軍長及江西省代理主席；曾在前一年為蔣代表，與馮玉祥談判，促成馮玉祥參加北伐，接受蔣的指揮。現在奉蔣之命，勸解張學良，投靠於蔣。方本仁深知張學良極為孝順父親，意圖復仇，便花費一番說詞，讓張學良確信不疑，蔣是唯一的軍事實力人物，可以助張學良達成願望。張學良在一九二九年宣布接受南京政府的領導，這是一個關鍵性的演變。

說起張學良，引出有關蔣祭祀一位軍人的故事。在西安事變時，張學良選擇幾位親信軍官，擔負扣蔣這一重任。當中的一位是騎兵團團長劉桂五，曾在事變前一天，由張帶領，前行華清池，晉謁蔣（當時住在該處），以便了解環境。事變時，劉帶兵前往攻擊，射殺絕大部分蔣的衛士，完成任務。事變後，張學良升劉桂五為騎兵師長。蔣被釋放後，以劉桂五非主動叛變，未予處分。不但如此，在抗戰時仍任劉桂五為師長，領兵對敵。一九三八年劉桂五在內蒙與日作戰陣亡。蔣不念舊惡，在追悼會中致送一幅極有胸襟的輓聯：「絕塞掃狂夷，百戰雄獅奮越石；大風思猛士，九邊毅魄擬睢陽。」

另外一位曾是蔣的軍事對頭，也有一段可記的故事。這就是閻錫山，他在一九三〇年戰敗於蔣後，在山西修養生息，逐漸與蔣和好。一九三四年他接待來訪的蔣，商議彼此合作之事。當時，蔣突然要求拜訪居住在河邊村閻錫山的父親書堂；閻錫山雖覺不便，蔣仍堅持，只有陪同前往。他父親當時生病，不得已，坐在太師椅上會見訪客。蔣則恭立脫帽，口稱老伯，行了三鞠躬禮。書堂覺得國家統帥，降貴紆尊，親訪鄉下老人，自是受寵若驚，連忙說道：「錫山不肖，請委員長多加指教。」一個月後他病逝後，蔣下令撥治喪費十萬元，親書輓聯一幅：「德昭顏訓，勛業付兒曹，多士謳歌思元老；數備箕疇，聲名垂黨國，吾公福命是神仙。」既是恭維老先生有家教，又稱讚其子功在黨國。深具孝道的閻錫山，以後再無反蔣之舉；而且隨蔣到臺灣，不像蔣的結拜兄弟馮玉祥與李宗仁，先後反蔣而親共。

蔣從來不忽略向為國犧牲軍事高級部屬表達敬意的機會。有時因為戰亂或其他原因，他沒有接到有些殉國將領的消息，因而未作表示。但是一經發現，不管事隔多久，都有補救的措施。例如，官拜中將，長年服務軍事調查統計局的湯毅生，在一九五三年為中共處決；十一年後的一九六四年，蔣下達褒揚令，稱讚湯毅生忠貞不二。又如曾任四十五師師長戴民權，在一九四〇年抗戰期中陣亡。直到一九六九年，蔣頒褒揚令給其家屬。這是二十九年以後的事了。（如前所述，褒揚令是蔣常用方式，用以表揚故者事蹟；通常由國民政府名義下達。其對象非常廣泛，凡文武百官以及社會人士具有特殊成就者，都在其內。據估計在蔣任內，被褒揚者，達數千人之多。）

蔣在著名社會人士逝世時，都會頒發輓額、輓聯，或親至追悼會參加祭祀。例如，博學鴻儒章太炎、蔡元培、張伯苓、胡適、錢穆在去世時，都受到這樣的禮遇。一九三三年，達賴喇嘛十三世圓寂，蔣派代表團前往西藏公祭，副代表劉樸忱不意病死拉薩，蔣在南京公祭劉樸忱的會上，寫出這樣動人的輓聯：「萬里去籌邊，未入玉門先化鶴；卌年憂國事，維標銅柱更何人。」一九五一年杜月笙在香港去世，蔣花了一番思索，如何處理此事。杜月笙是著名上海青幫首領，蔣如果表示敬意，與他平日重視的「其身正，不令而從」領袖身分，不相符合。但是杜月笙究竟在一九二七年清黨事件中，出過大力，而且在抗戰時期，協助國府地下人員，向日軍占領當局，進行鬥爭。蔣最後決定致送輓額，書寫「義節聿昭」四字，倒也是合情之詞。

蔣當然不會在外國顯要去世之時，忽略禮遇。一九四四年，美國總統羅斯福，在任上去世。蔣立即拍去唁電，長達二百七十字，五倍於平常之唁文，緬懷美國在抗戰艱苦時期，給予中國的援助。史迪威在一九四六年去世時，蔣出乎意外地，以隆重方式紀念這位美國將軍。史迪威在抗戰時，與蔣作對，用盡各種威脅利誘方式，要取而代之，可說是蔣的友邦之中的最大敵人（詳見第十章，特別是注釋二六及二七）。可是蔣立即發電慰問史迪威家屬，親自主持在南京的公祭大會，頒發褒揚令詳細陳述史迪威協助中國抗戰事績。蔣對待史迪威，有如對待劉桂五一樣，一個要霸占他的權位，一個奪取他的自由，他都不念舊惡，在他們去世時，寬大為懷，予以善意回報。這是一般人沒有注意到的，蔣性格的一面。

甘地的逝世，也是值得一書，顯示出蔣如何慎重其事地，禮遇一位聞名於世的故人。蔣偕宋美齡於一九四二年訪問印度時，與甘地晤談，互道敬佩之意，並商討兩國合作抗日之意。之後，蔣曾表示支持印度獨立。但是甘地卻在在印度獨立後的一九四八年，遇刺身亡。蔣、宋美齡立即聯名發出唁電，其中寫道：「此一代主張非暴力主義實現人類和平之神聖鬥士，竟遭暴力之摧，誠世界之悲劇，令人痛心。」隨後在南京舉行的追悼會中，蔣向甘地遺像行三鞠躬禮，以表敬意。會中懸有蔣所寫的輓額「乃聖乃仁」。安淑萍評論道：「在蔣介石所題寫的八百多人的輓額中，〔這一幅〕是上乘之筆。……〔因為它達到〕三個標準：一是從文學角度評判，藝術性要高雅，詞義新穎，……二是內容要貼切逝者的身分和功業，……三是還要講究一點字音字韻……而過目不忘。」[7]

這不是過分恭維之詞。印度一位漢學家辛吉拉赫說：「蔣主席的四個字，勝過本國人的四百、四千篇祭文。」他解釋道：「前一個『乃』，是世界人民對甘地的尊敬，後一個『乃』，是甘地非暴力精神的濃縮。此四字，既有中國的孔孟傳統，又有世界性的現實意義。……我借用這兩個字，再送還給他：蔣主席：乃文乃武。」[8]

一般人認為，蔣文才不若武功。筆者在第一章中，也說起蔣比不上毛的學養。可是蔣所寫的誄辭顯現出，他只要用出功力，也有表現才華的時候。說起功力，這是他的性格又一面。他撰寫誄辭時，肯下功夫，尤其是在輓聯及輓額方面為然，經常自己執筆起草，一而再，再而三地修改，一直到他覺得文字妥當，內容適宜才採用。當他祭祀別人時，常會真情流露。譬如在陳其美（一九一六）、孫中山（一九二五）、朱培德（曾任蔣的參謀總長，一九三七）、張自忠（一九四〇）、陳布雷（一九四九）的祭祀場合，他都慟哭失聲，久久不能自已，引起在場一片唏噓之聲。

生日快樂

蔣雖然比較重視亡者的禮儀，但在他人誕辰時，仍然不少花費心機，從事各項活動，務使當事人或相關人士，感覺到生日快樂，也因而達到攏絡人的目的。在一九三〇年代，他曾利用這類活動，削減軍閥韓復渠的勢力。韓復渠原為馮玉祥部屬，後來叛馮投蔣，得山東省主席之職，但自搞地盤，不為蔣信任。蔣知道韓復渠部下有一位心腹將領孫桐萱，便施用一連串手段，爭取孫桐萱過來：包括授予孫桐萱山東部分的稅收權，及委任他為廬山軍官訓練團重要幹部；最後一著，就是當孫桐萱為其父舉辦七十大壽慶典時，致送重禮。內有壽屏六幅，禮金五千元，另附照片一張，上款寫道：「錫榮老伯惠存」；落款則是「小侄蔣中正敬贈」。這樣的恩寵，使得孫桐萱衷心感戴，後來成為蔣的一位幹將。

一九四八年，國軍第十二兵團副司令雷萬霆，對蔣調動他的職務，感到不滿。蔣得知後，馬上召見他，告訴他說，他的母親比蔣小兩歲，在過生日時一定會去看望她。雷萬霆既是驚奇蔣何以知道他母親的生日，又是感激蔣對她的照顧，不滿之情，煙消雲散，而且報效之意，油然而生。同樣地，蔣在淮海戰役末期，為著鼓勵副總司令杜聿明奮勇作戰，曾為杜聿明的母親高太夫人，在上海舉辦七十大壽盛會。杜聿明也是驚喜莫已，為何蔣如此細心，查知他母親的生辰，又為何如此關懷老母，他便在戰場上悉心接受蔣的遙控指揮，終至戰敗被俘。

著名學者如胡適、林語堂；蔣的私塾老師如周枕琴、毛思誠；結拜兄弟如張靜江、張群、陳肇英、馮玉祥、張學良；黨國元老如林森、于右任、居正；親子如蔣經國及其媳婦蔣方良；上海青紅幫三大首領黃金榮、張嘯林、杜月笙；還有不計其數的他人，都在生日時接受過蔣的禮遇。蔣或贈壽屏、壽禮、壽文；或參與壽會。蔣在這方面用心之專，花費時間之多，沒有一位當代政治人物，能與之匹比。他能連續多年為人祝壽，如向南韓總統李承晚祝壽九次、于右任十四次、日本天皇裕仁達十八次之多！他平日悉心收集他人資料，舉凡籍貫、生卒日期、簡歷、志趣、其他細節，都記載下來，隨時備用。在一九三〇年代，「記載的人數有四百多，到後來增加到六百左右。」[9] 蔣長期「為他人祝壽，就成為一種自娛的方式，當他看到因自己的祝壽，給對方帶來快樂時，自己也很愉快。」[10]

蔣或以國家領袖身分，或以個人名義，數十年來不倦不懈，專心一致，從事這四種傳統式的社交活動。他與人結拜兄弟，發誓為征服強敵，而「同甘共苦」，「生死與共」，以求完成理想；他與人維持大家庭關係，擴大親情；他於亡者家屬悲痛之時，表達哀思與同情；他趁壽者及其親友歡忻之際，參與自娛娛人的活動。在這些活動中，他觀察入微，慎思熟慮，採取合宜的舉動，妥貼的詞句，適當的禮儀，以求充分掌握他人喜怒哀樂之情，建立起廣泛深厚的社會關係，來輔助他的政治作為。

蔣表面嚴肅，卻是用情專家。

注釋

❶這一節的主要參考資料有兩項：嚴如平編，《蔣介石與結拜兄弟》，北京：團結出版社，二〇〇二年；嚴如平等，「蔣介石和他的把兄弟」，《中國故事》，第162期，二〇〇四年三月。以下敘事時，為節省篇幅起見，除有特別需要外，不個別注釋出處。

❷奉化十兄弟是通稱之詞，實際上超過十人。有關他們彼此交往經過，見嚴如平，《蔣介石與結拜兄弟》，頁一～三四。

❸這些條件包括：一、撥張學良軍隊進入華北費用五百萬元；二、由國府發行公債一千萬元，協助東北整理財務；三、交付張學良華北軍政大權；四、承擔張學良駐平津部隊薪餉。嚴如平編，《蔣介石與結拜兄弟》，頁七九。

❹毛思誠編，《民國十五年以前之蔣介石先生》，頁一四四。

❺本書這一節的資料來源有二：安淑萍，《蔣介石誄辭說屑》，及安淑萍、盛昌旺，《蔣介石的人際世界》，在《傳記文學》分別於二〇〇五年至二〇〇七年及二〇〇七年至二〇〇八年連載。這些文章，另加別的作品，收集在安淑萍、王長生的《蔣介石誄辭說屑》（臺北：傳記文學出版社，二〇〇一年）一部專書之中。這一節也可說是這些資料簡而又簡的摘要。以下敘事時，為節省篇幅起見，除有特別需要外，不個別注釋出處。

❻安淑萍，〈蔣介石誄辭說屑（四）〉，《傳記文學》，第八八卷，第一期（民九十五年一月），頁五八。

❼安淑萍，〈蔣介石誄辭說屑（八）〉，《傳記文學》，第八九卷，第二期（民九十五年八月），頁九六～九七。

❽同前文，頁九八。

❾安淑萍，〈蔣介石誄辭說屑（六）〉，《傳記文學》，第八八卷，第四期（民九十五年四月），頁五四。

❿安淑萍、盛昌旺，〈蔣介石的人際世界（二）祝壽瑣談〉，《傳記文學》，第九一卷，第三期（民九十六年九月），頁五一。

第七章 蔣的政治藝術：（二）恩威並濟

何謂機詐

蔣介石在他的日記中，從一九一八年一月到一九二〇年四月，每天都在「提要」欄中，列出他各項缺點，一天都沒有間斷過。「機詐」是當中最常見的一項。在以後的歲月裡，他以無比的毅力，修心養性，改正了不少缺點。但是就「機詐」來說，他認為沒有成功（參看附錄：蔣介石的缺點與修身工夫）。從蔣多年的政治的作為來看，他的自我評論，是真實之言。

什麼是機詐？機可說是利用機會，施行計畫或者權謀；詐可謂之應用虛虛實實或者威脅利誘之策，掌握他人。都有陰暗的一面。但是從統治的觀點來看，一個人希望作強勢的領袖，或者希望長久在位，機詐是必要的政治藝術。這是為什麼？因為眾人（部屬、對手，及平民）都有自私自利的一面，俗語說：「人不為己，天誅地滅。」這是每一位統治者，所面對的現實；在位愈久，眾人的欲望愈多、愈複雜、愈相互衝突，根本無從滿足。為政者，便不能僅靠前一章所說的「動之以情」，而需要施用權謀，威脅利誘，來維持自己的地位。換言之，恩威並濟是統治者不可或缺的手腕。但是每一位統治者都有自己一套的手腕。現在看一下蔣的一套。

犒賞有加

蔣深知絕大多數人有錢財欲望，因此便利用他人這方面的需求，來達到政治目的。他掌握富裕的江浙地帶，有較多資源，運用起來，得到相當的方便。他使用錢財，有兩種主要目的；一是增進同僚與部屬的向心力；另一是化解國民黨內外敵對勢力，為自己所用。他最初碰到最多與最強的敵對勢力，是各地區的軍閥；他花費在這方面的錢財自然就最多。

蔣在一九二五年東征時，僅「親率三千子弟兵」；次年統率各路北伐軍，總計八萬五千人；一年之內，增至二十六萬四千人；到了一九二九年，國軍到了一百萬人。在五年之間，蔣的軍隊，從三千之眾增為百萬之師。這種快速的成長，與金錢的運用，有相當大的關係，而且這種情勢延續到一九二九年以後。

蔣的日記對此有充分的記載。他兩次記述到：他的部下「無人不要錢，無人肯努力」（CKSD，7/26/29，8/19/29）。之後，他感到不勝其煩，抱怨道：「來〔客〕者，無非要錢；來電〔者〕，無非索欠。余誠為天下之大債戶；欠人之債，作人之奴隸」（CKSD，2/16/31）。可是他發現「對內既不能〔全〕用武力，貫徹主張，即應用政治以求統一。軍閥政客所貪者為錢……有所求，則事無難」（CKSD，2/16/36）。為著應付這種無窮盡的要求，他有時只能「多用小錢，以填貪者之慾壑」（CKSD，8/13/37）。現在舉出實例，看蔣所用的小錢與大錢，付給那些人。（在一九三五年前，他多以銀元支付；之後，用法幣。當時的幣值大體穩定，法幣也很值錢）。

◎馮玉祥：如前所述，他在一九二六年付給馮玉祥五十萬銀元，使其參加北伐。次年，蔣為著要聯合馮玉祥，以推翻汪精衛為首的武漢政府，「即允每月發貳百萬元」給馮（CKSD，6/21/27）。兩年後，在中原大戰之前，蔣為著防範馮玉祥軍事反叛，表示「願以五百萬元，促其出洋」，但無結果（CKSD，6/12/29）。

◎閻錫山：他自一九二六年參加北伐後，始終沒有把軍隊的指揮權交予蔣，而屯軍於他的故鄉山西，聽命於他。中原大戰戰敗後，仍然如此。可是他經常接受蔣付給的軍火及糧餉，一概由他分配使用。蔣的日記沒有記載有關數字，只說「照發閻款」（CKSD，3/20/36）。

◎李宗仁：他自一九二六年參加北伐後，也如閻錫山、馮玉祥一樣，保持軍權於自已之手，成為廣西省一面之主。與蔣時友時敵；蔣也就看情形，是否予以接濟；直到一九三七年抗戰開始後，他的軍隊才正式加入國軍建制，由中央直接發給糧餉。蔣的日記有下列記載，有關一九三七年之前撥款給李宗仁的情事：

李宗仁「得了出兵款項，而不就職。」（CKSD，5/6/33）

「發桂〔廣西〕款。」（CKSD，11/19/34）

「再加桂補助費壹百萬元，共為三百萬元矣。」（CKSD，9/8/36）

「電宋〔子文〕發桂款。」（CKSD，10/20/36）

◎**石友三**：他是以河南省為根據地的善變軍閥。原為馮玉祥的部屬，於一九二九年，叛馮投蔣。在這一年六月，蔣撥給石友三三百萬元的軍餉，並交付他個人五十萬元。[2]

◎**韓復渠**：他也曾是馮玉祥部屬，以山東為根據地的軍閥。在一九二九年收到蔣十萬元的一張支票，於次年叛馮投蔣。[3] 一九三一年蔣「電〔宋〕子文，備五十萬元交」韓復渠。（CKSD，7/21/31）

◎**張學良**：如前一章所述，張學良在一九三〇年接受蔣五百萬元軍事補助，及國府發行的一千萬元公債。

◎**陳濟棠的空軍**：他在一九二九年至一九三六年，擔任廣東軍、政首長之職。在任時曾聯合李宗仁共同反蔣。當時，蔣與閻錫山、馮玉祥以及共軍征戰正酣，無從應付陳的威脅，便採暗中措施，使陳濟棠下臺。據說，蔣花去一筆費用，促成陳濟棠的空軍人員，連同四十八架飛機，投向國軍。蔣為此事，十分高興，在日記中記述道，「廣東空軍徹底接收統一，乃為國〔府空軍〕增加一倍之

實力。此為最大之成績也。」（CKSD，1936年6月底反省）

此外，還有許多軍事將領接受蔣的資助。例如，廣東軍的許崇智，在一九二五年，拿到三十萬元，到上海去「退休」。[4] 曾任北洋政府總理的段祺瑞，在一九二八年以後，曾獲得「兩萬元生活費。以後三四年也陸續……〔收到〕巨款。」[5] 曾任代理行政院長的粵軍將領陳銘樞，在一九三一年收到蔣一百萬元，作為擴展他麾下十九路軍之用。[6] 新疆的軍、政首腦盛世才在一九四二年，被逼下臺時，拿到蔣的十萬元。[7]

至於國民黨黨內與蔣有爭端的領袖人員，自然也會接受蔣的資助。這其中以汪精衛最為出名。當他在一九三〇年代初期，失去國民黨領導權以後，立即受到蔣的優渥待遇。一九三九年他在投日途中，路過河內時，蔣派密使前往，告訴他願付五十萬元，請其出國，不要降日。但是汪精衛沒有接受。[8]

蔣對許多他的軍、政部屬，也都予以經濟方面的支援，用以獎勵成績或盡忠職守。可舉數例以為說明：何成濬（國軍高級將領，曾任湖北省主席）、陳誠（曾任湖北省主席、國防部部長，行政院長）、谷正綱（曾任國民黨及國府要職）、陳布雷、吳忠信，及于右任都在薪俸之外，接受蔣的津貼（分見CKSD，3/23/34，12/23/34，12/28/40，12/5/42，9/24/44，11/16/45）。

蔣這樣大批與長期地使用金錢，引起了財務的困難。從一九二〇年代末期到一九三〇年代中期，他控制僅是中國三分之一的省分。雖然這些省分是富足之地，但是資源究竟有限。在一九二八年，他與宋子文，「商議軍費，〔得知〕每月只有〔一〕千二百六十萬元，尚差三百餘萬元。」（CKSD，3/23/28）

宋子文當時負責國民黨財務，曾大力擴充財源，但總是因為軍費過於龐大，時時造成巨額赤字。他在哈佛大學學習經濟，注重經理原則及會計制度，對蔣隨心所欲花費金錢一事，特別是收買軍閥的支出，時有不滿。他有時要求蔣按預算支出，並作具體說明收支情事；有時甚至拒絕支付款項，引起蔣無窮的煩惱。蔣有一次寫道：「子文狡賴，不敢負責財政。〔受其〕壓制，不能〔施〕展自如，痛苦極矣。」（CKSD，12/26/1926）在以後的幾年中，雙方為財務事，時起爭執；在蔣與宋美齡（子文之妹）結婚以後，仍然如此。一九三〇年，中原大戰軍情緊急，宋美齡不得不出面，苦苦勸他兄長，不要在財務上為難他的丈夫。蔣的日記有這樣一段話：

> 子文不肯籌發軍費，內子苦求不允，乃指子文曰：「如你果不發，則先將我房產積蓄，盡交你變賣，以充軍費。若軍費無著，戰事失敗，吾深知介石必殉難前防，決不肯愧立人世，負其素志。如此，則我如不盡節同死，有何氣節；故寧先變賣私產，以充軍餉，以冀勝利云。」子文聞之心動，乃即發款也。（CKSD，7/19/30）

蔣於一九三三年更換財政部長，以孔祥熙代替宋子文。孔祥熙是蔣的連襟，擔任財長到一九四四年，與蔣充分合作；在軍費方面，有求必應。可是，蔣老早就感覺到，「政治、軍事皆在財政，為成敗之由；故不得不力求收支適合〔吾意〕也。」（CKSD，3/17/31）所以，他要直接控制中央銀行總裁，不必經過財長之手，以應所需。他在一九四五年，在日記中表明決心：「中央銀行總裁人選，非絕對服從余命令，而為余所能信任者不可。以此二十年來所得之痛苦經驗〔也〕。」（CKSD，7/25/45）從此以後，在蔣任期內，所有央行總裁便必須由他決定。

蔣在他早期的統治生涯中，進入了軍、政、財三結合的圈子裡。軍權靠征戰來取得；有了軍權，便可能取政權；有了政權就有財權。從他的經驗來看，爭取軍權是第一要務；但是他很快地就領會到，軍權的擴大，除征戰以外，也可以運用財權得以實現；而且用金錢收買軍閥，比征戰更花得來。可以少流血，少開支，少危險。這樣，擴大了軍權，便可加強政權，開展財權。這三種權力交互運用，正如羅布特・艾慕思（Robert T. Ames）研究中國歷代政治所作的結論一樣，就是統治者的藝術。[9]

從蔣的觀點來看，這三種權力的運用的目的，都是在增強他人的忠心的觀念。可是因為他具有「朕即國家」的思想，他不能把他人對他個人效忠與對國家的效忠，劃分清楚。因此，他認為用錢財取得軍閥們對他的忠心，是有利於國家。這種暗地的錢、權交往，也就是正當的行徑。他長期領導下的國民黨政權，自奉清廉，沒有以權力取得之資財，用在個人身上。但是他的有些軍、政部屬，經常受他權、財交互運用的影響，假公濟私成為一種風氣；國民黨政權也就無法解脫貪污的惡名。這恐怕是他沒有想到的後果。

行動制裁

政治上的暗殺事件，自古及今，層出不窮。在西方國家中，羅馬帝國的凱撒大帝以及現代美國的甘迺迪總統，都死在刺客之手。至於中國，遠至秦始皇，近至國民黨的陳其美、宋教仁都是暗殺者的對象。用國民黨特務機關的術語來說，政治暗殺叫做行動或者制裁。

蔣自已曾是多次暗殺者的對象；一次次地倖免於難，簡直是不可思議之事。一九二五年七月，他乘坐的一部插著國民黨旗幟的座車，在通過廣州市面時，發生故障。他換車離去。當他的座車修好以後，去趕上他時，街上有人認為蔣仍在車內，對車連開數槍，射死其中兩位護衛。接連著的八月，他在廣州乘車回家時，又遭射擊，沒有被射中。他的衛士宓熙，立即還槍，殺死一人，逮捕一人。[10]

在這一年十月，還有一事件。有一天當他與他當時的夫人陳潔如，步入在廣州的國民黨黨部時，突然一位軍官，面對面地向他開槍，並大聲吼叫：「你霸占了我堂兄的軍隊，還卑鄙地處死了他手下兩位最好的將領。現在我要向你討還血債！」蔣的兩位衛士馬上加以阻擋，沒讓蔣受傷。當即逮捕這位軍官，發現他叫許楚，是許崇智的堂弟。因不滿意蔣解除許崇智的軍權，前來報復。[11]

在以後的幾年中，他年年遇刺。一九二九年八月二十七日深夜，蔣在上海他岳母宋夫人家中睡眠時，有兩人躡手躡腳，進入他的臥房，扣起扳機，正要開槍，為蔣的一聲咳嗽，驚動而逃。這兩人後來被捉到，不是別人，竟是他的衛士陳鵬飛與龐永成，因為私事不滿，出此舉動。（CKSD，8/27，28/29）一九三〇年六月，陳濟棠派三人，在南昌行刺於蔣，未成被捕而後被殺。[12] 次年的六月，蔣在廬山，坐滑竿遊覽風景，一位青年突然從林中躍出，向他開槍，一顆子彈從他的右耳嗤聲而過。他未受傷；衛士還槍，殺死來犯。後來，查知這人是受王亞樵所指使；王亞樵是一位工會中親左反日的人物。一度組成殺手集團，專門行刺政客。[13]

說起暗殺，有一件不可想像的事件，曾經發生。這就是，蔣曾兩次成為友邦美國所欲清除的對象。一九四三年加爾・艾弗烈（Carl F. Eifler）上校，受史迪威之命，策畫謀殺蔣的方法。艾弗烈是美國情報人員，隸屬戰略服務處（the United States Office of Strategic Services），當時在史迪威軍部服務。他受命後，立即回到華盛頓，準備一項詳細毒食計畫，施用後將無法從驗屍方法查知原由。[14] 次年，史迪威又命另一部屬，預備一項較大，較複雜的謀殺計畫，在二十七年後，一位當事人所寫的書中把這件事透露出來。這人是弗蘭克・多爾恩（Frank Dorn），史迪威軍部參謀長。根據多爾恩一九七一年出版的《與史迪威在緬甸出走記》（Walkout with Stilwell in Burma）一書的記述，史迪威在一九四三年舉行的開羅會議中，與羅斯福會面，討論起與蔣日趨惡劣的關係。史迪威直接引述美國總統的話說：「如果你實在與蔣合不來，又沒有辦法更換他，就把他幹掉算了。你懂我是啥意思。找一個聽你話的人好啦。」（"If you can' t get along with Chiang, and can' t replace him, get rid of him once and for all. You know what I mean. Put in someone you can manage."）[15] 史迪威回到中國後，就命多爾恩著手進行制訂謀殺計畫。後來多爾恩作出一個以「藍鯨」（Blue Whale）為代號的計畫：當蔣預定在一九四四年，前往印度檢閱中國遠征軍時，由美軍派一架飛機送他前往，在飛越喜馬拉雅的駝峰時，說引擎發生故障，要失事了，給他一個作過手腳的降落傘，要他跳下去，一定會送他的命。[16] 後來，艾弗烈及多爾恩的計畫，因為沒有上級的授權，都沒有實行。

蔣這樣多次遭遇暗殺，是否也會採取同樣的行動，對付他的政敵？前面提到他曾派人暗殺陶成章；這是他還沒有政治地位時所作的事。當他執政以後，一部由文軍等人所著的書，敘述蔣所授意的許多暗殺事件。[17] 這其中衍生許多疑問，待列舉一些主要事件之後，再回來討論：

◎楊杏佛：他曾就讀哈佛大學，是中國現代史中，第一位呼籲保障人權的知識分子。他經常批評蔣施行獨裁，為害民權。他於一九三三年，在中央研究院從事研究時被暗殺。

◎史量才：他是上海申報的所有人。他以新聞從業人的身分，寫出多篇文章，大肆責備蔣，施行對日妥協，亟力勦共的政策。一九三四年，他在自杭州前往上海途中，於他的汽車內被擊斃。

◎張敬堯：他曾任湖南省省長，是當年毛澤東請願推翻的人物。後來，他走親日路線，幫助日本成立滿州國政權。一九三三年，他在北平的六國飯店中，被暗殺身亡。

◎吉鴻昌：他曾是馮玉祥部屬，參加過北伐，非常反對蔣的對日妥協政策，積極從事抗日活動；並於一九三二年，參加共產黨。一九三四年，在天津法租界，拒絕國府情報人員的逮捕，而受傷。後被引渡至北平被殺。

◎王亞樵：前面說起王亞樵曾派人，在廬山行刺蔣。他的殺手們，也曾經試圖刺殺宋子文、汪精衛，以及國聯東北調查團團長李頓（Lytton）等人。一九三二年，王指使朝鮮青年，行刺日本駐華大使重光葵（後為日本外相，在一九四五年代表日本簽訂對盟國投降的降書），使其受傷，失去一腿。一九三六年軍統人員設下圈套，在廣西梧州，將王亞樵殺死。

◎宣俠父：他於一九二三年加入共產黨，在黃埔畢業後，參加北伐，逐步升至中將；後來與蔣破裂，積極宣揚中共的統戰政策。一九三七年，他在西安被國府情報人員誘捕，後被殺死。

◎唐紹儀：他曾就讀哥倫比亞大學，擔任過北洋政府的首任首相。一九三七年抗戰開始後，他滯留上海，主張親日，並有意擔任日本可能在華組成的傀儡內閣總理，為國府情報人員所殺。

◎王天木：在中日戰爭之前，王天木是軍統天津站站長，負責華北對日情報工作。在戰爭開始後的一九三九年，他於上海站站長任上，倒向日本。使軍統在日本占領區內的地下工作，遭受巨大損失。軍統立即採取制裁行動，把他殺死在上海。

◎汪精衛：他於一九三九年前赴南京，與日本合作，破壞抗戰，在經過河內時，受軍統人員襲擊。他沒有受傷，他的部屬曾仲鳴，被誤射，中槍而亡。

◎傅筱庵：他是一位親日的企業家及銀行家；一九三八年，他開始擔任日本占領下的上海市市長。一九四〇年，他的一位僕人，被軍統人員說通，用斧頭將他砍死。

◎石友三：他是一位善於叛變的軍閥，曾經先後歸屬馮玉祥、閻錫山、張學良、國軍、共軍與日軍；一個個背叛而去，始終擁兵自主，成為出名的「倒戈將軍」。到了一九四〇年，他與日軍合作的時候，一位國軍將領高樹勛，以他的結拜兄弟的身分，誘捕這位漢奸，活埋於黃河岸旁。

◎李公樸與聞一多：在一九四〇年代中期，他們都是民主同盟領導人物。民主同盟是左傾知識分子的組合，反對國民黨專政，鼓吹民主思想，建立多黨政治。同時對蔣的內政外交政策，時有批評。一九四六年七月十一日，李公樸在昆明市面上，遭受槍傷，隨即死亡。聞一多是一位知名的詩人，前後任教數所大學，認為李公樸死在國民黨特務之手，於七月十五日昆明公祭大會中，作了激情的撻伐國民黨獨裁的言論。認為他與李公樸都為民主奮鬥，死不可惜。他針對特務說，「跨出門，就不準備再跨回來，民主是不會死的。」他果然在會後，被槍殺而亡。

◎楊杰：他曾參加辛亥革命，是一位軍事理論家，在蔣治下，曾任陸軍大學校長及中國駐蘇聯大使。中日戰爭以後，逐漸左傾，並有意聯合其他國民黨反蔣人士，成立第三勢力。一九四九年八月二十三日，他在香港被暗殺身亡。據說，他當時，打算投向即將成立的中共政權。

文軍等人在書中，指陳這些暗殺事件，是國府特務系統（特別是軍統）所為的。國民黨特務系統的歷史演變，相當複雜。其前身有藍衣社、復興社，及力行社等祕密小組織。[18] 一九三二年，一個比較正式的情報機構，在軍事委員會下成立，叫做密查組。一九三八年，密查組擴大成為軍委會下的軍事調查統計局，通稱軍統。另外一個情報機構是中央調查統計局，一般稱為中統，隸屬於國民黨。一九四六年軍統改名為保密局，屬於國防部。中統在國府遷臺以後，改稱為調查局，隸屬內政部。

文軍等人在書中聲稱，以上所列暗殺事件係國府情報機構所為，大體上說，應無疑問。因為軍統、中統人員都曾發表專書或文章（以下注釋中將引述這些著作），直接或間接地證實這兩個情報組織參與其事。文軍等人還指出這些暗殺事件，是經過蔣的授意而執行的；他應該擔負責任。關於這一點，引出了兩個問題。首先，書中並未舉出任何書面資料或當事人口頭言詞，證明蔣授意這一件事。其次，有些被刺的人員從事重大的叛國活動，國府情報人員予以制裁是戰爭期間可以預期的行為，不需要蔣特別的指示。[19] 這包括張敬堯、唐紹儀，王天木、汪精衛、傅筱庵與石友三。

至於一些知名知識分子（楊杏佛、史量才、李公樸以及聞一多），因為激烈批評國民黨專政及蔣的內政外交政策而殞命，一般人自然會聯想到，這是蔣的報復行動。但是，另外一種可能，則是情報人員為著討好於蔣，自行決定從事刺殺異議人士。事實上，中統及軍統內部人員都有這樣的說法。[20]就李公樸、聞一多案件而論，蔣事先毫不知情。事件發生後，他在日記中特別指出，「應特加注意，徹究其兇手，以免共匪作污陷之宣傳。」（CKSD，7/17/46）後來，經過調查，事件是經雲南警備司令霍揆章授意，由他手下兩位軍官執行的。當蔣得知結果後，他下令革除霍揆章的職務，槍決兩位軍官。[21]

就暗殺知識界異議人士而論，不管蔣是否有所授意，他事後應該知道，這是他的情報下屬所作的制裁。就楊杏佛、史量才事件來說，他沒有「徹究兇手」，而草草了事。至於李公樸、聞一多事件，他查知真情後，並沒有給予主其事的霍揆章應有的懲罰。這是他失職的地方。因而，他縱容下屬，妄殺無辜，就成為公眾的印象。

分而治之

國民黨從二十世紀初期建黨以來，一直有派系的存在；在孫中山去世以後，更是派系林立。[22]蔣認為這是國民黨不能夠團結一致，在大陸失敗於共黨之手的一個主要原因。他到臺灣以後，立即禁止派系活動，而把政治權力逐漸集中於蔣經國之手，以便繼承他的位置。

蔣在統治大陸時期中，國民黨政權有五個主要派系：CC系、政學系、黃埔系、孔宋系與情報系。大部分的派系，沒有正式組織，而以特定的人物為中心，團聚或多或少的人員，從事各項活動，彼此支援，互通聲氣。CC系是由陳立夫與陳果夫所領導的團體，因這兩位兄弟的英文姓氏的第一個字母而為名。政學系的核心人物，包括：張群、黃郛、翁文灝、吳國楨、熊式輝，楊永泰、陳儀、錢昌照等人。黃埔系以早期黃埔軍校人員（教官如何應欽、學員如胡宗南）組成。孔宋系，顧名思義，是孔祥熙及宋子文所領導的集團。情報系，如前所述，包括軍統與中統人員，長期以來，分由戴笠及徐恩曾領導。

各派系在業務上有所分工，但也有重疊的地方。CC系負責國民黨的組織工作、行政人員的任用、民意機構代表人員的選舉。政學系人員，散見於高級行政、外交，及財政職位之上。黃埔系負責軍務及將領選拔與任用。孔宋系負責財政、金融，及公營企業事項。情報系管轄範圍廣泛，包括：偵察、間諜、反間諜、特勤、制裁等項活動。

蔣雖然在臺灣時，禁止派系存在，在大陸時卻利用派系，作為統治的工具。他運用幾個方法，使派系俯首聽命，為他工作。最重要的一個方法，是保持任用主要人事的權利於自已之手。他不讓一個派系的人員侵犯另一派系的業務；可是他自已卻故意任用一派系的人員去管理另一派系的事務。例如，孔宋雖然主管財經事務，卻都擔任過管理政務的行政院長。翁文灝是政學系的人，蔣任命他為行政院長時，從事金融與幣制的政革。

蔣這樣在派系之間，交互任用人員，而不導致爭執，不是一件容易的事，需要運用特別的手腕，維持一國之主的地位。有兩件事例，可以顯示出蔣如何運用這一方面的政治藝術。這兩件事例都牽涉到吳國楨這一個人。

吳國楨曾就讀普林斯頓大學；歸國後，一度擔任蔣的祕書。後來當過漢口、重慶及上海市長。吳國楨在重慶市長任內時，蔣要他負責軍方業務範圍以內的防空工作。一九四一年六月五日，日本飛機大規模空襲重慶，炸壞一個防空洞進出口，造成幾千人的死亡，是一件出名的慘案。吳國楨得知後，震驚之餘，非常恐慌。因為他認為他會因防空洞建築不善，遭受失職的嚴厲處分。吳國楨平日有一習慣，遇到嚴重問題時，用測字以卜吉凶；當即請他太太說一字；她當時睡在床上，隨便說出「帳」這一字。吳國楨聽後，大驚失色，說不好了，市長要沒有頭了。她知道他平時測字很準，也是驚慌莫已。吳國楨繼爾想了一下，說道，也許他自己不會發生問題，因為「市」雖受損，「長」則無缺。蔣在第二天召見他，大肆申斥一番，但是只給以撤職留任的處分。因為吳國楨是有責無權，替人受過。不久，蔣請人吃飯，邀吳國楨為陪客，算是表示歉意。

第二件事發生在一年之後。當時外交政部政務次長出缺，蔣屬意吳國楨任此職；但是他知道行政院長孔祥熙及外交部長宋子文都可能反對，因為他們有自己的人選。一天，他詢問宋子文，這一職位由一位知名的外交史學家蔣廷黻擔任如何？如蔣所預料，宋子文不同意，因為這是孔祥熙屬意的人。又一天，蔣與宋子文再度商談人選問題，他不等宋子文推薦自己的人選胡世澤，先說吳國楨如何？宋子文不好意思兩次拒絕蔣的人選，便答應了。後來，孔祥熙也沒有表示反對，因為他知道，蔣先提出了蔣廷黻。24

蔣不但靠人事的任用，來控制派系；他設置情報人員於黨、政，軍各機關之中，以便了解各派系的活動，應對他們的需求，排解彼此的糾紛。他把情報系統一分為二，讓軍統與中統互相牽制，無以對他構成威脅，而皆盡聽命於他。

蔣當然也運用財源，來管束派系。他把絕大部分政府預算（通常是三分之二）撥於軍方。把剩下來的經費，作為黨政機關的行政費用。各派系（包括黃埔系）只好由他來分配預算，來推展各個單位的業務。

但是蔣有時也會在派系方面，碰到尾大不掉的情勢，失去了控制。在他統治大陸的末期，他遭遇到預想不到的困難。一九四八年，根據新通過的《憲法》，國民大會要選舉正、副總統。當時他被選為總統，已成定局；但是誰是未來的副總統這一問題，引起了很大的爭執。以廣西為地盤的李宗仁，決定參與競選；蔣則公開支持孫中山之子孫科為候選人。李宗仁過去經常與蔣為敵，在內戰期間，以開明人士自居，一般人臆測，如果他當選副總統，可能聯合國民黨內外與蔣不合的人士，形成一種勢力，在適當時機，進行「逼宮」，以取而代之。蔣了然李宗仁的意圖，堅決反對李宗仁的競選，而且具有信心，孫科一定可以當選，因為絕大多數的國大代表，是國民黨黨員，受CC系首領陳立夫的控制；而陳立夫一向唯蔣之命是從。但是蔣的計算出現失誤，李宗仁贏得了選舉，而孫科因與CC系不和，沒有得到他們的支持，無以當選。蔣為此事非常憤怒，到臺灣後，禁止CC系的活動。陳立夫在一九五〇年，也迫不得已，到國美國去退休，以養雞為生；後來返回臺，再未參與國民黨的核心政治。

民主為表，專制為實

蔣自認為孫中山的信徒，接受三民主義（包括民權主義）為不二信仰；承諾實現孫的三階段政治進展：軍政、訓政與憲政。換言之，他接受民主思想，要逐漸建立民主制度。可是，事實上，他有極強烈的權力欲望，一心一意要維持最高領袖的地位，直到無能為力時為止。他如何調和實踐民主的諾言與實現專制欲望之間的矛盾？

這就要煞費周章了。首先，第二章曾說明，國民黨採取列寧式政黨體制，以黨治國。[25]因此，他只要保有黨的領袖地位，就可以控制各級政府。他從一九三〇年代起到他去世的一九七五年為止，一直是國民黨總裁；因此，不管政府是採用何種體制，他都有管理政府的實權。

其次，他認為實行憲政，就是實行民主。根據孫的意旨，實行憲政，要一步步來。如果撇開軍政時期不談，訓政時期，就應該有基本大法。所以，蔣在一九三一年，提出約法，為建國之本。但是遭遇到國民黨重要領袖胡漢民（當時是立法院院長）強烈的反對，沒有結果。他為這件事及其他原因，把胡漢民監禁起來，達八個月之久。同年他又推動制訂訓政時期約法；一九三六年，他積極支持立法院制定的中華民國憲法草案（一般稱為五五憲草），因為抗戰的來臨，沒有通過實施。一九四七年，他頒布由國民大會通過的《中華民國憲法》，實行至今。他認為，他一連串地倡議各種國家基本大法，就表示他尊重法治精神，實行民主的決心。

可是一旦當國家大法，對他為國家最高領袖的權位，有所限制時，他就要想出辦法，來保全他的權位。當他發現一九四七年的《憲法》，規定總統只能連任一次，而且必須保障民權，他就設法讓國民大會，馬上通過《動員戡亂時期臨時條款》，解除總統任期的限制，規定在內戰時期內，不必保障民權的全部。結果他連任總統四次之多，任期一直到他死後的第三年（一九七八年）為止，成為終身總統。他並且在一九四九年贊同臺灣實施《戒嚴法》，限制人民集會、結社、組黨的權利。

到了一九五〇年，他主張臺灣實施地方自治。除省主席外，省、縣市、鄉鎮行政首長及各級民意代表，一概在定期的選舉中，由人民投票產生。這樣便把民主制度向前推進一大步。但實際上，則有重大限制。因為黨禁的關係，在選舉時只有無黨派的人士，才能與國民黨候選人競爭（當時已經存在的民社黨與青年黨，是依賴國民黨而生存，無以競爭）。無黨派（後來稱為「黨外」）候選人，既無組織，又缺資源，自然無法與國民黨人相抗衡。結果，在蔣的任期內，國民黨得票總數，通常占百分之七十左右。一九六九年，臺灣開始實施中央級民意機關（國民大會、立法院）補選，因為黨禁關係，國民黨也是占有絕大多數的席位。[26]

不論蔣如何表達實行民主制度的決心，他一旦遇到無可妥協的政敵，他會不顧法律、憲法，或民主精神，採取嚴厲手段，對付他們。前面說道，他提議實行「約法」，卻違反約法的精神予胡漢民以監禁；一九三六年，他沒有遵照法律程序，把所謂「愛國七君子」予以逮捕，只因這些人批評他與日妥協政策，直到次年才釋放出來。[27]

一九四七年二月二十八日，臺灣民眾因為不滿國府在臺各種措施，發生暴動。蔣當時自大陸派軍來臺，鎮壓反抗運動，殺害暴動者。據最近一項有關的研究，二千零八十四名臺灣本省人因而喪命，受傷，或遭監禁；另外，根據別的資料，二千六百零一名大陸來臺居民，因暴動者的襲擊，而死亡、受傷或失踪。[28]更有其他資料聲稱死傷人數不等，從一萬到三萬人。仔細閱對各項資料，死傷人數，當為數千之譜。[29]

近年來，二二八事件引起不少爭議。其中牽涉到蔣個人的責任問題。反對國民黨的人士，認為蔣下令鎮壓，殺傷眾人，應該擔負主要責任。支持國民黨的人士，則說明，蔣當時因為應付嚴重的內戰局勢，沒有直接參與處理這一事件的經過，自然無需負責。一位研究蔣經年的大陸學者楊天石，一方面引證蔣當時日記中有關記載，一方面客觀分析現有資料，作出比較合理的結論。他指出，蔣派兵到臺灣時，曾經強調，「現時唯有懷柔」為對策。但是軍隊到達以後，臺灣當時的軍政長官陳儀，則「濫施捕殺」，鑄成大錯；蔣需擔負沒有妥善處理這一事件的責任。[30]

當這事件發生後，蔣曾懷疑共產黨地下人員參與其他之事。當他在大陸失敗，到達臺灣以後，對於共產黨的滲透活動極端注意。一九五〇年他下令徹查共黨潛伏人員，大批逮捕稍有可疑言行的各行各業的人員，造成了後來許多人稱之謂「白色恐怖」。其規模遠較二二八事件為大。根據一位學者搜集的資料，在一九五〇年一年之間，一萬人被捕；一千人被處死。最近，內政部公布，從一九四九年到一九八六年根據《戒嚴法》逮捕的人數，達二萬九千四百零七人。[31]

這其中包括幾位著名的文化界人物，例如，雷震、李敖及郭衣洞。雷震曾擔任國民黨職務，在一九五〇年代主持《自由中國》雜誌，反對國民黨專政，鼓吹多黨政治。李敖治學歷史，經常批判國民黨以及蔣專權之不當。郭衣洞是一位文學家，筆名柏楊，寫文章諷刺蔣反攻大陸政策之不切實際。另外還有主張臺灣獨立的人士，也在逮捕或監視之列。有關臺灣政治犯的資料，散見於已發表之書籍或文章。[32]

以上所述，可以顯示出蔣對民主政治的基本看法：他以為維持政黨政治，具有憲法，實行選舉，就算是實現民主制度。可是，他把這三項民主制度的條件，統統打了很大的折扣。最終還是維持民主為表，專制為實的場面。這裡，也是一個好機會，把蔣、毛的相關經驗對照一下。因為毛也是以民主為表，行專政之實。可是他的方法卻完全不同於蔣。他會動腦筋，乾脆把民主和專政這兩個相互矛盾的名詞，混合起來，形容他所建立政治制度。他稱之為「人民民主專政」。[33] 在他的政治字彙裡，「人民」不是一個國家的全部居民，而是無產的工、農階級、民族資產階級，以及他所認為的愛國人士。「民主」是以上各階級聯合由共產黨領導的政治。「專政」表示以上各階級共同壓制這些階級以外的分子；這些分子是地主、官僚、資本家，以及他們的家屬，屬於剝削階級，必須廢除其發言權與政治參與權，甚至加以懲罰；唯有這樣「人民」才能解放出來，民主才能真正的實現。

下野的藝術

蔣深信中國的兩個成語，是含有處世的大道理：「物極必反」及「居高臨危」。他在日記中，警告自已要遵守這原則（CKSD，12/8/41）。[34] 他解釋道，就他的平日際遇來看，「凡有敗，必有成；凡有成，必有敗。……凡事皆在矛盾之中」（CKSD，5/31/44）。蔣這樣從個人經驗觀察出的道理，與毛的矛盾論有異曲同工之妙。

從一九一〇年代開始，蔣一直在尋求高位。當他達到政治頂峰時，他深切體會到，居高位愈久，聚手中之權愈多，會遭逢愈大的敵對勢力，愈有人要削減他的權力，或者要他下臺。明哲保身之道，是在適當的時機，讓出權位，緩和敵對勢力，以便捲土重來。

在蔣的政治生涯中，他就實行這種循環性的進、退策略，一次又一次地運用了這一種政治藝術。在一九二七年的夏天，他在北伐中節節勝利，使他有力量建立起南京政府，控制了富裕的江浙省分，排除共黨於國民黨之外。他正在躊躇滿志時，就碰到一連串的挫折。以汪精衛為首的武漢政府，聯合各方反蔣勢力，以及蘇聯顧問與中共，發起聲勢浩大的倒蔣運動；他在一次與孫傳芳軍隊的戰役中，又遭到挫敗；而他的軍中高級部屬如李宗仁，甚至親密如何應欽者，都說要請他休息一下。

蔣審時度勢，在這年八月十四日，辭去國民革命軍總司令之職，回到溪口老家，一面遊山玩水，一面寫信給宋美齡，以鄉野之人自居，表達愛慕之情。其詞婉約悲愴：「余今無意政治活動，唯念平生素慕之人，厥唯女士。……顧余今退而為山野之人矣，舉世所棄，萬念灰絕。曩日之百對戰疆，叱咤自喜，迄今思之，所謂功業，宛如夢幻。獨對女士才華容德，戀戀終不能忘，但不知此舉世所棄之下野武人，女士視之，謂如何耳？」[35]

世事瞬息萬變，九月底，蔣前赴日本，會見一連串政要，包括田中首相。同時中國國內各方人員，疾聲呼籲蔣返國復職。當時沒有一人可接替蔣的軍職，如果北伐在功敗垂成之際，無人統馭，因而功虧一簣，是國民黨各派系不能接受的事。另外，汪精衛主持的武漢政府，發現大批蘇聯祕密外交文件，明白指出蘇聯在華的陰謀，要「迫害國民黨左派勢力，把武漢政府變成共產黨的傀儡政權。」[36]武漢當局，立即驅除蘇聯顧問，清除中共黨員，解散自己的政府，由南京政府主持全局。

在這種情勢下，蔣於十一月返國；隨後於十二月與宋美齡在上海舉行盛大典禮中結婚；到了次年一月七日，重任總司令之職；二月間，北伐軍繼續北上，於六月八日完成使命。

第二天，蔣又宣布辭職，六月十四日，偕著他的新婚夫人，再度回到溪口。許多人，包括他的親密友人張靜江，都感到意外，不知道他為什麼出此一舉。原來，這是他微妙的一招。在一件大功告成之際，表示謙意，退不居功，更引人敬重。可以預期地，他在南京政府籲請之下，於六月十七日復職。十月十日他就任國民政府主席之職，成為中國的最高領袖。十七年來，中國在一個政府，一個領袖之下，大體統一；這也是蔣花費了同樣長的時間，所達到的目標。

可是，好景不常。前一年開始的中共叛變，已成隱憂；兩年之後的中原大戰，又留下閻錫山、馮玉祥兩個勁敵；再經一年，發生了九一八事變，各大城市出現學生抗議運動，責備蔣實行不抵抗日本侵略的政策。同一年，陳濟棠聯合汪精衛、孫科等人，成立廣州國民政府，通電反蔣。在這樣四面楚歌情勢下，蔣於一九三一年十二月十五日，辭去了所有軍政各職；一週後，回到溪口（這是五年之中的第三次）。

可是正如他第一次辭職以後的情勢一樣，國家正值緊急之秋，京中無人，擔負重任，應對內憂外患。尤其九一八事變之後，日本步步進逼，有入侵內蒙，威脅上海之勢。於是各種要求蔣復職的函電，紛至沓來。甚至，蔣的政敵，也是如此。馮玉祥在一年前還與蔣打的你死我活，這時卻下跪黨國元老之前，懇請他們勸蔣早日回朝（CKSD，12/30/31）。汪精衛更是親到杭州，與蔣相會，達成以後分工的協議，蔣主軍，汪主政。[37]一九三二年一月十八日，蔣再度復職。

十三年之後，蔣領導中國八年艱苦抗戰，獲得勝利。中外人士認為他是一個歷史性的偉大人物。他的聲望，如日正中天，可說是達到他政治生涯的頂峰。可是連他最大勁敵的毛澤東也沒有想到，在短短四年之後，他跌到政治生命的低谷。一九四九年一月，他面逢兵敗於外，又受「逼宮」於內，作了最後一次的「引退」，讓副總統李宗仁應付殘局。一年後，李似乎如蔣所料，在和也無成，戰也無力的情勢下，落荒而去，「引退」到美國。於是蔣在一九五〇年三月一日，又行復職。

從一九二七年到一九五〇年，蔣渡過四落四起的政治生涯。就他的經歷來觀察，他的下野有各種作用：第一是消解敵對勢力的積壓怨氣。一九二五年，他因中山艦事件與汪精衛結怨，以後時時爭執，處處為敵。一九二七年以後，又碰到幾個時友時敵的結拜兄弟，馮玉祥，李宗仁、張學良；再加上想與他一爭權位的閻錫山、陳濟棠、胡漢民，甚至孫科。他無從滿足這些環繞他的黨內政敵的欲望，只有在適當的時候，用俗話來說：「我不幹了，你們來好了！」這樣大家都會消消氣，不再找他的麻煩。這裡需要指出蔣的一點技巧。他在每一次下野時，都保有強大的軍力，可與他的政敵一拼到底。他卻不出此途；因為這樣的話，可能兩敗俱傷，斷送他復職的機會。

第二，他因政治困局下野，讓政敵主政。對方也不一定有能力應付困局，而且可能暴露重大弱點，無從久居其位，給自已復返的機會。汪精衛與胡漢民，有才識，具聲望；但毫無軍事經驗又無軍隊班底，無以主掌外侵內患的國局；閻錫山、馮玉祥、李宗仁、陳濟棠一來缺少政治長才，二來從未超出地盤範圍以外，表現統馭全國事務的能力；其他蔣的政敵更不足論矣。試看蔣在一九二七年第一次下野時，沒有人能代替他，領軍北伐。蔣在一九三一年第三次下野時，沒有人能動員全國軍力，恢復東北失土。蔣在一九四九年第四次下野時，李宗仁成為半壁江山之君，和戰無成，知趣下臺。既是如此，他的復職，也是他政敵認為無可奈何之事。

蔣下野以後，不能僅僅因為政敵已經消氣，或者政敵實在無能，就可以恢復權位。他還有一套別的辦法，達到目的。最重要的辦法，是保持軍權在自己之手。他老早就認識到，軍權是政權之本。他在一九二四年告訴他的夫人陳潔如：「如果我能掌握軍隊，我就有力量掌握全國。」[38]研究戰時中國軍事有年的方德萬（Hans J. Van de Ven），指出蔣掌握軍隊的三種方法：任用軍事單位長官、分配補給，及發放軍餉。[39]蔣在下野時，就利用這些辦法的一種或多種，來控制軍隊。

一九二八年六月五日（也就是他宣布辭去國民革命軍總司令之職的前四天）他在日記中坦白記述道：「可辭總司令，不可放〔棄軍〕權也。」（CKSD，6/5/28）一九三一年八月當他再度考慮辭職時，他又寫道：「如決心引退，則不顧一切……黨務與政治……。對各軍則〔需予以〕安置，勿使失所。」（CKSD，8/6/31）一九四九年，他在最後一次引退之前，把兩個地區的集團軍分別交給他最信任的部屬：華東（京滬）的湯恩伯，及陝南的胡宗南；然後直接掌控其他大軍。另外，為著安撫軍心，鼓勵士氣，與共軍作最後一併，他撥出大批黃金與銀元，作為軍餉及補給之用，由他的親信，多年為軍需署署長的吳嵩慶負其總責，分別運送發放。[40]

說起蔣運用金銀發放軍餉，他掌握的其他財源，在他辭職、復職過程中，也能派上用場。如前所述，蔣在一九二〇及一九三〇年代，每月軍費開銷龐大，達一千二百萬元。因之，政府赤字累累，當時的財政部長宋子文，發行高利公債，以公私雙重關係，洽請上海財經界人士認購，以彌補不足。[41]一九二七年蔣下野後，孫科出任行政院長，每月支出達兩千萬元。他僅能籌得八百萬元。他籲請上海工商界認購公債，因為得不到宋子文的奧援，沒有成果。這種嚴重財政危機，迫使他不得不辭職下臺。當蔣復職以後，上海對南京財經接濟，便恢復原狀。這種行政與財政的危機，在蔣一九三一年下野後，又重演一遍。孫科再掌政院，仍然無法彌補赤字（這時，宋子文辭去財長之職），照樣下臺而去。[42]蔣再度復職，再獲上海支持。

蔣在最後一次下野時，於財政方面，作了細心的安排。一九四八年十二月，也就是他宣布引退的前一個月，他下令把中央銀行的鉅額金銀資產，運送到臺灣（軍用的資產運到廈門）。他把這件工作，交給他最信賴的三個人：中央銀行總裁俞鴻鈞、京滬警備總司令湯恩伯，及前面說到的吳嵩慶。根據吳興鏞一部專書的報導，約有二百九十六萬兩（近九十噸）黃金，三千四百萬銀元，一億多兩白銀，及七千四百萬美元，在一九四八年十二月到一九四九年五月，用船艦及飛機，全部祕密運到臺灣。[43] 這些資產，對臺灣在一九五〇年代及一九六〇年代財政金融的改革，有巨大的貢獻，奠定臺灣以後經濟高速發展的基礎。

蔣還有一項保護權位的辦法，就是在下野時布置妥當人事於重要職位。他在一九三一年引退之前，任命四個親信部屬，即顧祝同、魯滌平、熊式輝及邵力子，分別主掌江蘇、浙江、江西、及甘肅省務。[44] 這四省或為財源之地，或居戰略位置。他在一九四九年引退時，任命他的結拜兄弟張群為西南行政長官；他的親信將領陳誠為東南行政長官；因而在他們轄區之內，能夠繼續發號施令。

在他四次上臺、下野的過程中，他手中掌握著軍事、財政與人事大權。他具有充足的政治資本，隨時隨地與他的政敵們，一爭天下。在這裡，蔣政治運作的一點特色，值得注意。他與政敵相爭時，不作趕盡殺絕之舉，而且他復職之後，好像不記前仇，仍然任用以前為敵之人。一九二八年，他重任國民革命軍總司令以後，仍然讓一度逼他「休息」的李宗仁、何應欽，留任原職。汪精衛可以說是他在國民黨內的最大敵人，但是在汪精衛投日以前，蔣從未摒棄他於國民黨以外，聽任其身居高位（例如，行政院長或國民黨副總裁）。一九五〇年他在臺灣復任總統後，曾孰促李宗仁赴臺，仍作副總統。

蔣性格機敏，善用權術，想盡一切辦法，建立廣泛社會關係，用盡各種資源，以求他人感恩圖報，俯首聽命。同時，他採取嚴厲措施，壓制強敵；也會讓步下野，與政敵和解後，再回權位。這就是蔣的政治藝術，與下章所討論的毛之政治藝術，截然不同。

注釋

❶ 自一九二〇年代末期至一九三〇年代中期，中國幣值相當穩定。一塊法幣或銀元約值美元三角。國軍的月俸是：少尉為四十二元，上將為三百二十元。胡志偉，〈北伐抗日時期的軍人待遇〉，《傳記文學》，第九三卷，第二期（民九十七年八月），頁一二三～一二四。

❷ 安淑萍，〈蔣介石誄辭說眉（九）〉，《傳記文學》，第八九卷，第四期（民九十五年十月），頁七九。

❸ 安淑萍、盛昌旺，〈蔣介石的人際世界（一）〉，《傳記文學》，第九一卷，第二期（民九十六年八月），頁二〇～二一。

❹ 張福興、王紹軍，《暗算蔣介石：國民黨內部的派系鬥爭》，北京：軍事科學出版社，二〇〇〇年，頁一〇六。

❺ 安淑萍、盛昌旺，〈蔣介石的人際世界（四），壽誄贈禮〉，《傳記文學》，第九一卷，第五期（民九十六年十一月），

頁九七。

❻ 嚴如平，《蔣介石與結拜兄弟》，頁四〇〇。

❼ Hsiao-ting Lin, "From Rimland to Heartland: Nationalist China's Geopolitics and Ethnopolitics in Central Asia, 1937-1952," The International History Review, Vol. 30 (March 2008): 57.

❽ 安淑萍、盛昌旺，〈蔣介石的人際世界（四），壽誄贈禮〉，頁一〇二。

❾ Ames, The Art of Rulership, p. 185.

❿ 據調查，這兩次事件中第一件，是粵軍旅長楊錦龍下令所為；第二件是逃往香港的陳廉伯所主使。陳廉伯是前廣州商團首腦，曾受蔣的鎮壓。參看，居亦僑，《跟隨蔣介石十二年》，長沙：湖南人民出版社，一九八八年，頁二六～二七。

⓫ 張福興，《暗算蔣介石》，頁一〇四～一〇五；Ch'en, Chiang Kai-shek's Secret Past, pp. 198-99.

⓬ 張福興，《暗算蔣介石》，頁一六三～一七〇。

⓭ 同前書，頁一六八～一六九。

⓮ Thomas N. Moon and Carl F. Eifler, The Deadliest Colonel (New York: Vintage Press, 1975), pp. 145-46. See also Jay Taylor, The Generalissimo, Chiang Kai-shek and the Struggle for Modern China (Cambridge: Harvard University Press, 2009), pp. 258-59.

⓯ Frank Dorn, Walkout with Stilwell in Burma (New York: Pyramid Books [1971]), p. 117.

⓰ 史迪威與多爾恩詳細對話，可見前書，頁一一七～一二二。

⓱ 文軍等人，《蔣介石的十七次暗殺行動》，長春：吉林人民出版社，一九九九年。書中所列舉有關暗殺李宗仁（一九四九）、

毛澤東（一九四九），及周恩來（一九五五）三項事件，未在本節節錄。這因為筆者覺得，書中描述蔣參與其事，過分勉強，不足徵信。

18 參看干國勳，《藍衣社復興社力行社》，臺北：傳記文學雜誌社，民七十三年。

19 參看，徐恩曾等人，《細說中統軍統》，臺北：傳記文學雜誌社，民八十一年；良雄，《戴笠傳》，臺北：傳記文學雜誌社，民七十九年；沈醉，《軍統內幕》，北京：文史資料出版社，一九八四年。

20 參看干國勳，《藍衣社復興社力行社》，頁二〇八～二一〇；沈醉，《沈醉獄中趣聞》，北京：中國文史出版社，二〇〇二年，頁八一～八二、二九六～三〇〇。

21 唐縱，《在蔣介石身邊八年：侍從室高級幕僚唐縱日記》，北京：群眾出版社，一九九一年，頁六三〇等。唐負責調查李公樸、聞一多事件。參看 CKSD，7/17，24/46，8/10，17/46。

22 金以林，《國民黨高層的派系政治：蔣介石「最高領袖」地位是如何確立的》，北京：社會科學文獻出版社，二〇〇九年；全國政協文史資料委員會編，《機詐權變：蔣介石與各派系軍閥爭鬥內幕》，北京：中國文史出版社，二〇〇一年；張福興，《暗算蔣介石》；劉紅，《蔣介石大傳》，北京：團結出版社，二〇〇一年，中冊，頁三六二～三七四，下冊，頁七二一～七二七；Tien-wei Wu, "Contending Political Forces during the War of Resistance," in James C. Hsiung and Steven I. Levine, eds., China's Bitter Victory: The War with Japan, 1937-1945 (Armonk, NY: M.E. Sharpe, c1992), pp. 51-78.

23 這件事當時在重慶傳誦一時；四十年後由吳國楨在他著的《吳國楨傳》（臺北：自由時報，一九九五年）一書中予以證實。見頁三二七～三三三。

24 華平康，〈從吳國楨傳看蔣介石的治術〉，《傳記文學》，第六七卷，第六期，民八十四年十二月，頁八二。

25 國民黨一直到一九八〇年代，仍然維持著列寧式的外貌；但在實際運作方面，早已遠離列寧政黨模式。參看 Morris L. Bian,

for instance, argued that the party experienced a process of "institutional rationalization during the Chinese-Japanese war of 1937-1945;" as a result, efficiency rather than ideology—as in the case of the Soviet Communist Party—served as the criterion by which party performance was measured. Morris L. Bian, "Building State Structure: Guomindang Institutional Rationalization during the Sino-Japanese War, 1937-1945," Modern China, Vol. 31 (January 2005): 35. Ming-sho Ho, Steven J. Hood, and Thomas B. Gold believed that during Chiang' s reign in Taiwan, the party shed the totalitarian character of the Leninist party in consequence of the extensive economic transformation and gradual transition to democracy on the island. Ming-sho Ho, "The Rise and Fall of Leninist Control in Taiwan's Industry," The China Quarterly, Issue 189 (March 2007): 162-79; Steven J. Hood, The Kuomintang and the Democratization of Taiwan (Boulder: Westview Press, 1997), pp. 15-17; and Thomas B. Gold, "Democratization in China and Taiwan: The Adaptability of Leninist Parties," Studies in Comparative International Development, Vol. 37 (September 2002): 124. Linda Chao and Ramon H. Myers presented still another perspective. They stated that the Nationalist Party under Chiang, particularly during the his rule in Taiwan, operated in accordance with Chiang' s personal dictates, rather than the institutional interest of a typical Leninist party. Linda Chao and Ramon H. Myers, The First Chinese Democracy: Political Life in the Republic of China on Taiwan (Baltimore, Md.: Johns Hopkins University Press, c1998), pp. 40-42. See also Tien, Government and Politics in Kuomintang China, pp. 11-14; and Bruce J. Dickson, Democratization in China and Taiwan: The Adaptability of Leninist Parties (Clarendon: Oxford University Press, 1997), Chapter Two.

26 Hung-chao Tai, "The Kuomintang and Modernization in Taiwan," in Samuel P. Huntington and Clement H. Moore, eds., Authoritarianism in Modern Societies: The Dynamics of Established One Party Systems (New York: Basic Books, 1970), pp. 416-23; and Chao and Myers, The First Chinese Democracy, pp. 59-65.

27 包括：沈鈞儒、章乃器、鄒韜奮、史良、李公樸、王造時，及沙千里。

28 楊天石，〈二二八事件與蔣介石的對策：蔣介石日記解讀〉，《傳記文學》，第九四卷，第二期（民九十八年二月），頁八、十八。

㉙ See 2011 Report of the 228 Memorial Foundation. http://www.228.org.tw/ pages.aspx?v= 82D4F7824F7815C6; Academia Sinica, Institute of Modern History, 228 Shi Jian Zi Liao Xuan Ji [Selected Materials on the 228 Incident]; Zhu Hongyuan "228 Shi Jian Zhen Xiang Huan Yuan" [Return to the Truth of the 228 Incident]. http://www.wretch.cc/blog/rainbow2/5435457; and Lai Tse-han, Myers, Ramon H. , Wei Wou, A Tragic Beginning : The Taiwan Uprising of February 28, 1947 , Stanford: Stanford University Press, 1991.

㉚ 楊天石，〈二二八事件與蔣介石的對策〉，頁十八～十九；李筱峰，《臺灣人應該認識的蔣介石》，臺北：玉山社出版事業股份有限公司，二〇〇四年，頁四九～一〇〇。

㉛ Taylor, The Generalissimo, pp.412, 423, 464, 679; Jay Taylor, The Generalissimo's Son: Chiang Ching-kuo and the Revolutions in China and Taiwan (Cambridge: Harvard University Press, 2000), pp. 211-13.

㉜ Chao and Myers, The First Chinese Democracy, pp. 5, 52-56, 70, 73; Taylor, The Generalissimo, pp. 465, 544; and 李筱峰，《台灣人應該認識的蔣介石》，頁一二三～一二四。

㉝《毛選》，卷四，〈論人民民主專政〉。

㉞「居高臨危」的原句應該是「居安思危」。

㉟ 李勇，張仲田，《蔣介石年譜》，頁一五八。

㊱ Hsü, The Rise of Modern China, p. 637.

㊲ 李勇，張仲田，《蔣介石年譜》，頁二〇一～二〇二。

㊳ Ch' en, Chiang Kai-shek' s Secret Past, p. 155.

㊴ Hans J. Van de Ven, War and Nationalism in China 1925-1945 (London: Routledge, 2003), p.125.

❹⓿ 吳興鏞，在《黃金檔案：國府黃金運臺一九四九年》（臺北：時英出版社，二〇〇七年）一書中，曾詳細描述蔣介石如何在一九四九年，挪用黃金及銀元為軍需之用，數量龐大，動輒數十萬兩；使用地區廣泛，包括東南、華南及西南。這些黃金銀元自上海運到廈門，與運臺者無關。參看該書，頁一五六～一九〇。作者為吳嵩慶之子。

41 Parks M. Coble, Jr., The Shanghai Capitalists and the Nationalist Government, 1927-1937 (Cambridge: Harvard University Press, 1980), pp. 42-45.

42 全國政協文史資料委員會編，《機詐權變》，頁六四。

43 吳興鏞，《黃金檔案》，頁 xviii-xix。

44 全國政協文史資料委員會編，《機詐權變》，頁六四。

第八章　毛的政治藝術：（一）間諜戰

毛運用矛盾論於實際政治時，把矛盾分為兩種。一是「人民」與「人民公敵」之間的矛盾；另一是人民內部的矛盾。毛利用不同方法，處理這兩種矛盾。至於誰是人民，誰是人民公敵，什麼是內部矛盾，以及如何處理兩種矛盾，這就靠他因人，因事，因時，因地而作的決定了。這就是他得心應手的一項政治藝術，用以制服人民公敵及人民內部敵人。

本章先討論毛如何運用間諜戰，以擊敗他宣稱為人民公敵的國民黨政權；下一章將分析他如何處理人民內部矛盾。

冷酷無情[1]

當胡宗南的大軍於一九四七年三月十八日，逼近延安時，毛早已決定了棄城的準備。可是，這時在砲聲隆隆之下，他卻不願立即撤退；彭德懷再三勸他離去，也不為所動。不但如此，他還要六歲女兒李訥，與他待在一起。江青也是再三勸說，他相應不理，說是要女兒領略一下戰爭的滋味。

最後，他的隨護人員，迫不得已，拖他到汽車上，匆匆而去。

毛對女兒的態度，反映出他與其他家人的冷淡關係。他少年時，與父親不和，時常頂嘴對立。成年以後，他到井岡山上打游擊，把楊開慧留在長沙，受苦受難；自己另結新歡，與賀之珍成為革命情侶；曾幾何時，情侶含怨而去，他再結新歡；先前不准這位新歡江青參政，後來利用她為文革第一打手，再後來要她打報告請示後才能接見。毛的長子岸英，戰死朝鮮，他公開表示說，誰叫他是毛澤東的兒子！

至於毛與中共首長之間的關係，更是淡薄。且看作過毛十五年侍衛長的李銀橋是如何說法：

> 毛澤東似乎有意約束自己，不要同某一個或幾個重要的黨政軍負責人，發展起超出同志和戰友關係的私人情誼。……比如周恩來，合作共事幾十年，甚至毛澤東的衣食住行，都無時無刻不得到周恩來的直接關心和照料。……他們的情誼應該是非常深厚了……但是，我在毛澤東身邊十五年，沒聽到他對周恩來說過一句超出同志關係的私人感情的話。[2]

就毛的整個生涯來觀察，毛是一位心如鐵石，毫無常人喜怒哀樂之情的人。[3]他絕對不像蔣一樣，與很多人義結金蘭，或者稱兄道弟。他很少參加慶生送終活動。如果參加，他的政治需求，便會浮於表面。他於一九四九年十二月到莫斯科，參加史達林的七十壽辰慶典；他的目的是借這個機會，與蘇聯簽訂中蘇條約，重整兩國關係。但是他受到冷落；一怒之下說出，他不是專門為慶賀史達林的生日而來，便要提早回國。一九五三年史達林去世時，毛寫了一篇表揚蘇聯領袖的祭文。三年後，他赤裸裸地道出他的心思：「蘇聯需要我們的支持，而我們也要支持蘇聯，就寫了那篇歌功頌德的文章……不是出於內心意願，而是出於需要。」[4]

這裡之所以列舉出毛冷酷無情的事例，是用以對照蔣與毛政治藝術的最大差別：一個是以「動之以情」以求他人之信服；一個是以無情的手段來制服他人。[5]

廣大深入的間諜網[6]

毛與蔣征戰多年，當然是以戰爭擊敗國民黨軍隊。可是他也利用間諜戰，來輔助戰場上的廝殺，取得勝利。他在整個國民黨政權體系中，設立龐大無比的間諜網，稱之為地下黨，吸收各式各樣的人物，作為運作能手：上至國軍參謀次長，下至江陰要塞的守兵；其他士農工商及新聞界各行各業人員，甚至蔣的親屬與親信，都網羅在內。地下黨不但收集用以決定各戰役勝負的軍事機密，而且促成上百萬的國軍於陣前投降。

當毛於一九四七年三月十八日坐守延安孤城，面逢胡宗南大軍壓境之時，他之所以能夠從容不迫靜候來敵，是因為他事先得知胡宗南的整個行軍底細。這年二月二十八日蔣在南京召見胡宗南，親自交付給他進攻延安的作戰計畫。三月三日這項絕頂機密文件，便到了毛的手中，比率領國軍進攻延安的兩位軍長劉戡及董釗還早。傳遞這項文件的人是熊向暉。熊向暉在一九三六年參加共產黨，隨後即潛伏在胡宗南的軍中，逐步升為胡宗南的機要祕書；一九四七年胡宗南赴南京時，他隨同前往，胡宗南將文件交給他閱讀，他立即轉送延安。

毛看到文件，大為高興；他說：「這個熊向暉能頂十個師。」他沒有誇大其詞，因為這文件不但列陳攻擊延安的軍力配備，而且說明預期占領該城以後，追擊共軍的詳細步驟。給予毛指揮作戰時無上的方便，作出應對進退的布置。

多年後，熊向暉透露說，在國軍占領延安後，他於三月二十五日陪同胡宗南，前往該城視察，發現毛留下一個紙條，寫道：「胡宗南到延安，勢成騎虎。進又不能進，退又退不得。奈何！奈何！」胡宗南一笑置之。熊向暉後來回歸共產黨，擔任各項重要職務：人民解放軍總參謀部高級軍官，中國駐墨西哥大使，及統戰部副部長。一九七一年及一九七二年，中美開始和解時，他是接待尼克森及季辛吉的一位負責人。

熊向暉案件是中共間諜戰中最出名的事例；熊向暉曾被周恩來稱讚為中共情報史中的「後三傑」之一。其他二人是陳忠經及申振民，領導多名地下黨員潛伏胡宗南的軍中，從事情報工作。中共情報史中還有「前三傑」：李克農、錢壯飛及胡底。在一九二〇年代及一九三〇年代；都在中共建立情報系統時，出了汗馬功勞。他們領導的人員在「白區」（國民黨區域）展開活動，甚至潛入國民黨中央調查統計局，破獲其密碼制度；因而事先得知國軍第一次及第二次剿共軍事計畫。

中共在一九二七年建立情報系統，創始人是周恩來。組織的名稱叫做特務工作處，後來改為中共中央特科，以及其他名稱；先後由周恩來、李克農、康生及他人領導。毛在一九三〇年中期，開始關注中共情報作業。他在這方面的思想，受到兩本書很大的影響。一本是《孫子兵法》。其中寫出「用間」之道：

> 明君賢將，所以動而勝人，成功出於眾者，先知也。先知者，……知敵之情者也。故用間有五：有因間，有內間，有反間，有死間，有生間。五間俱起，……人君之寶也。因間者，因其鄉人而用之。內間者，因其官人而用之。反間者，因其敵間而用之。死間者，為誑事於外，令吾聞知之，而傳於敵間也。生間者，反報也。故三軍之事，莫親於間，賞莫厚於間，事莫密於間。[7]

用普通話來說，孫子所說的五間的因間，是指用敵方領導人員的鄉親為間諜，內間是吸收的敵方人員，反間是雙面間諜，死間是以犧牲性命換取敵情的間諜，生間是事畢歸來的間諜。這可說是，既用間，就無所不用其極，收集敵情，制敵死命。孫子認為這是合情合理的必要措施，因為這樣才可避免「日費千金，內外騷動」的曠日持久戰爭。

另外一本影響毛的情報思想的書是《三國演義》。其中描繪魏、蜀、吳三國互相用間之策，淋漓盡致，把孫子的理論完全運用於實際。毛是極具工計之心的人，熟讀這兩本書，心領神會其精義，便如他訂下游擊戰的十六字真言一樣，制定了中共間諜戰的十六字指導方針：「隱蔽精幹，長期埋伏，積蓄力量，以待時機。」後來再進一步，提出運作的指示：「要把敵人營壘中間的一切爭鬥、缺口、矛盾，統統收集起來，作為反對當前敵人之用。」

以下列陳中共進行間諜戰的實例，在全國各地，國民黨各階層中所布置的人員，以及所獲得的成果。因為篇幅所限，這些實例僅僅敘述到龐大複雜間諜戰中一部分事蹟。

滲透國軍最高統帥中心

從一九三〇年代到一九五〇年代，中共安置地下人員在國軍最高統帥中心；其中有幾位，身居要津，主管作戰計畫，甚至直接在蔣之下進行參謀作業。

◎劉斐：他於一九三七年加入軍政部（後來稱為國防部），曾任廳長及參謀次長，主管作戰計畫。在該年的淞滬戰爭時，他與蔣在南京的防空洞中的指揮中心，一起辦公。以後，一直到一九四九年，他負責作戰業務，官居中將。[8]

劉斐於一九三〇年加入共產黨，原在桂系軍中服務，長於參謀；進入軍政部後，備受蔣的賞識，得以逐步高升。國共內戰時，他在一九四七年的山東戰役與延安戰役，以及一九四八年的淮海戰役中，連續透露機密給中共。他的情報活動，是造成國軍節節失敗的一項重要因素。

劉斐對個人的保密工作做得非常好；一九四九年國共和談時，他仍未暴露他的共黨身分，竟然充當國民黨的一位代表，赴北京與中共談判。次年，他便在新成立的中共政權開始擔任高官，包括水利部長及政治協商會議副主席等職；在一九八三年去世。

◎**郭汝瑰**：他於一九二六年黃埔軍校畢業後，一直是蔣的得意門生。在國軍中擔任師長、軍長、集團軍總司令、國防部第三廳及第五廳廳長等職；一九四六年馬歇爾（George Marshall）調停國共內戰時，擔任國軍代表；並曾任中國訪美軍事代表團團長。他於一九二八年加入共產黨，是在國軍中道地的「內間」，直到一九四九年內戰的最後時刻為止；真正做好了「隱蔽精幹」的工作。一九四八年，他在國防部第三廳廳長任上，常在蔣的身側，從事有關東北、華北及淮海戰役的參謀作業，經常傳達機密給中共。有一次，他於一九四八年十一月九日蔣主持的軍議之後，立即把九項機密文件，交給中共聯絡人員任廉儒及王葆真，以備傳達。事機不密，王葆真被國民黨逮捕，判了死刑；王葆真作了「毀件保人」的決定，沒有透露郭汝瑰的身分。一九四九年十二月十一日，在四川的最後的戰役中，郭汝瑰率領他當時主掌的第七十二軍，宣布投降中共，造成國軍最後防線全部崩潰。中共建國以後，郭汝瑰曾任職於南京軍事學院及政治協商會議，於一九九七年去世。

◎**唐氏兄弟**：唐秉煜在一九三八年，經過二哥唐君照（一九二六年以來的共產黨員）的介紹，加入共產黨的新四軍。以後輾轉在共軍及國軍所在地工作。一九四六年經過他四哥唐秉琳（國軍國防部作戰廳參謀，也是共黨人員）的推薦，進入該廳工作，後來升為少校參謀。唐秉煜雖然官位不高；卻在兩方面替共產黨發揮了極大的情報作用。首先，他利用職位，獲得了絕頂重要的軍事文件，交付中共，包括蔣親自批准的軍事計畫：「重點進攻時的全國作戰方案及部署」、「以華東地區為主要戰場的作戰實施方案」、「長江江防兵力部署和作戰方案要圖」，及「二線補充兵團的實施計畫」。

其次，唐秉煜與他的兄弟，幫助中共取得江陰要塞司令部全部控制權。江陰要塞是在南京以東，長江南岸，所建立的火砲重地，控制該地江面；是共軍在一九四九年渡江南下必經的咽喉地帶。當唐秉煜進入作戰廳以後，他經常與轉任江陰司令部的唐秉琳聯絡，交付情報文件轉送中共。秉琳先後擔任要塞參謀主任及炮臺總臺長；秉煜自已後來也轉任要塞工兵營營長。這兩位兄弟便大肆活動起來，把以下諸位官員統統拉到共產黨這一面：游動炮兵團團長王德容，守備總隊隊長吳廣文，及要塞參謀長梅含章。只有要塞司令戴戎光，沒被吸收，但被挾制，無以執行職務。共軍後來在渡江時，要塞僅佯作攔截，沒有用力阻擋，因而順利進占南京，直逼上海。[9]

◎吳石：他自一九二〇年參加國民革命軍北伐後，一直服務國軍，按步就班上升，達到第十六集團軍副總司令及國防部中將參謀次長的職位。他不是中共長期潛伏國軍人員，但是在他生命最後階段時，卻與共諜一樣，收集大批有關臺灣防務計畫，轉送中共。

現有的公開資料，不能確定他是否為共產黨員。他有一位摯友吳仲禧，於一九三七年加入共產黨，一九四八年任職國防部中將部員，及徐州剿共總司令部國防部專派官員。吳仲禧常向吳石宣揚共黨活動，並介紹吳石參加共黨外圍組織的「民聯」，開始為共黨服務。一九四九年吳石被派至福州，轉往臺灣任參謀次長；他在赴臺灣之前，安排交付中共他所保管的二百九十八箱國防機密檔案。當時，中共華東局給他「密使一號」的代號，在臺灣活動。

他到臺以後，蒐集大批臺灣防禦中共來襲的機密文件，製成膠卷，交給中共在臺地下連絡人員朱楓（女，亦名朱諶之）。這些文件是：「臺灣戰區戰略防禦圖」、「海防前線陣地兵力、火器配備圖」、「敵我態勢圖」，另有海、空軍部署；地形、海洋，及共軍可能登陸灘頭等資料。朱立即將膠卷交人帶往香港，轉送中共當局。幾天後毛看到了這些文件，對這樣的情報成果，極為讚賞，說道：「這位女特員和那位「密使一號」都很能幹喲。」他立即囑咐有關人員，「一定要給他們記上一功。」他興之所至，還寫了一首詩，預祝中共將來順利登陸臺灣：「驚濤拍孤島，碧波映天曉。虎穴藏忠魂，曙光迎來早。」之後，朱楓與吳石祕密會晤六次之多，陸續轉送新的情報。

可是禍福未能逆料，朱楓負責聯絡的另外一位在臺的對象：蔡孝乾（中共臺灣省工作委員會書記）被逮捕，供出了吳石與朱楓的情報活動。結果吳、朱與四百多位中共地下人員被捕，吳石與朱楓經軍法審判後在一九五〇年被槍決。吳石曾寫下一首絕命詩：「天意茫茫未可窺，悠悠世事更難知。平生殫力唯忠善，如此收場亦太悲。……」這位可說是中共的「死間」，如此結束了生命。一九七三年，中國國務院，經過毛的同意，追認他為革命烈士。[10]

滲透各軍區司令部

蔣指揮作戰時，把中國劃分為軍區，在每一軍區內的主要城市，設立司令部，冠以長官公署、綏靖公署、剿匪總司令部等各種名稱。每一個司令部，自然是中共地下人員活動的對象。現在，為了簡單明瞭起見，各個司令部畫一稱為各地區的軍區司令部。

◎西北軍區司令部[11]：這個司令部原來稱為西北剿匪總司令部，於一九三五年成立於西安，由蔣兼任總司令；實際事務由副總司令張學良負責。張學良的職責是率領他所屬的東北軍及楊虎城的西北軍，征伐在陝西北部的共軍。可是，東北軍思鄉情緒高，希望抗日，而不剿共。西北軍也有同樣的願望。這樣便給予中共活動與滲透西北軍區司令部的機會。

一九三六年，毛數度派遣密使與張學良接觸，希望雙方會談，商議合作事宜。張學良表示同意，於四月九日親自駕駛飛機，祕密抵達膚施（後稱延安，當時為國軍屬地），在一座天主教教堂內，與周恩來為首的中共代表團會晤。雙方達成初步共識，停止內戰，共同抗日。張學良返回西安後，曾力勸蔣停戰抗日，未被接受。這年九月毛派共軍將領葉劍英，前往西安，再與張學良商談停戰的可能性。張學良因為知道蔣堅決反對停戰，與葉劍英的會談，沒有結果。但是張學良贈送中共五萬銀元，讓葉劍英帶回去。

張學良沒有讓蔣知道他與中共的各種往來；他甚至祕密地安置中共的聯絡人員在他的總部之中。這人是劉鼎，曾在上海中共特科工作；後來利用各種關係打進西北剿總，於一九三六年任張學良的隨從副官。劉鼎在西安開設一個牙醫診所，用以掩護他的共黨身分，診所內設有電臺，與共區聯絡，經常供應情報；他並利用診所轉運軍醫物資到共區，協助親共的外國人士如艾黎（Rewi Alley）及史沫特萊（Agnes Smedley）等人，前往訪問。這年七月，劉鼎乘坐張學良的飛機，到陝北與毛及其他中共領導人會面，詳細介紹國民黨軍、政情勢，並遞交張學良致中共的一封信，表示要加入共產黨，並願意把東北軍納入共軍編制之中。[12]

毛對這一出於意外的要求，考慮再三後，加以拒絕。他認為，如這樣的話，勢必引起內戰的擴大，予共黨的生存，以及國共聯合抗日之議，均屬不利。他叮嚀劉說：「你的任務，不僅僅是收集點情報，更要做好張學良的工作，做團結東北軍的工作……中央支持你，劉鼎，你這個代表要當好啊！」十二月西安事變發生後，中共當局立刻自劉鼎處得知消息，比南京國府得知還早一點。周恩來隨即經過劉的安排，到了西安，協助張學良與蔣達成協議，停止內戰，共同抗日。[13]毛終於達到一心一意追求的目標。事後，毛說道：「西安事變，劉鼎同志是有功的。」中共建國以後，論功行賞，劉鼎擔任政治協商會議代表及航空工業部部長。

◎東北軍區司令部：這個司令部，原稱為東北剿總，在抗戰勝利後設立於瀋陽。在一九四七至一九四八年兩年之間，連續換了幾任長官，與共軍作戰時個個都遭遇敗績。後來蔣決定由衛立煌擔任。衛多年跟隨蔣，擔任重要軍職，有五虎上將之一之稱。一九三八年，他在第二戰區副司令長官任上，訪問過延安，對中共的印象很好。他曾與毛會面，唸過毛「論持久戰」的長篇文章，認為有見地；並曾以副司令長官身分，撥給中共彈藥。同一年，他僱用安徽同鄉趙榮聲為他的機要祕書，負責成立戰地工作團。趙是共黨地下人員，在工作團成立後，安置在內許多共黨及左翼人士，宣傳共黨政策與活動，給予衛很大的影響。衛立煌甚至與張學良一樣，要加入共產黨，把他的意願，在一九三八年由趙轉達中共中央。但是沒有被接受，因為中共對衛的動機有所疑慮。不知道他是否有臥底意圖。14

中日戰爭後，衛立煌逐漸疏離國軍權力中心，加深左傾思想。一九四七年八月，他偕新婚夫人韓權華在歐洲旅行，遇到韓權華的侄女婿汪德昭，得知汪德昭是中共祕密黨員，當時在巴黎一所法國科學中心研究原子能。衛立煌即托汪德昭與中共聯絡，以定行止；正值此時，卻接蔣急電，要他回國，接任要職。他即應命，到了次年一月，接任東北剿總副總司令，負責全部東北戰局。

蔣在東北戰場緊要關頭，任命衛立煌擔負如此重職，是一項重大失誤。蔣為何對衛自一九三八年以來的左傾思想與行動，毫無覺察，反而要他征伐他所同情的共黨敵軍？這簡直是不可思議之事。衛立煌上任後，即召回汪德昭，任剿總副祕書長兼辦公廳主任。這樣，南京的軍事決策，戰場指示，便一一傳達於共軍之手。在這一年，國軍一敗塗地。蔣憤怒之餘，免去衛立煌的職務。但大勢已如病入膏肓，無以救藥，終至失去整個東北。衛立煌解職以後，在香港停留一些時日。一九五五年，他前往北京，向中共輸誠。[15]

◎**華北軍區司令部**：這個司令部，原稱為華北剿總，於一九四七年在北平成立，由傅作義任總司令。一九四八年年底，東北戰事結束後，原來在當地的林彪四野部隊入關，與中共在華北地區的部隊會合，圍攻北平及近區傅的部隊。中共當時動員一切力量，游說傅作義，希望他投向中共，免除一戰。

遠在一九四二年日據時代的北平，中共就開始布置地下人員，以後迅速擴展。到了一九四八年，約有三千共產黨員及五千左翼人士，活動在國民黨政軍各機關及社會團體中。有些就任職在剿總之中。勸說傅作義放下槍桿這一工作，從多方面進行。最重要的一面，由多年在北平活動的地下黨員崔月犁負責；他協調三位主要人物，進行「和平攻勢」。第一位是劉厚同，當過傅作義的老師，在剿總任少將參議。他平常與左翼人員來往，崔月犁利用關係，與他結識，勸他向傅作義進言，說在當時的情勢之下，明哲保身之道，就是及早與南京脫離關係，和平解決戰局，以免北平歷代著名文物古蹟毀於戰火。劉厚同本來與崔月犁看法就相同，便多次向傅作義進行勸說。傅作義對這位老師，極為敬重，便有些心動。

第二位人物是傅作義的女兒傅冬菊。她是地下共產黨員，原來在天津從事新聞工作，後來搬到北平，與父同居；她也受命就近勸說父親，早日結束戰局。同時，她觀察父親言行及心理變化，隨時報告給崔月犁，以便中共作應對之策。這時，傅作義感到自己已陷入困境。他知道，共軍圍攻力量日漸增強，他無法突出重圍，戰勝此局。同時，他具有軍人的道德觀念，不願作出違背統帥蔣介石的意旨。再說，在戰場上放下武器，不論有何種理由，就是投降的行為，是軍人的恥辱。

第三位人物是鄧寶珊，也就是傅作義的副總司令。鄧寶珊多年服務國軍，曾任集團軍司令，官居上將。他與衛立煌一樣，對共產黨友善，抗戰時也曾訪問過延安，接受過毛的招待，與毛曾有書信來往。她的女兒鄧友梅是共產黨員，在延安唸過高中及大學。這時，崔月犁與鄧寶珊三次會晤，籲請他向傅作義進行勸說。鄧寶珊自已認為國軍敗勢已逞，便向傅說明，當時只有兩項選擇，戰則軍敗城毀；和則軍存城保。傅作義終被說服，採取和平之途，於一九四九年一月二十二日宣布和平投誠，便把他的部隊及北平統統都交給了中共。

中共建國後，傅作義任水利部部長，鄧寶珊任甘肅省省長，崔月犁任衛生部部長，及其他重要職位。

◎徐州軍區司令部：這個司令部原稱為徐州剿總，在一九四八年於徐州成立，管轄長江以北的江蘇，安徽，及山東南部地區。現有資料未曾顯示，除了前述的吳仲禧之外，是否還有其他共黨地下人員滲透於徐州剿總。但是有三位國軍戰地高級長官，是長期潛伏的共產黨員；他們在這一地區展開會戰時，先後在緊要的關頭，採取決定性行動，導致國軍在會戰中失敗。

這年十一月，蔣在東北及華北戰役失利以後，集結在徐州地區國軍達八十萬之眾；準備與滙集的六十萬共軍，決一死戰，扼回頹勢。他精心調配國軍部隊，作出以徐州為中心的堅固陣勢。在徐州以北及山東南部的第三綏靖區內，布置了第五十九軍及七十七軍，歸由兩位綏靖區的副司令長官張克俠及何基澧指揮。他們的主要任務是阻擋南下的共軍，以免威脅徐州；然後在徐州以東的蘇北，駐紮具有裝甲部隊的第七兵團，由黃百韜指揮；在徐州城及徐州以西地區，歸第二兵團（也有裝甲部隊）防守，由邱清泉指揮。另有其他兵團，散置其間。這樣的國軍布置，形成一個軍力雄厚的鐵三角。

可是，出於蔣的意外，北方第三綏靖區出了嚴重問題。在會戰開始時，區內的第五十九及七十七軍，突然由張克俠及何基澧率領投共，使徐州北面陣勢破裂。共軍得以迅速南下。原來，張克俠與何基澧都是共產黨員，那時應共軍的需要，變陣投共。張克俠原屬馮玉祥部隊，於一九二七年在莫斯科的中山大學，短期就讀。一九二九年他加入中共，仍然服務於馮軍，後來投入國軍，逐漸升至第五十九軍參謀長，第三綏靖區副司令長官。何也曾在馮軍服務；一九三三年加入國軍，逐漸升至隸屬第七十七軍的一七九師師長。一九三八年他祕密訪問延安，與毛及其他共黨領袖會面；第二年他便加入了共產黨。張克俠與何基灃分別在他們隸屬的國軍單位，替共黨打下根基，在關鍵時刻投共。

當時得以南下的共軍，沒有直攻徐州，而趕往東方，抄襲黃百韜軍團的後路。黃百韜不及防，往徐州方向撤退，因裝甲部隊受河流阻擋，被集結的大批共軍圍堵，激戰後全軍被殲，黃百韜自殺身死。這時守徐州的邱清泉兵團及其他國軍單位，為著避免在徐州被圍困，緊急西撤，在江蘇、安徽交界處，因為裝甲部隊為大風雪所阻，終被共軍圍堵。這時蔣急調在華中的黃維的第十二兵團，前來解救。黃維的先鋒第一百師突破了共軍的阻擋防線，黃維隨後前進的部隊，在進入共軍的防線時，卻突然遭到第一百師及共軍的聯合攻擊。在震驚與混亂的情形下，黃維的兵團也被包圍。之後，邱兵團及黃兵團，在冰天雪地之中糧盡彈絕，終於瓦解。邱清泉自殺而亡；黃維陣前投降。在一九四八年年底，會戰結束，國軍全軍覆沒。據事後的了解，國軍所屬的第一百師，在戰場中之所以採取詭異行動，是一個人決定的結果。他是廖運周，這一師的師長。遠在一九二七年，廖運周就加入共黨，在國軍中始終表現為一忠誠的幹部，沒有稱絲毫暴露自已的身分，直到最後一刻為止。

張克俠、何基灃與廖運周，完全遵從毛的情報人員運作方針：「長期埋伏……以待時機」，給予國軍在戰場上致命的打擊。這三位地下黨員，在中共建國以後，各獲重任：張克俠為森林部副部長，何基灃為水利部副部長，廖運周為瀋陽高級炮兵學校校長。

◎上海軍區司令部：這一司令部的正式名稱是京滬杭警備總司令部，蔣在一九四九年下野時已安排好在上海成立，派湯恩伯為總司令，動員華東國軍軍力，與即將渡過長江，南下的共軍，再作一搏。在戰勢形成的前一年，中共的上海局，已動員各方面的力量，對準湯恩伯，發動攻勢。這攻勢不用武力，而是像北平地下黨一樣的勸說運動，要湯恩伯效法傅作義，和平結束戰局。

這運動的首先對象是陳儀。陳從一九二〇年代起開始為國民政府工作，擔任過軍長、軍令部次長、行政院祕書長及臺灣行政長官；當時是浙江省主席。他多年來與湯恩伯有密切關係，曾協助湯恩伯在國軍晉階上升；湯恩伯視他為父輩。上海局動用胡允恭與沈仲久，與陳儀接觸，希望向湯恩伯進言，說國軍已是強弩之末，不足以阻擋共軍南進，不宜作無謂犧牲，而應與共軍達成和平協議。胡允恭在一九二三年加入共黨；沈仲久也是黨員；兩人同是跟隨陳儀多年的親信，但始終隱蔽身分，就依所囑，向陳儀勸說。陳儀看到國民黨已是到了風雨飄搖之勢，答應所求，於一九四九年一月寫出親筆密函，由他的外甥丁名楠交予湯恩伯，開出五項和平協議意見，請湯恩伯接見胡允恭，直接商談細節。出於陳儀的意外，湯恩伯認為他是軍人，不可違背上級意旨，與敵言和，就把這件事，連同陳儀的密函，向蔣作了報告。可想而知，蔣非常憤怒，立即將陳儀予以逮捕軟禁，後轉送臺灣，於一九五〇年在該地執行槍決。

上海局毫未懈怠，馬上從另一方面繼續進行勸說活動；這一次的對象，竟是想像不到的可算是蔣的近親。這人是陸久之，蔣瑤光的丈夫；瑤光是陳潔如與蔣介石在婚中認領的養女，後來改稱陳瑤光。陸久之出身世家，與湯恩伯家素有來往。湯恩伯出任京滬杭總司令後，聘陸久之為總部少將參議。陸久之與湯恩伯私人交誼深厚，可以隨時穿房入戶。上海局的宣傳部長沙文漢，知道陸是共黨黨員，聯合其他地下人員，在四月間共同與陸會談，要他進行向湯恩伯游說。沙文漢及陸久之都知道這是一項風險很大的任務，因為陳儀事件發生才兩月。湯恩伯當時揭發了陳儀的活動，導致陳儀被逮捕；現在陸久之如果進行實際上是勸降的活動，他可能遭逢同樣的命運。但是陸久之不顧一切，幾次到湯恩伯的住處，解說戰無取勝的可能，和則避免上海毀於一旦。湯恩伯不為所動，並且警告陸久之，不要再來見面，因為蔣已經親到上海坐鎮，還派他的兒子緯國，住進湯恩伯的官邸。

這次中共上海局，雖然勸說湯恩伯無成，但在其他方面，仍有不少斬獲，說服了第九十七師、第三傘兵團，及「重慶號」巡洋艦官兵，一齊連人帶械投降中共；並且獲得上海備戰機密文件，幫助共軍在五月間迅速擊潰當地二十萬守軍。湯恩伯與其中的五萬部隊倉皇乘船撤退。

◎西南軍區司令部：這是蔣在大陸設置的最後一個總司令部，於一九四九年在重慶成立，管轄四川、雲南、西康等地區。正式名稱是西南行政長官公署，由張群任司令長官。因為張群任文官多年，蔣便來回奔走於臺灣與四川之間，親自指揮國軍。共軍在這一年夏天，逐漸占據整個華南，到了秋冬之季，一部兵力推往廣西，占領該地，一部軍力迫進四川，要與蔣作最後一戰了。

這時蔣在軍區內保有幾個兵團；另外還有大批部隊，屬於從前是軍閥的劉文輝、鄧錫侯與潘文華。他在調配軍力上，依靠劉宗寬作策畫與協調。劉宗寬是西南軍區代理參謀長，黃埔軍校早年畢業生，算是蔣的門生。可是蔣以及軍統與中統都不知道，他是潛伏國軍多年的親共分子，於一九四三年，參加共黨外圍組織的農工民主黨，受地下黨員郭則沈單線領導。劉宗寬在這一次戰役中，作了兩件大事，使蔣的最後一戰一敗塗地。首先他把國軍戰鬥系列，兵力與武器配備詳情，統統交給地下黨員房顯志與黃克孝，轉送共方。其次，他向蔣建議，在四川北部集結重兵，以迎來敵。他說川北毗鄰陝西，而陝北以往是中共根據地，曾屯集重兵，可能是共軍進攻的方向。另外一個可能進攻方向是川東，但是那裡叢山峻嶺，地勢險要，應該不是共軍來犯之地。蔣接受劉宗寬的建議，作了相應的軍力布置，同時把他最信任的胡宗南兵團，也調往川北，增強防守力量。

可是蔣上了共軍及劉宗寬的一個大當，共軍進攻主力劉伯承的第二野戰軍，就是從防禦稀薄的川東而來，得以長驅直入，在十一月底，已經兵臨當時蔣坐鎮的重慶。蔣在十一月二十八日，在炮火聲中，倉皇飛往胡宗南部隊所防守的成都。兩日之後，劉宗寬在重慶擺明身分，歡迎二野部隊入城，也贏得了劉伯誠的稱讚，說劉宗寬是「解放西南的第一功臣」，立即被聘為二野高級參議。

蔣到成都後不久，就碰到一連串的國軍部隊叛變消息。劉文輝、鄧錫侯，潘文華在十二月九日發表聯合聲明，共同投共（他們早已與共方聯絡，商討投誠事宜）。郭汝瑰馬上於次日跟進，帶領七十二軍投降，前文已有所述。再接著十五兵團司令官羅廣文，經過賈應華（兵團副參謀長，親共分子）與陳濟生（二野派來的說客）的游說，於十二月二十四日投共。最後蔣的親信部隊只剩下胡宗南部隊，在成都也為共軍擊敗，撤退到西康，終被全部消滅。一九四九年底，國共在中國大陸的斷斷續續的二十二年內戰完全結束。

心臟中的匕首

傳記文學社的編者，在編印《中共地下黨現形記》時，認為中共情報組織異常成功的活動，是「國民黨應記取心臟中的歷史匕首」。這是一個妥切的說法。劉斐、郭汝瑰與吳石直接進入國軍最高統帥部，負責作戰計畫。劉鼎、熊向暉、汪德昭、鄧寶珊、張克俠、何基澧、廖運周、陸久之與劉宗寬都在各地區國軍指揮系統中，占據樞紐位置。他們共同壓擠出來不能再重要的軍事情報，使國軍節節敗退，部隊單位一個個投降。地下黨人員真的像匕首一樣，插進國軍心臟，使四百五十萬大軍，力竭血盡而亡。

當然，中共的間諜戰，並不能取代戰場上的戰爭，為中共取得勝利，但是它的巨大貢獻，也是無可代替的。它使國軍官兵上下士氣低落；好像共軍有超人的能耐，戰無不勝；自己則一無是處，每戰必敗。其次，中共的間諜戰促成大批國軍將領陣前投降，他們所率領的軍隊達百萬之眾，使雙方軍力優劣互移，加速地結束了內戰。

事後觀來，中共何以能夠在國軍中安置如此眾多地下人員，各占如此重要位置，發生如此重大作用，潛伏如此長久，而不被蔣與軍統及中統及時發覺？這簡直是不可思議的事情。在世界各國的內戰史上，恐怕找不出來像中共這樣的龐大、持久與成功的間諜網。這要歸功於毛了；他雖然不是中共地下黨的創始者，也不是中共情報系統的首長。但是他究竟制定了地下黨的運作原則，聽取重要情報，採取應對措施；他嘉獎有功人員，作詩慶賀特殊成就。他可以說是指揮中共間諜戰的統帥，正如他是指揮中共游擊戰的統帥一樣。

注釋

❶這一節的主要參考資料包括與毛最為親近人員所寫的文字：閻長林（毛的衛士，一九四六～一九五一），《警衛毛澤東紀事》，頁五二、四七六～四七七；李敏（毛的女兒），《我的童年與領袖父親》，頁八一～八二、一四七～一四八；Li Zhisui（李志綏，毛的專門醫生，一九五四～一九七六），Chairman Mao, pp. 382-84, 545-46。

❷權延赤，《走下神壇的毛澤東》，呼和浩特市：內蒙古人民出版社，二〇〇一年，頁一七八。

❸毛對少數人偶爾例外地流露感情。他與母親很親近（見第一章）。他寫過詩，懷念第二任妻子楊開慧（見第四章）。當李敏小的時候，他有時跟她很親暱。毛聽到長子岸英在朝鮮陣亡時，在私下很感傷，流過淚。

❹毛澤東，《毛澤東外交選》，中華人民共和國外交部、中共中央文獻研究室編，頁二五九。

❺Chang Jung and Jon Halliday 提出了類似的看法：「蔣在作政治及軍事決策時，常常感情用事。他因此把中國失去給一個人：這個人沒有這種缺點。」Chang and Halliday Mao, p. 311.

❻這一節引用的主要資料，包括臺灣傳記文學社編輯及印行的《中共地下黨現形記》兩　（臺北，一九九二年、一九九三年）。這兩冊彙集中共地下黨當事人及其他相關人員所寫的文章，回憶各項親身經歷的事件，描寫生動而詳細。以下敘事時，為節省篇幅起見，除有特別需要外，不個別注釋出處。這兩書中所述事件，多由其他參考資料證實，包括：熊向暉，《我的情報與外交生涯》，北京：中共黨史出版社，一九九九；何燕凌等，《紅岩兒女的罪與罰：中共地下黨人之厄運》，香港：天行健出版社，二〇〇八年；鄭義，〈一百個偶然演變成一個必然：論國民黨為什麼敗走臺灣〉，《傳記文學》，第九〇卷，第五期，民九十六年五月，頁二四～四五；周谷，〈抗戰剿共前後，共諜無所不在：國府黨政軍機構早已百孔千瘡（下）〉，《中外雜誌》，第八四卷，第二期，二〇〇八年，頁一一六～一二四。

❼《孫子兵法》，〈用間篇第十三〉。

❽參看居亦僑，《跟隨蔣介石十二年》，頁三一、一四五；鄭義，〈一百個偶然演變成一個必然〉，頁三七。

❾關於江陰事件詳情，參看傳記文學社，《中共地下黨現形記》，上冊，頁四二五～四五五。

❿鄭義，〈吳石為什麼槍決二十三年後才追認烈士〉，《傳記文學》，第九五卷，第一期，民九十八年七月），頁三八～四七。

⓫傳記文學社，《中共地下黨現形記》，上冊，頁三五九～三七四；下冊，頁一二七～一五一。

⓬關於細節，參看傳記文學社，《中共地下黨現形記》，上冊，頁三六八～三七〇；于鳳至，《我與漢卿的一生》，北京：團結出版社，二〇〇七年，頁一〇八～一〇九。于是張學良的第一任夫人；漢卿是張的字。

⓭還有其他曾與張學良聯絡的地下黨員，其中比較重要的是董健吾，以前在上海中共特科工作，以教會牧師身分作掩護。毛在江西打游擊時，董曾照顧毛岸英及毛岸青的生活，達四年之久。

⓮傳記文學社，《中共地下黨現形記》，下冊，頁六七～八六。

⓯周谷，〈抗戰剿共前後，共諜無所不在〉，頁一一八～一一九。

第九章 毛的政治藝術：（二）鬥爭運動

政治境界中的衝突現象

從一九二七年到一九四九年，毛運用間諜戰這一種政治藝術來協助打敗「人民公敵」的國民黨四百五十萬大軍。從一九四九年到一九七六年，他利用鬥爭運動這另外一種政治藝術，來箝制人民內部的敵人。就毛的經驗來看，人民內部的敵人遠較人民公敵為眾多而複雜，要征服他們就更為艱巨。毛之所以能夠完成這項工作，是他把「矛盾論」充分而靈活地運用在各種政治情勢之中，進而各個擊破不同種類的內部敵人。前面的第五章曾以哲學的觀點，分析矛盾論的內涵；現在把毛的理論與其他類似的理論作一對照。這樣便可了解為什麼毛在鬥爭運動中，能夠制敵機先，一直占上風的原因。

美國開國元勳之一的麥迪遜（James Madison）總統，在《聯邦主義者》（The Federalist）一書中指出，在任何一個國家裡，眾人會自然而然地發生不同的意見，跟隨不同的領袖，謀求不同的福利。因此而產生的各種衝突就成為政治事務；而政治領袖的任務就是尋求解決衝突之道。[1]就世界歷史來看，麥迪遜的看法可以通行於任何政體之中，不管是專制或者民主。一般信奉馬克思主義的人士，也有相似的看法，認為在人類歷史上，任何社會都有階級衝突的現象。但是他們相信，人類一旦進入共產社會，階級就消失了，因而沒有衝突；政治就沒有必要了。毛接受馬克思的階級衝突觀念，但是他比較趨於實際，認為即使在共產社會裡，衝突仍然存在。[2]就這一點而論，他與麥迪遜看法相同。可是也有一點不同的地方。他相信眾人之間的衝突，不僅是一種自然而然的現象；而且可由政治領袖創造出來的。這是他的一個重要創見，是一般人，甚至他的資深同志們，沒有重視的地方。

用毛的術語來說，衝突就是矛盾。他在一篇一九五七年發表的文章中，說明矛盾的類別：

為了正確地認識敵我之間和人民內部這兩類不同的矛盾，應該首先弄清楚什麼是人民，什麼是敵人。人民這個概念在不同的國家和各個國家的不同的歷史時期，有著不同的內容。拿我國的情況來說，在抗日戰爭時期，一切抗日的……〔人〕都屬於人民的範圍……〔反對的人〕都是人民的敵人。……在現階段，在建設社會主義的時期，一切贊成，擁護和參加社會主義建設事業的……〔人〕都屬於人民的範圍；一切反抗〔的人〕……都是人民的敵人。敵我之間的矛盾是對抗性的矛盾。人民內部的矛盾，在勞動人民之間說來，是非對抗性的；在被剝削階級和剝削階級之間說來，除了對抗性的一面以外，還有非對抗性的一面。[3]

毛的這一篇文章及其他文章還說明，對抗性的矛盾是雙方互不相容的矛盾，一方必須消滅另一方。非對抗性的矛盾是雙方可以共存的矛盾，需要以鬥爭方式來解決。同時，非對抗性的矛盾可以演變為對抗性矛盾；反之，也是一樣。就中共建國以來的政治實情來看，誰是「人民」？誰是「人民公敵」？什麼情勢下會發生對抗性的矛盾？什麼情勢下會發生非對抗性的矛盾？所有這些問題只有毛能作最後解答。

毛在這篇文章中列出十二項矛盾；[4]一年以後在一篇「論十大關係」文章中，又分析了另外的十項。[5]但是他沒有指出還有更重大的一項：這就是他與其他中共領袖之間的矛盾。

毛有一套屢試不爽的辦法，來處理五花八門的矛盾。首先，他提議一項政策；其次，把他人分為兩類，一類贊成與一類不贊成這項政策；再其次，把兩類人的矛盾指定為政治意識之爭，是支持社會主義與反對社會主義之爭；最後，把後者判為反對共產黨分子，加以改造或懲處。他使用這一套辦法的一部分或全部來處理不同的矛盾，都是用來推行他偏愛的思想、路線與政策；並且維持他至高無上的領袖地位。

鬥爭運動[6]

毛運用這一套辦法在各種鬥爭運動之中。運動次數多，以波浪式連續發生；其對象分為四類：群眾、幹部、知識分子及反毛的中共領導人員；每一運動針對一類或多類對象。鬥爭的手段更是多種多樣：自我批評、互相批評、遊街示眾、抗議活動、群眾公審、下放、苦役、拷打、審判、監禁及處死。

毛推行運動的目的雖然是在實現政策，但是每一運動都要懲制「人民內部的敵人」，而這樣的敵人又多又複雜又時有變動；因此他在這方面所花費的心力與時間就非常之多，遠較他用在消滅「人民公敵」（國軍）者為多。這裡僅列出他所推行的重大的運動，不包括所衍生的其他運動。[7]

一、鎮壓反革命運動，一九五〇年～一九五三年
二、土地改革運動，一九五〇年～一九五三年
三、三反五反運動，一九五一年～一九五二年
四、百花齊放運動，一九五七年開始
五、反右運動，一九五七年～一九五八年
六、大躍進運動，一九五八年～一九六一年
七、社會主義教育（四清）運動，一九六三年～一九六六年

八、文化大革命，一九六六年～一九七六年

以下為敘事方便及節省篇幅起見，將這些運動以其對象為準，分為五類：以群眾為對象：第一、二、六、七項運動；以幹部為對象：第三項；以知識分子為對象：第四、五項；以反毛的其他中共領袖為對象：牽涉不同項的運動；以全體人民為對象：第八項。

馴服群眾為順民

◎鎮壓反革命運動：這一運動開始在一九五〇年三月，是要把群眾中隱藏的國民黨特務、惡霸、土匪，及反對社會主義制度的分子，清理出來，嚴加懲處。在進行運動時，毛隨時作出各種指示，但是完全沒有法律的依據。一九五一年二月中共公布了《中華人民共和國懲治反革命條例》。其中的詞句涵意模糊，執行的程序缺乏客觀、公正的原則。為了貫徹毛的指示，同年五月舉行的全國公安會議，作出具體規定：「關於殺反革命分子的數字，必須控制在一定比例內，農村不應超過人口的千分之一，城市不應低於千分之一。」[8]這種以人口比例數字作為反革命分子多寡的標準，就導致了中共不依實情，獨斷獨行的決定。[9]誰是「屬於人民的範圍」？誰是「人民的敵人」？何人應被拘捕？何人應判何罪？所有這些問題都要由中共各級幹部隨意決定。

這一運動的結果是如何呢？一九五四年一月，公安部副部長徐子榮作出了報告：前後共逮捕二百六十二萬餘人，處死七十一萬二千餘人，監禁一百二十九萬餘人，管制一百二十萬人。[10]就處死的人數來說，是人口的千分之一點零二。與毛的「比例」指示相符合。有多少人是冤枉無辜的，就無從得知了。在這樣的運動之中，中共幹部以征服者的姿態，行使生殺予奪大權，把極少數的「人民的敵人」清除出去；把絕大部分的「人民」嚇成為無條件、無異議的中共政權的支持者。說得殘酷一點，這一運動與滿州入關後的「楊州十日」歷史悲劇，在目的上沒有分別。這就是用恐布手段鞏固新建政權。

◎土地改革運動：土改是與鎮反運動在同一時期進行的；它的規模極為龐大，除新疆及西藏以外，全國各地的一億零五百五十四萬農戶都在範圍之內。這項運動先把農民劃分為僱農、佃農、貧農、中農、富農、地主等階級；進而分為兩大派，一派有土地，另一派沒有；前一派的人必須無償地把土地分割給後一派的人。一九五三年運動結束時，約三億多的農民分到七億畝的田地。

土地改革本來是可以由和平方式進行的。一九五〇年六月召開的政治協商會議中，有一部分的代表就有這樣的主張，認為「只要政府頒布法令，分配土地，不要發動群眾鬥爭」，就可完成土改。但毛「堅決反對把土地恩賜給農民的和平土改……主張組織農民，通過與地主階級進行面對面的鬥爭，奪回土地」。事後，中共副主席劉少奇，把毛用鬥爭的方式進行土改的原因，赤裸裸地說出來。他解釋道：「我們充分地啟發農民……經過農民自己的鬥爭，完成了這一任務……由於我們採取了這樣的方法，廣大的農民就站立起來，組織起來，緊緊地跟了共產黨和人民政府走，牢固地掌握了鄉村的政權和武裝。」[11] 於是中共幹部就把成億的農民組織起來，經過公審大會、毆打、酷刑、處死等方式，來進行土改。結果全國各地，如廣東省流行口號所說的一樣，「村村流血，戶戶鬥爭」。全國因而死亡的人口無從正確統計；各方的估計，是二百萬到四百五十萬人喪生。[12]

這運動中所產生農民與地主間的矛盾，是毛創造或加深的；這樣不必要的流血鬥爭，是他指示下進行的。事後看來，他的用意不僅是在掌握農村政權，而且也要主宰農村未來的命運。

◎**大躍進運動**：一九五八年，也是在毛的堅持下，中共開始了比土改更大規模的大躍進運動。這時中共執政祇有九年，還沒有建立社會主義社會的基礎建設，可是毛異想天開，要跳升到共產主義社會。他用兩個辦法來達到目的：在農村成立人民公社，在各地進行煉鋼。

在人民公社裡，農民行使集體耕作，設立公共食堂及托兒所，用以增進農民生產興趣，節省勞力，增加生產效率。根據毛的指示，全國糧食要在第二個五年計畫期內（一九五八年～一九六三年），從五千億斤上升到七千億斤；然後逐年增加，達到充分供應的富裕境界。於是，全國農民便被編入二萬六千五百七十八個公社；在幹部監督下，集體耕作，按工計酬，相互批評，懲罰不力分子。全國上下如火如荼，進行增產運動。

毛以鋼的產量為一個國家的工業化的指標；在這個觀念之下，他定下中國的鋼產量在五年之中，要從一千二百萬噸增加到三千萬噸，然後也是逐年快速增產。他要求中國在十年之內，超過英國的鋼產量，十五年內趕上美國。如此，中國就會成為世界上最富裕的工業國家之一，具有資格建立共產社會，達到各求所需的境界。於是，在鄉村農田之旁，在城鎮的公地，甚至平民後院，設立了六十萬個土製煉鋼爐，處處火紅朝天，日以繼夜，全民競賽生產。

就這樣，全國幾億人民糊裡糊塗地，在大躍進中苦撐了三年。結果是怎樣呢？在人民公社裡，因為「集體耕作，按工計酬」不易有效管理，農民感覺到他們付出的勞力與所得報酬，沒有直接關係，失去努力增產的興趣。全國農業的產量因而銳減。根據客觀的統計，從事前一九五七年的一億九千五百萬噸降低到一九六一年的一億四千三百五十萬噸；全國經濟生產總量，比一九五八年下降了百分之十五。[13]至於所煉的鋼，成為數不盡地一堆一堆的灰色廢物。說起來，禍不單行；在大躍進的後期，旱災、蝗蟲災、水災接連而至。造成中國歷史（也許是世界歷史）上空前的大饑荒。人口死亡的數字，官方的統計是一千四百萬；國內外學者研究的結果，列出為兩千萬到四千五百萬不等。這其中有兩部記實性的報導，值得注意：一部是前新華社編輯楊繼繩所寫的《墓碑》；他在一九九〇年代曾到十幾個省分，訪問了一百多個人，收集了幾千份資料。他的估計是三千六百萬人被餓死。另外一部是馮客（Frank Dikötter）所著的《毛的大飢荒》（Mao's Great Famine）；他也是作了實地調查，直接或間接地參閱地方的官方文件。他的估計是，四千五百萬人死於饑荒。[14]

事後中共官方的有些文件，採取了「三年自然災害」這樣的遁詞，來逃避大躍進的責任。倒是劉少奇說出客觀的評語。他在一九六二年一月的七千人檢討大會上說道，三年的災難是「三分天災，七分人禍」的結果。[15]

至於毛怎樣看法呢？在運動開始時，他曾警告中共高幹說，大躍進要帶來許多人的死亡。他認為這沒有什麼了不起。在一九五八年十二月九日舉行的中共八屆六中全會中，他以調侃的語氣說：「人要不滅亡那不得了。滅亡了有好處，可以做肥料。」後來在一九五九年十一月二十一日對中共的高幹又說，要進行大躍進以及其他方面經濟建設，「我看搞起來，中國非死一半人不可，不死一半也要死三分之一或者十分之一，死五千萬人。」[16]

毛雖然不願意承認錯誤，但畢竟知道大躍進所造成的災禍犯了眾怒，便於一九五九年辭去人民政府主席的職位，但保存了權力更大的共黨主席的位置。用他的術語來說，這是為著發動戰略攻勢所作的戰術撤退。他毫無放棄權位或者極端政策的意願，只是藉別人消氣的時候，俟機而動。

◎**社會主義教育**（**四清**）**運動**：果然，不久之後，再一次鬥爭的時機到來。一九六二年九月，他看到中國的經濟已經恢復過來，先在中共八屆十中全會中提出警告，「千萬不要忘記階級鬥爭。」到了年底，他提議進行「四清運動」：「清工分、清賬目、清財物、清倉庫。」目的是在減少浪費及改正腐敗風氣，增進管理效率。一九六三年又展開「反貪污、反浪費、反官僚主義」運動；後來這所有的運動被統稱為四清運動。他於一九六三年二月的中央工作會上，再一次地提出警告：因為經濟的好轉，「現在有的人三斤豬肉，幾包紙煙，就被收買。只有開展社會主義教育，才可以防止修正主義。」毛的這些零星片語，需要加以解釋。他說不要忘記階級鬥爭，這時中共已經統治中國十幾年，地主階級經過土改已經剷除了，資本階級也已廢除了。為什麼還要進行階級鬥爭？他真正的意思是，剝削階級可能要在中國復活。他認為蘇聯走回頭路，走向資本主義；他稱之謂修正主義。大躍進以後的中國，經濟搞好了一點，所以每人有煙有肉。這是採取蘇聯式修正主義的結果。如此，很多人便忘記階級鬥爭，背棄了社會主義。中國必須馬上加強社會主義教育，才能解除走資本主義回頭路的危機。

這四清運動原本上是提高效率的經濟措施，可是毛卻一下子拉扯到意識形態的政治問題上。他的資深同志們，也被搞糊塗了。當時中共副主席劉少奇與他的夫人王光美，熱心地帶著工作隊下鄉推行四清運動，卻不知如何進行階級鬥爭，如何展開社會主義教育。四清運動過了四年，無疾而終。到那時，新的運動開始，劉才懂得毛說這些話的直正意圖。

從一九五〇年到一九六六年，經過一次又一次驚心動魄的鬥爭運動，中國的群眾已經被毛調教為聽話的順民。雖然他們對運動談虎色變，可是只要毛一聲令下，下一波的運動要開始，新的政策要實行，人人就會不顧一切，用盡全力進行鬥爭，打倒指定的人民內部敵人，徹底推行政策。

鍛鍊幹部成利劍

自中共建國以來，成千上萬的幹部在黨、政、軍、工商企業、社會團體擔任樞紐性的職位。毛利用他們為推行運動與政策的工具。在每一次的運動中，他們都要表現出雙重角色，既是鬥爭的執行者，也是鬥爭的對象。[17]

在這裡，必須先引述一下兩個建國以前的先例，說明幹部是如何在運動中擔任雙重角色。第一個先例，是毛在一九三〇年於江西發動的肅反A—B團運動。A—B團是用英文字的「Anti-Bolshevik Corps」的縮寫，是國民黨江西黨部中的一個反共小組織，在一九二六年成立後的三個多月就解散了。但是毛硬說約有四千多A—B團的分子潛入江西共區，破壞中共當地組織，於是發起了幹部之間互相檢討，互相檢舉的運動。在次年結束時，多人被殺害；估計數字從一千到三千不等。這在當時仍是勢單力薄的江西中共來說，是一個大規模的清黨活動，比國民黨在一九二七年的清黨規模還要大。據當時黨內人士的觀察，毛是藉由這一活動，排除異己，維持自已是該地區頭頭的地位。[18]

十二年後的一九四二年，毛在延安發起整風運動。他指責許多幹部在作風上犯了三種錯誤：主觀主義、宗派主義、與黨八股。他發表一連串的文章，說明這些新鮮名詞的意義。他把幹部作風問題解釋成政治問題，後來又變質為犯罪問題。於是全黨高、中、下級幹部舉行座談會、自我檢討、互相檢舉、進而逮捕、審訊，而至處死。到一九四五年結束時，有一萬多幹部被處死。

為什麼幹部作風問題遭受如此殘酷的處置？許多人研究這個問題，作出了結論：毛在一九三五年遵義會議中取得與會者認可，他是中共的軍事領袖；現在要用整風，使得全黨幹部遵從他也是政治、文化與精神上的全方位領袖。這其中以高華所著的《紅太陽是怎樣升起的》所作的分析最為中肯詳實。[19]

這兩件先例形成了毛推行運動的模式：他決定運動主題，開始與結束的時日；他高高在上，看著他樹立起的對立雙方，在思想及肢體上來回廝殺，最後由他裁定誰輸誰贏。和他共事多年的幹部，都了然這個模式；但是沒有人能夠跳到毛之上，來操作這個模式，只有讓他主持每一運動。所以，在肅反A—B團及延安整風之後，當幹部們看到毛在一九五一年發起三反運動時，他們面對這場來臨的大風暴，不但躲不開，都要跳進去，聽候毛的命令以定行止。三反的目的是要糾正幹部的壞風氣，「反對貪污、浪費，及官僚主義」；一九五二年又加上五反：「反對行賄、盜騙國家財產、偷稅漏稅、偷工減料，及盜竊國家經濟情報」。於是，中央動員兩萬個幹部及六千個經過訓練的人員，面對其他幹部，採取既定的方式進行鬥爭。在運動結束時，遭受整治的幹部人數，無從估計。有些服勞役，有些受監禁，有些被處死[20]。三反五反主要是幹部鬥爭幹部的運動，以後的各個運動中，他們仍然要相互鬥爭，但主要鬥爭的對象則是他人。

在連串的運動過程中，毛把幹部像一塊生鐵一樣，送進熔爐，取出來千錘百煉，去蕪存菁，造成一把堅韌的劍，堅者取其犀利制勝，韌者得其軟而聽命。他一劍在手，便可征服人民內部強敵。林彪在文化大革命開始時說：「讀毛主席的書，聽毛主席的話，照毛主席的指示辦事，做毛主席的好戰士。」華國鋒在文革結束後說：「凡是毛主席作出的政策，我們都要堅決擁護；凡是毛主席的指示，我們都始終不渝地遵循。」這兩個毛指定的接班人，先後說出的話語，正好形容毛心目中的理想幹部。

嚴禁以筆殺人

就事論事，毛讀的中國歷史不比任何歷史學家為少；寫的動人詩詞比當代任何政治家都多；撰述的哲學論著比他的任何同志都有見地。他是政界中的一位出色知識分子。可是他就是對別的知識分子，特別是文史與社會科學的學者，放心不下處處防備他們。[21]一有機會，他就要把他們整治得服服貼貼，再不然把他們打到比文字獄還可怕的境界。現在先舉出他與兩位學者衝突的事件，再討論他如何撻伐幾乎是整個知識界分子。

在一九五三年九月十七日的政治協商會議上，他突然對一位多年友人、倡議鄉村建設的梁漱溟，大發雷霆。他說：「你〔指梁〕雖沒有以刀殺人，卻是以筆殺人的。」又說：「人家說你是好人，我說你是偽君子！」[22]這樣突如其來，像罵街一樣的話語出口之後，使整個大會為之悚然一驚。梁漱溟是大會代表，認為有權發言；他個性耿直，便與毛頂撞起來。梁漱溟的意見是，中國當時應該注重推廣農業，不應急著投入工業。[23]他研究這題目經年，與毛以農村革命起家的作法，並無二致。毛認為當時政府已經實施農工並重的經濟計畫，不應再作討論；不要以為自已是專家，就可以反對既定的政策。其實毛動怒的原因，還不止這些。他在以後的會議中，說出真心話：「梁漱溟的問題並不是他一個人的問題，而是借他這個人，揭露其反動思想，使大家分清是非。梁漱溟這個人的反動性不充分揭露不行，不嚴厲批判也不行。」[24]

毛說這話，是把他與梁漱溟在政策意見上的不同，轉化成思想的對立。一個是革命思想；另一個是反動思想。那麼梁漱溟的思想的反動性是什麼？毛沒有說出來，但是他知道梁漱溟是崇信孔子的學者，因此具有封建性的、反社會主義的思想。毛覺得梁漱溟已經貽害社會多年；現在再讓他在政協大會上多發言論，這不等於讓他再拿起筆來，從事宣揚反動思想嗎。然後他所代表的知識分子，必然推波助瀾，在已經建立的中共社會中，鼓動起思想復辟。這不是要天下大亂，要再打一次大仗了嗎？這以筆殺人的事，絕對不能讓梁漱溟這類的人來作。

事後幾天的九月二十二日，梁漱溟終於領會了毛的意思。他說：「毛主席說我以筆殺人，在會上我聽了很不服氣。待明白過來，才曉得這話，是指我長時期的反動言論流毒於社會。」[25]

毛借用這件事下了斷語，只有他能握著一枝筆，表述出什麼是正統思想，什麼是反動思想。別人絕對不能握這隻筆。

毛與另一位學者的衝突，發生在四年之後。雙方所起的爭執，不像這一事件的情緒化與尖銳化；可是影響的深遠廣大，甚於這一事件。一九五七年，廣受國內外敬重的經濟學專家兼北京大學校長的馬寅初，在第一次人民大會中講述了他的「新人口論」。他指出當時的經濟資料顯示出，中國人口增長率超過了資本累集率；因而消費增加，經濟實質增長量趨向減低。他建議，為著經濟的發展，必須控制人口的成長。

毛覺得馬寅初的說法違反馬克思的經典理論：一切經濟價值來自勞力，勞力愈多，生產的經濟價值愈多；因為人是勞力的來源，人愈多，愈有利於經濟。因此，絕對不能限制人口的增加。在毛看來，這是再淺顯明白不過的道理，不能讓一位經濟專家來推翻。於是他動員文化、宣傳人員，寫文章，辦座談，進行了兩次大規模的活動，嚴厲抨擊馬寅初理論的謬誤。結果，馬寅初的建議不但被拒絕，他的大學校長位置也丟掉了。[26] 二十二年之後，中共當局認識到人口膨脹的極不利影響，已是迫不及待急須解決的問題，不得不在一九七九年，開始執行一家一嬰的政策。可是惡果已呈。正如一篇文章的標題所指出，「錯批一人，多生四億〔人〕。」[27]

毛借馬寅初事件，重申他是馬克思思想的維護人，摒棄任何知識分子的異論。但是這件事證明他錯了：不是老馬識途，而是新馬知路。

梁、馬事件只是揭開了毛整治全部知識界分子的巨大運動的序幕。就在馬寅初事件發生的一九五七年，毛在二月舉行的最高國務會議上，講解「關於正確處理人民內部矛盾的問題」時，強調對知識分子，應採取「百花齊放、百家爭鳴」的立場。五月二日在最高國務會議上，他正式提出實行所謂「雙百方針」，進行簡稱為百花齊放運動。

接著在五月及六月，共黨統戰部及國務院召開了幾十次座談會，邀請無黨派政界人物以及文化、工商界人士，積極參加這一運動。根據毛早先的談話，百花齊放的目的，是提倡藝術與學術的開放風氣。可是在舉辦這些座談會時，毛突然改變了方向。他要「先請黨外人士幫助共產黨整風，對於共產黨的缺點錯誤進行批評。」[28]他為什麼把一個文藝學術性的活動，改變成批判共黨的政治性活動？他也許是認為共黨執政已經有相當的成就，可以聽取批評、建議、或者恭維的意見。為著鼓勵大家暢所欲言，《人民日報》在五月一日特別出了社論：要大家「知無不言，言無不盡，言者無罪，聞者足戒。」

知識界對這種請求猶豫一陣，經中共再三保證，大家自由發言，事後絕不報復，於是文化、學術、新聞各項專業人員把心中的積怨，如長江大河一樣發洩出來。要共產黨及毛澤東廢除專制，實行民主；取消共黨幹部特權與跋扈作風；遵守平等原則。一位著名政治學家張奚若，對毛個人的處事原則，暗諷明識；說他是「好大喜功，……急功近利，……鄙視既往，……迷信將來。」[29]不滿的人愈來愈多，情緒愈來愈激昂。

當時部分中共當局人士，面對這樣激烈的反應，擔心失控，要予節制。毛卻不是這樣的想法。在四月，運動還沒有開始之前，毛曾經表示過：「現在的知識分子……的靈魂依舊在資產階級那方面。」[30]現在，正是一個機會，讓他們的靈魂暴露出來。[31]於是中共中央在五月十四日發出指示：「我們各地的報紙應該繼續充分報導黨外人士的言論，特別是對右傾分子、反共分子的言論，必須原樣地，不加粉飾地報導出來，使群眾明瞭他們的面目。」[32]第二天，毛作出一篇題名為「事情正在起變化」的文章，聲稱不但黨外的知識分子具有資產階級的思想，黨內的右派人士也有這種思想。他加強語氣地說：「右派的表現……最猖狂。……他們越猖狂，對於我們越有利。〔我們要〕誘敵深入，聚而殲之。」[33]

毛的這篇文章把整個百花齊放運動，改變了方向與性質。他已經把原來是針對黨外學術性的運動，改成黨外批判中共的政治性運動；現在又把這一運動改成為反擊 黨外知識分子與黨內右派大結合的運動。到了一九五八年，五十五萬二千八百七十七人被劃分為右派分子，屬於「人民內部的敵人」。[34]全國各機關，各地區幹部便動員群眾，對被劃分的分子以既定的方式進行鬥爭。結果他們之中有些損失了名譽、職位、薪津、配給、自由或生命（包括自殺）；有些夫婦離婚、家庭破散。[35]

事後有人責備毛用陰謀陷害知識分子。毛在《人民日報》六月十四日的社論中，作出反應：「有人說是陰謀；我們說，這是陽謀。因為事先告訴了敵人。牛鬼蛇神只有讓他們出籠，才好殲滅他們；毒草只有讓它們出土，才便於鋤掉。」[36]

這樣空前的文化浩劫，與秦始皇焚書坑儒之舉，真是不可以道里計了。連中共中央也不得不在一九五九年決定開始為受難人平反。一九八一年更通過決議，認定反右運動錯判了人，造成不幸的後果。[37]

清除黨內最大敵人

以上所討論的各項運動中的各個對象，與毛個人沒有直接關係；他利用各種手段，予以無情的批判與撻伐，使得他們俯首聽命。他是不是也能這樣地征服中共最高層的其他領袖？

一九七一年八月及九月，毛在巡防南方各大軍區時，作了一連串的祕密談話。他說，中國共產黨在過去五十年中，有十次路線鬥爭，導至十位領袖人物的垮臺。這些人是陳獨秀、瞿秋白、李立三、羅章龍、王明、張國燾、高崗、彭德懷、劉少奇與林彪。[38]這其中，有些領袖是建黨的元勳；有些比他更熟稔馬列主義；有些比他更有實地作戰經驗；有些是他數十年生死與共的戰友。他們都是長於地下工作，善於謀略，苦難熬鍊出來的領導人物。除了陳獨秀之外，毛幾乎與每一個人都發生過爭執；而以他與彭德懷、劉少奇、林彪的衝突，最為嚴重，最值得注意。因為這三位人物在中共政權中，先後都是軍事或政治上第二號強勢領袖。他把他們一個個地打下馬來，死於非命。

第二號軍事領袖：彭德懷[39]

從一九二七年到一五九年，彭德懷一直在毛之下，擔任重要軍事職位。在江西、長征、抗戰、延安，以及內戰時期，他始終與毛併肩作戰，累積戰功，晉升為野戰軍司令員、抗美援朝志願軍司令員。一九五四年他出任國防部長及軍事委員會副主席；次年被任命為政治局委員。他的軍事權位僅次於毛澤東。

像這樣戰功卓著，與毛有如此密切關係的彭德懷，就是不能見容於毛。雙方的衝突，是由大躍進運動而來。一九五九年彭參加在廬山召開的擴大政治局會議，檢討運動效果。彭德懷根據前一年實地考察結果，寫出意見，以私人信件呈交給毛（所謂萬言書）。他指出各地區謊報農業及鋼的產量，人民公社組織不善，農村食物短缺的各種不良現象。以後在會議中，他又表述了同樣的意見，希望中央及早改正缺點。在會議中，另有三位與會者，人民解放軍總參謀長黃克誠、外交部副部長張聞天，及湖南省委書記周小舟，一致贊同彭德懷的意見。

毛的反應非常激烈。他認為彭德懷的目的不是在檢討運動的效果，而是串連其他三人，共同反對大躍進本身，因而決定反擊彭德懷的批評。他首先利用主掌會議議程的權力，要其他領導人員如劉少奇、周恩來及朱德等人，就大躍進表示立場。這些人曾在大躍進開始時支持這一運動；現在只好重述支持的立場。

他然後在七月二十三日的一次會議上說，大躍進本身沒有錯誤，而是在執行時，出現缺失。他承認要負擔責任。他引用孔子的話形容自己，說：「『始作俑者，其無後乎！』（意思是，樹立壞風氣的人，絕子絕孫）我無後乎，一個兒子（岸英）打死了，一個兒子（岸青）發了瘋……」他聲音哽咽，說不下去；全場為之淒然一靜。他在以後的會議中，節外生枝，指責彭德懷在延安整風時期，受毛批評，積怨在心，現在藉大躍進，施行報復。他又把正在養病的林彪召上廬山，由林彪說出望風捕影的話：彭德懷在四月率領軍事代表團訪問蘇聯時，會晤過赫魯雪夫，可能接受蘇聯領袖的指示，批判毛的是非。[40] 毛更說出彭德懷是反黨頭目，組織「軍事俱樂部」（以黃克誠、張聞天及周小舟為成員），「裡通外國」，要在廬山發難。這樣嚴重的譴責，使情勢急轉指下，彭德懷即由中央警團團長汪東興收押看管，被開除所有職務，統由林彪接替。[41] 一九六七年文革時，彭德懷被紅衛兵牽領，遊街示眾，身受毆打，跛步而行。一九七四年，中共的第二號軍事首長就此含冤而亡。

一九八一年，中共中央通過決議，指稱彭、黃、張、周被判為反黨集團，是完全錯誤的，給他們平反。

第二號政治領袖：劉少奇

如果彭德懷是毛的長期親密戰友，劉少奇是毛半世紀來的忠實可靠同志。兩人同在湖南省出生，是湖南省立師範的同學，組織過社會主義青年團，都在一九二一年加入中國共產黨。以後，劉少奇推行勞工運動、擔任中共地方黨部書記及軍隊政委。他組織能力強，工作辛勤，言行謹慎，贏得同志敬重，逐步成為毛的政治副手。中共一九四九年執政以後，兩人扮演不同而相互配合的角色。毛是思想、路線與政策方面的創議人；劉少奇是執行人及闡述意義的人。一九五九年，毛把政府主席的位置讓給劉，保留了共黨主席及軍事委員會主席的職務。劉少奇在中共以黨治國的原則下，繼續接受毛的領導，對他個人仍是敬重有加。

劉少奇和毛一樣，認為革命是取得政權的唯一途徑；但是劉少奇覺得中共執政以後，不必一直用暴力手段，以及大規模的群眾運動，來進行經濟建設工作，而應按部就班地建立社會主義社會：包括農業集體化，工業國家化，分配平均化等措施。這樣的想法當然與毛的政治掛帥，動員群眾，急進建設，及早實現共產主義理想，這一類觀念不同。這是毛、劉分裂的主因；但是劉少奇從未反對過毛的思想、路線與政策。在各次的鬥爭運動中，他緊緊地站在毛的一邊，包括彭德懷事件在內。

劉少奇接任國家主席以後，從事經濟重建工作，彌補大躍進所造成的巨大損失。他在這方面與共黨總書記鄧小平配合，推行包產到戶制度，廢除土法煉鋼，恢復循序漸進的計畫經濟。毛對這樣的演變，很不滿意，認為劉少奇不僅更改他的經濟政策，而且威脅他的領袖地位。可是，改革起了良好效果，使劉少奇、鄧小平的聲望隨之提高；這更造成毛的不安，決定奪回他認為失去的主掌經濟權力。他採取一種迂迴戰術：在一九六二年發起四清運動；提出「不要忘記階級鬥爭」的口號，要進行社會主義教育。這是對劉少奇、鄧小平的警告：他們的經濟改革，是違背階級鬥爭原則；因此他們必須注重社會主義教育，以免走上蘇聯修正主義的道路。可惜劉少奇不明毛的真意，反而熱心地去搞四清運動。

當四年之後文化大革命開始時，毛將迂迴戰術，改為正面進攻；箭頭直接對準劉少奇；先是教唆紅衛兵，指責劉少奇是中國的赫魯雪夫，第一號走資本主義道路的人。接著在一九六七年，把劉少奇及其夫人王光美軟禁於中南海之內，又由紅衛兵進行鬥爭與毆打（中南海是中共政權最高中心所在地，也是毛及劉少奇等領袖的居處；在這裡進行對劉少奇鬥爭，等於毛個人參與其事；雖然他不在場，南巡去了）。

一九六八年十月，中共中央通過決議，判定劉少奇是「叛徒、內奸、工賊」，永遠開除黨籍，解除一切職務。鄧小平也跟著丟了總書記的職位，下放去反省了。一九六九年，劉少奇在開封，數病併發而去世。他的屍體用被他的屎、尿浸濕的毯子裹起，腿露在外，未具身分證明，送去火化。

一九八〇年，中共中央在毛死去的後四年，後悔了。怎麼能把世界上人口數第一、共產國際權勢數第二的中國主席，判為叛徒、內奸、工賊？於是再通過決議，予劉少奇平反，舉行國祭。

第二號軍事與政治領袖：林彪

像彭德懷及劉少奇一樣，林彪是毛數十年的部屬。這位黃埔軍校畢業的學員，也是蔣介石的得意門生。他善於謀略，長於征戰，在北伐、抗戰及內戰中都有卓越成就。長期以來，他的權位連續上升；到了一九六九年，他被一位西方學者稱為「中國最強的軍人與第二強的政治人物。」[42]

但是也正在這時候，他與毛之間產生了矛盾。他不像彭德懷一樣地沒有政治野心；他有政治欲望，因而被毛拉入政治漩渦之中。在一九五九年廬山會議中，他一下竄紅，升為軍委會副主席、政治局委員，及國防部長；他當然知道毛利用他箝制彭德懷在軍中的既有勢力，以及應對將來的詭譎變幻政局。但是，他從未在軍中廣結善緣，培養聲望；也沒有樹立群眾基礎；更沒有如毛一樣地具有濃厚心機與靈活手腕。他只使用他的辦法，建立起與毛休戚與共的關係。他在軍中，搞起對毛個人崇拜運動，編印《小紅書》以表達對毛的忠誠；一九六六年文革開始時，經由毛的授命，他把嫡系的第三十八軍開進北京，接管北京軍區，維持安全；又接收了中共文化宣傳機構，用以宣揚文革；幕後支持紅衛兵橫行無法的活動。

毛對林彪這樣大力支援，決定予以重賞。他在中共一九六九年的全國代表大會中，宣布林彪為他的親密戰友及指定接班人，並在共產黨黨章中，加以明文規定。他同意讓林彪選派親信，擔任幾乎全部國防重位：黃永勝為解放軍總參謀長，吳法憲為空軍司令員，李作鵬為副總參謀長兼海軍政委，邱會作為總後勤部部長，林立果（林彪的兒子）為空軍作戰部副部長。還有，軍委會辦事組也要林彪的人來管。

林彪位高權重，春風得意，一不小心，透露了政治野心。在一九七〇年廬山的中共中央委員會會議中，林彪提議劉少奇下臺以後所留下的國家主席位置，由毛重新擔任。當時的與會者，特別是毛，感覺到林彪提議的真正目的，是由林彪接任此職或者由他早日正式接班。毛不願意在這時候讓權，也因此一而再，再而三地反對重設國家主席之議。林彪沒有足夠的政治涵養與智慧，不願暫時罷手，弄成僵局，促成毛整治他的決心。毛首先嚴厲批評陳伯達（曾任毛的祕書），說他不應寫文章贊成林彪之提議。這樣一來，林彪覺得毛改變讓他接班之意；於是怨憤有加。

到了一九七一年，雙方關係急速惡化，毛決心廢去林彪的權位。但是，這必須剷除林彪在各軍種中建立的龐大勢力。他使用了兩套辦法，來完成這件困難而危險的任務。第一套是中國歷史上的朝廷受脅，諸侯勤王的辦法。一九七一年八月及九月，正當毛、林尖銳對立時刻，毛從北京到各大軍區祕訪求援。毛與各軍區司令員具有長期共患難的關係，而林彪在各大軍區中尚未建立基礎。因而各軍區支持毛反對林是必然的結果。在祕訪途中，毛坦白告訴各司令員他所使用的另一套辦法，來與林纏鬥。

〔一九七〇年〕廬山會議以後，我採取了三項辦法，一個是甩石頭，一個是摻沙子，一個是挖牆角。批了陳伯達搞的那個騙了不少人的材料，批發了三十八軍的報告……這是甩石頭〔打擊他們〕。土太板結了就不透氣，摻一點沙子就透氣了。軍委會辦事組摻的人還不夠，還要增加一些人，這是摻沙子。改組北京軍區，這叫挖牆腳。[43]

面對毛這些宮廷式的鬥爭辦法，林彪便以北戴河住處為中心，指揮他的屬下作出應變準備。據說，他批准由林立果所制定的、一項代號為五七一工程計畫，從事奪權活動。其中包括一連串的暗殺毛的計畫，在毛南巡返回北京路上實行：飛機轟炸毛所乘專列火車，炸毀車路所經橋樑等措施。毛事先得知消息，提早返京，於九月十二曰安全抵達。林彪知道事機暴露，計畫失敗，倉促間於十三日自北戴河偕夫人葉群及林立果，乘飛機逃往蘇聯；當天在外蒙古失事，飛機燒毀，機上人員全部死亡。[44] 據事後發表的資料所顯示，毛故意在軍區談話中，批評林彪圖謀不軌，這是一種「敲山震虎」之計，引誘林彪走上逃亡之途，然後便可判他反黨、叛國之罪。[45]

一九七三年八月二十日，中共中央辦公廳宣布「林彪反黨集團反革命罪行的審查報告」，確定林彪及黃永勝、吳法憲、李作鵬、邱會作等人，進行「叛黨叛國」活動，企圖實現五七一工程的暗殺計畫；宣布開除他們的黨籍，解除他們的職務。

不像彭德懷、劉少奇一樣，事後得到平反；林彪沒有受到這樣的待遇。

一九六七年到一九七四年的七年之間，毛清除了共黨內部的三個最強大敵人，宣稱他們為反黨、反革命分子，促使他們個個死於非命。事後看來，他與他們之間的矛盾，完全是他製造出來的；他所採取殘酷的鬥爭手段，來消滅數十年的親密戰友們，完全是不必要的。只是他要維持至高無上的權位，就不顧一切了。

唯一無二的革命

一九六六年到一九七六年發生的中國無產階級文化大革命，是毛一手醞釀的，一手指揮的，史無前例的政治暴動。在世界各國革命史中，它占有獨一無二的地位。它是由一個龐大無比的政權的領導人，故意自行破壞這一政權；它把幾億的人口拖進混亂廝殺之局；它把群眾、幹部、知識分子、各級政治領袖統統列為鬥爭對象，進行撻伐；它毀壞了一個有悠久歷史國家的巨大而寶貴的文化遺產。說起來，它的主要目的，仍然是要維持毛的絕對權位。

以下所討論的事項，不是文化大革命的詳細經過，因為這方面的資料與研究成果，已經充分發表，[46]而是毛在政治鬥爭與破壞舊文化這兩層面中的主要作為。

當毛發動文化大革命時，他站在中共政權的頂峰，採用了一種欺騙性的策略，從政權的底層，往上推進，打倒他所說的當權派。他首先評論北京副市長吳晗所著的「海瑞罷官記」這一歷史劇本。其中的故事是，明朝一位剛正不阿的清官海瑞，得罪了皇帝而被免除職位。毛最初認為這一劇本，表彰忠臣昏君事故，非常值得讚揚。可是他隨即改變了看法，說這劇本推崇封建制度及傳統文化，應予以批評。

但是，他沒有把他改變的意見宣布出來，而由名不見經傳的姚文元（在上海的新聞從業人員）寫出初稿，批評劇本有復古的文化偏差。然後姚文元經過江青的介紹，把他的九度修改過的文稿，交給毛；再經毛三度修改後，於一九六五年十一月在《文滙報》發表。[47]毛立即公開表示贊同，覺得有進行文化革命改正偏差的必要。毛的意見引起三位中共高層人士彭真、陶鑄及陸定一的注意；彭真是吳晗的上司，北京市長；陶鑄與陸定一負責中共文化宣傳工作。他們一致接受毛的意見，要在文化及學術領域中，發起運動，研討如何推行社會主義文化與摒棄封建文化，並成立文化革命小組，推行這項運動。

可是他們會錯了毛的意思。毛實際上認為吳晗是用海瑞罷官記，暗下諷刺毛於一九五九年廢除彭德懷職務之不當；也正是這一年吳晗寫成這一劇本。不但如此，毛還認為彭真、陶鑄及陸定一都是劉少奇、鄧小平手下的「當權派」，串連起來，要把毛的權位架空，請他作不管事的「佛爺」。他決定反擊，建立自已的小集團，由江青、姚文元、張春橋、王洪文（後被稱為四人幫），另加康生及陳伯達等人組成，在一九六六年春天開始進行文化大革命。首先批鬥了吳晗、彭德懷、陶鑄、陸定一；免除他們的職務；接著於八月十八日在天安門召集百萬紅衛兵，共同發難，要徹底打倒以劉少奇、鄧小平為首的當權派。

於是文革的大風暴開始，紅衛兵鋪天蓋地而來，在天安門聚會多次，前後總人數達一千一百萬人之多。他們像面聖一樣地聆受毛的指點鼓勵，在全國黨、政機關，學校、社會團體、企業單位、工廠等地，把所有人員分為兩派，一派支持文革反對蘇聯修正主義，一派算是反對文革走資本主義路線，進行文批武鬥。中國幾億人民就在這樣天下大亂中度過了幾年水深火熱的生活。到了一九六九年，劉少奇、鄧小平當權派人員全部下臺，所有被判為走資、蘇修，復古的幹部及知識分子，打進五七幹校的勞役中心，進行改造。文革的餘波蕩漾，直到一九七六年毛去世為止。

這是政治鬥爭層面的演變。至於破壞舊文化這一層面的運動，是怎樣的演變呢？毛說要以思想、文化、風俗、與習慣為對象，進行「破四舊」與「立四新」運動。但是四舊的具體內容是什麼？何者應廢？何者可留？四新的內容又是什麼？建立四新的方法是什麼？這些都是文化大革命的中心議題，毛從未加以界定與作出規範。結果紅衛兵就隨心所欲地，火燒書籍字畫，毀損古蹟，破壞歷史文物，毆打文化界人士，逼人自殺。但是毛與紅衛兵統統忘記了文革的中心任務：建立新文化。

文革的十年浩劫，比起毛所發起的任何其他運動，造成更大規模的，更長久的損失。曾在文革以後擔任重要領導職位的葉劍英，在一九七八年十二月十三日的中央工作會議上作出報告：有一萬萬人在文革中被鬥爭，兩千萬人死亡；八千億元人民幣的財產損失。[48] 研究文革的學者另有不同的估計。[49]

對於這史無前例的悲劇，中共無從諉過他人。一九八一年六月二十七日中共中央委員會通過了「關於建國以來黨的若干歷史問題的決議」，宣稱「『文化大革命』使黨、國家和人民遭到建國以來最嚴重的挫折和損失。這場『文化大革命』是毛澤東同志發動和領導的……毛澤東同志負有主要責任。」[50]

登峰造極

在處理他人矛盾關係時，毛習慣性地將他人一分為二：革命與反革命分子，無產階級與資產階級分子，忠誠黨員與反黨分子，左派與右派，社會主義者與修正主義者。他進而找出事故，促使他們相互鬥爭；由他決定勝負；然後，進行一下波的鬥爭運動。

在鬥爭的過程中，他藉重筆桿與槍桿，維持權位，以求機先。正如梁漱溟事件所顯示，只有他能用筆桿表述出正統思想與正確政策；別人只可贊成或者反對，於是不可避免地捲入鬥爭運動之中。他緊握槍桿在手，以策安全；他身任軍委會主席數十年之久，具有軍隊調動權及重要人事任命權；他使用這兩項權力，掌握了各大軍區，並且經常巡防，鞏固勢力。[51] 在文革初期，他用軍隊支援紅衛兵進行無法無天的鬥爭運動；之後，他用軍隊把紅衛兵趕下鄉去，以免失控，陷於內亂。他還有一隻暗槍在手，這就是他貼身親信汪東興掌握的中央警衛團；他用之於保衛、監控重要首長以及監押他稱為反黨的首長。

毛進行鬥爭時，具有一項非常優越條件：他心思機敏，計謀多端。他「活讀歷史」，審察時勢，提出了各式各樣的名詞，給予政治的涵意，形成運動的旗號，使他人無法不跟從前進。在中共建國之初，誰能不贊成「鎮壓反革命」的國民黨殘餘勢力？在中共當權之後，誰會反對糾正幹部惡風的三反、五反運動？當毛倡議百花齊放運動，開放知識分子言論自由，藉以改正中共執政缺失，又有誰會覺得這不是賢明之舉？其他運動，可以類推，莫不如此。

前面說到，毛使用欺騙性的策略，進行鬥爭。他在百花齊放運動中，出爾反爾，懲治知識分子，要出了沒有人能想像的「陽謀」這一招，用以文飾他的罪過。他之所以能如此，可說是知識分子長於治學，短於知毛的緣故。可是他在文革時，第二次使用了陽謀，把劉少奇、鄧小平、彭真、陶鑄、陸定一等人，拉進陷阱，打下馬來。這些人都是具有長期鬥爭經驗，知毛極深的幾十年同志，但是終究還是敵不過毛的權術。在文革的後期，毛第三次使用陽謀，以敲山震虎之計，引誘林彪逃亡，送掉性命。他這種背信棄義，但求制敵的功力，是無人可以匹敵的。

毛精通矛盾論，又能把這一理論淋漓盡致地運用於鬥爭運動之中。這就是為什麼他能夠把幾億的國人治理得服服貼貼，打倒了所有大大小小的人民內部敵人。他運用鬥爭這政治藝術的成就，達到了登峰造極的地步。

注釋

❶ Alexander Hamilton, James Madison, and John Jay, The Federalist (New York: The New American Library, 1961), pp. 78-79.

❷ 逄先知、金冲及主編，《毛澤東傳（一九四九～一九七六）》，上冊，北京：中央文獻出版社，二〇〇三年，頁五二七；國立政治大學國際關係研究中心，《中共機密文件彙編》，臺北，民六十七年，頁三六。

❸ 毛澤東，《關於正確處理人民內部矛盾的問題》，中國共產黨新聞網，《毛澤東文集》，第七卷。Roderick MacFarquhar, 在

他的 The Origins of the Cultural Revolution, 1. Contradictions among the People, 1956-1957，New York: Columbia University Press, 1974, 一書中，曾詳盡地敘述毛的矛盾論以及如何應用這一理論於反右運動之中。

❹ 毛澤東，《關於正確處理人民內部矛盾的問題》。

❺ 逄先知，《毛澤東傳（一九四九～一九七六）》，上冊，頁四八四。

❻ 這一節的主要參考資料如下：Gordon A. Bennett, Yundong: Mass Campaigns in Chinese Communist Leadership, Berkeley, CA: Center for Chinese Studies, University of California, 1976; Roderick MacFarquhar and Michael Schoenhals, Mao's Last Revolution, Cambridge, Harvard University Press, 2006; and Michael Robert Dutton, Policing Chinese Politics: A History. Durham: Duke University Press, 2005.

❼ 例如向雷峰同志學習運動、農業學大寨運動、工業學大慶運動、批林批孔運動等，不一而足。

❽ 逄先知，《毛澤東傳（一九四九～一九七六）》，上冊，頁一九九；參看 Yang Kuisong, "Reconsidering the Campaign to Suppress Counterrevolutionaries," China Quarterly, No. 193 (March 2008): 108.

❾ 最近中共解密文件指出：一九五〇年，十一名外國間諜被捕判刑；一九五一年至一九五四年，共有二百三十名國民黨派往中國大陸的特務被拘捕。徐京利，《解密：中國外交檔案》，北京：中國檔案出版社，二〇〇五年，頁二二七～二三四、二八九～二九〇。這樣少數的地下入員，實不足構成對中共政權任何威脅，不需要以大規模的運動來鎮壓。參看 Yang, "Reconsidering the Campaign to Suppress Counterrevolutionaries," p. 103.

❿ 同前文，頁一二〇。

⓫ 這一段引用的資料來自 http://zh.wikipedia.org/wiki/%E5%9C%9F%E5% 9C%8B0%E6%94%B9%E9%9D%A9%E8%BF%90%E5%8A%A8，經對證其他資料，其所述各節屬實。

⑫ 參看李良玉，《建國初期的土地改革運動》，江蘇大學學報：社科版，二〇〇四年一月，頁三九～四四；潘光旦、全慰天，《蘇南土地改革訪問記》，北京：三聯書店，一九五二年；李肅，《1949 之後：土改何以要殺人？》，美國之音中文網，二〇〇七年十二月二日；劉少奇，《關於土地改革問題的報告》，中國人民政治協商會議第一屆全國委員會第二次會議。http://zh.wikipedia.org/zh-cn/%E5%9C%9F%E5% 9C% B0%E6%94%B9% E9%9D%A9%E8%BF%90%E5%8A%A8; William Hinton, Fanshen : A Documentary of Revolution in a Chinese Village，New York : Monthly Review Press, [c1966]。

⑬ 參看 Thomas P. Bernstein, "Mao Zedong and the Famine of 1959-1960: A Study in Willfulness," The China Quarterly, Issue 186 (June 2006): 435; and Nai-ruenn Chen and Walter Galenson, The Chinese Economy under Communism (Chicago: Aldine Pub. Co. [1969]), p. 216.

⑭ 關於官方估計數字，見 Peng Xizhe, "Demographic Consequences of the Great Leap Forward in China' s Provinces," Population and Development Review 13, No. 4 (1987): 639-70. 關於實地調查報告，見楊繼繩，《墓碑：中國六十年代大饑荒記實》，香港：大地圖書有限公司，二〇〇九年；及 Frank Dikötter, Mao' s Great Famine: The History of China' s Most Devastating Catastrophe, 1958-62 (London: Bloomsbury, 2010), pp. x and 324-325. 其他學者研究報告，見 Matthew White, "Source List and Detailed Death Tolls for the Twentieth Century Hemoclysm… People's Republic of China, Mao Zedong's regime (1949-1975)." C:Documents and Settings\Owner\Desktop\ 20th C. Death Tolls.mht.

⑮ 齊茂吉，《毛澤東和彭德懷、林彪的合作與衝突（一九五四～一九七一）》，臺北縣汐止鎮：新新聞文化事業股份有限公司，一九九七年，頁一五八。

⑯ http://zh.wikipedia.org/wiki/%E5%A4%A7%E8%B7%83% E8%BF%9B.

⑰ Kenneth Lieberthal and Michel Oksenberg, Policy Making in China: Leaders, Structures, and Processes (Princeton: Princeton University Press, c1988), pp. 408-09.

⓲ Chang and Halliday, Mao, The Unknown Story, pp. 91-94.

⓳ 高華，《紅太陽是怎樣升起的：延安整風運動的來龍去脈》，香港：中文大學出版社，二〇〇〇年。

⓴ 參看 Philip Short, Mao: A Life (New York: Henry Holt, 2000), p. 437.

㉑ 毛為著發展工業及軍事科技，對理工界的學者，比較尊重，不曾發生爭論。逄先知，《毛澤東傳（一九四九～一九七六）》，上冊，頁六三九～六四一。

㉒ 馬馳原，〈梁漱溟舌戰毛澤東〉，《中外雜誌》，第四九卷，第三期，民八〇年三月，頁九二。

㉓ 史海，《梁漱溟受毛澤東嚴厲批評的歷史公案真相》。http://www.backchina. com/portal.php?mod=view&aid=10107.

㉔ 同前文。

㉕ 同前文。

㉖ 馮澤君、汪受訓，〈多錯批一人，多生四億：記念人口學家、教育家馬寅初先生〉，《傳記文學》，第八四卷，第五期（民九十三年五月），頁四～十九。

㉗ 同前文，頁四。

㉘ 引自逄先知，《毛澤東傳（一九四九～一九七六）》，上冊，頁六七五。

㉙ 關於各界在座談會的批評言論，見同書，頁六八五～六九二。

㉚ 同前書，頁六六六。

㉛ Chang and Halliday, Mao: The Unknown Story, p. 417.

㉜逢先知，《毛澤東傳（一九四九～一九七六）》，上冊，頁六九一。

㉝同前書，頁六九一～六九二。

㉞同前書，頁七一一～七一二；齊茂吉，《毛澤東和彭德懷》，頁十八。

㉟Chang and Halliday, Mao: The Unknown Story, p. 420.

㊱http://culture.people.com.cn/GB/40479/40480/3905491.html.

㊲逢先知，《毛澤東傳（一九四九～一九七六）》，上冊，頁七一二。

㊳毛談話紀要，見《中共機密檔彙編》，頁三二～三七。毛在南巡時，林彪逃亡事件尚未發生。

㊴有關彭德懷事件的書籍很多。這裡參考的資料包括：孫大騄，《毛澤東權術史》，香港：夏菲爾出版有限公司，二〇〇一年；賈思楠，《毛澤東人際交往實錄，（一九一五～一九七六）》，南京：江蘇文藝出版社，一九八九年，頁一七一～一七八；齊茂吉，《毛澤東和彭德懷》，頁七一～一〇九。

㊵有關毛、彭衝突時，雙方互相指責的激情言詞，見辛子陵，《毛澤東全傳》，卷六，頁八二～一一二。

㊶汪東興為毛多年貼身親信，當時掌管中央警衛團，又稱八三四一部隊。同前書，頁八三～八四。

㊷Thomas W. Robinson，A Politico-Military Biography of Lin Piao, with translation by Anna Sun Ford (Santa Monica, CA: The Rand Corporation, 1971), p. iii.

㊸《中共機密檔彙編》，頁三五。

㊹汪東興，《汪東興回憶，毛澤東與林彪反革命集團的鬥爭》，北京：當代中國出版社，一九九七年。汪當時隨同毛南訪各

軍區。

45 關於林彪事件，曾有許多文件及著作發表。見 http://zh.wikipedia.org/ wiki/% E6% 96%87%E5%8C%96%E5%A4%A7%E9%9D%A9%E5%91%BD#_ref-2. 在事件發生時，有兩個重要問題，當時無從解釋；幾年後才得到答案。第一個問題是，為什麼毛在巡訪各軍區時，坦白說出他與林彪的衝突，以及他對付林彪的陰謀詭計？這樣，軍區之中一定會有人透露給林彪，而引起林彪先行採取報復措施。事實上，廣州軍區空軍參謀長顧同舟，就把毛的談話內容密告給林彪。毛之所以如此做，是因為他覺得他能夠掌握全局，故意引誘林彪採取叛變或逃亡之舉。如此，他就可判林之罪。這叫做「敲山震虎」之計。換言之，又是「陽謀」的運用。（顧同舟後來被審入獄。）見 www.tianshannet.com/ culture/content/2008-03/04/content_ 2470980. htm 第二個問題是，為什麼負責保衛及監視林彪的中央警衛團人員沒有阻止林彪的逃亡？事實上，當九月十三日林彪緊急前往飛機場時，他的女兒林立衡曾經通知警衛團駐紮林彪居處的衛隊，說她的父親可能被她的繼母葉群劫持，乘飛機他往。警衛人員立即追趕，但未能及時阻止。一位警衛人員於事後，發表專文，說明實況。于學文，《口述歷史：一九七一年九月十三日我所親歷的林彪出逃》。News.china.com/zh_cn/ history/all/11025807/20050427/ 12275709.htm.

46 關於文化大革命的著作極多。值得重視的是下列的幾部：Roderick MacFarquhar, Origins of the Cultural Revolution, Vol. One, Contradictions among the People; Vol. Two, The Great Leap Forward, 1958-1960; and Vol. Three, The Coming of the Cataclysm, 1961-1966, New York: Columbia University Press, 1974, 1983, 1997; and Yan Jiaqi and Gao Gao, Turbulent Decade: A History of the Cultural Revolution, translated from the Chinese and edited by D.W.Y. Kwok, Honolulu: University of Hawaii Press, c1996.

47 MacFarquhar and Schoenhals, Mao's Last Revolution, p. 17.

48 辛子陵，《毛澤東全傳》，卷六，頁三七八：多年負責中共財經工作的李先念於一九七七年估計，文化大革命所造成的經濟損失，約為五千億元人民幣，等於中國三十年投資總額百分之八十。http://zh.wikipedia. org/wiki/%E6%96%87%E5%8C%96%E5%A4% A7%E9%9D%A9%E5%91%BD.

49 MacFarquhar and Schoenhals, Mao's Last Revolution, p. 262; and Chang and Halliday, Mao: The Unknown Story, p. 547.

50 《關於建國以來黨的若干歷史問題的決議》，http://www.gov.cn/test/2008-06/23/content_1024934.htm

51 趙志超，《毛澤東十二次南巡》，北京：中央文獻出版社，二〇〇〇年。

第四篇 走向富強

蔣、毛都以建立富強中國為長程目標。這「富」與「強」是依據西方列強工業革命以後的經驗所產生的觀念；中國要達到富強的境界，必須學習西方列強的經驗。可是，西方列強以及工業化後的日本，與中國的關係，非常複雜。從一方面看，它們是侵略中國的帝國主義者；因此，中國並不能完全憑藉它們之力，達到富強之境。從另一方面看，它們彼此之間有矛盾、衝突，甚至敵對的現象；這些現象又隨國際形勢的移轉，變動不居。在這種錯綜複雜情勢之下，中國便有許多機會聯合有些列強對付另外列強，因而增強國勢；並且借重它們的經驗，來發展經濟。中國如何利用這些機會，就是要依靠蔣、毛的見識及縱橫捭闔的本領了。

以下三章將分析蔣、毛如何以外交與戰爭方式，以求中國擠身強國之林；如何應用經濟發展方式，以期國家走入富足境界。

第十章　應對列強（一）

一九〇〇年義和團之亂，引起德國、奧地利、日本、美國、法國、英國、義大利、俄國組成八國聯軍，攻陷北京。清廷為求和，於九月七日與列強簽訂北京議定書；其中主要條款規定，列強可在華駐軍，中國賠償四億五千萬兩白銀，及各國使節團有權諮商中國外交事務。[1]當時，列強除了壓迫清廷接受這些苛刻條件之外，甚至有分割中國之議；後來，美國倡議門戶開放政策，經過英國的支援，才使中國免於亡國的危險。

這以後，中國捲入國際事務，逐年加深；[2]而八國聯軍的主導國家德、英、俄、日、美，便成為中國所面對的主要列強。各個列強與中國在不同的時期中維持不同的關係：有時作生死存亡之戰，有時結盟禦敵；有時合作開發經濟，有時禁止通商；有時堅信同一主義，有時為信仰相異幾至動武。蔣、毛就在這種變幻多端的國際情勢之中，應對時友時敵的列強。

蔣、毛相同處

蔣、毛在處理國際關係時，有幾點相同之處。首先，他們在開始執政時，都是長於征戰，短於外交。蔣第一次的國際活動是在一九二三年前往蘇聯考察軍事，而這個國家正是他以後數十年的外交勁敵。他回國之後，一直捲入國內征戰之中，無暇照顧外務；到了一九三一年九一八事變時，他才開始主掌中國外交政策。毛的第一次國際性活動是在一九四四年，曾與訪問延安的美國軍事觀察團有所接觸；而美國在以後將近三十年中，卻正是中共的世仇大敵。[3] 毛在中共政權成立之前，也如蔣一樣，一直在打仗。之後，他在一九四九年十二月，首出國門，到莫斯科商談中蘇條約。

當蔣、毛與列強交往時，他們深切體會到中國的艱苦處境。中國幅員廣大，但處於分裂狀態；人口眾多，但過半貧窮無識。蔣在大陸主政時期，大體上只管轄到靠東部約為三分之一的國土。其他地區則是軍閥甚至外國的勢力範圍。毛治理下的中國，涵蓋大陸，未及臺灣，而這個島嶼正是一個超強一度圍堵中共的主要基地。所有這些情勢都說明一項事實，蔣、毛是處於弱勢的地位，以應對列強。

蔣、毛雖然處於不利的地位，一旦中國的主權或領土受到損害時，他們都站在民族主義的立場，捍衛國家利益。這可以從他們對東北、臺灣及西藏的態度看出梗概。蔣從事八年的艱苦抗日戰爭，就是一心一意地要收回東北及臺灣。他受《雅爾達密約》的逼迫，不得已讓蘇聯在東北恢復帝俄時代的特權。毛了然蔣的處境，毫無怨言；在一九四九年於莫斯科談判中蘇條約時，逼迫史達林放棄特權。

一九五〇年五月美國為阻止中共進攻臺灣，倡議由聯合國託管該島。[4] 可是蔣情願冒著中共入侵之險，堅決反對美國之議。他認為在託管之下，臺灣就不是中國的領土了。多年後，美國又倡議「兩個中國」之說，讓中華人民共和國及中華民國同為聯合國會員國。蔣還是堅決拒絕，因為他期望大陸及臺灣同在一個中國政府治理之下，而不願兩地在國際組織庇護之下，永遠分裂。[5] 據毛的專門醫生李志綏所知，蔣對臺灣的立場曾贏得毛的讚揚。毛「認為蔣有強烈的民族自尊心……〔他〕說：『蔣介石和我都主張只有一個中國，在這點上我們志同道合。』」[6]

西藏在清末民初，一直處於半獨立狀態。蔣在一九二八年十月就職國民政府主席後，立即親自起草信件，致送西藏的達賴十三世，聲稱「西藏〔民族〕是為我中華民族之一」，並「派常駐大員」駐紮拉薩。[7] 以後，他陸續採取各項措施，加強國民政府在西藏的地位。以下章節中當行敘述。至於毛，他的態度更為果斷，曾在一九五〇年十月二十八日下達命令說：「中國軍隊是必須到達西藏一切應到的地方，無論西藏政府願意談判與否……任何外國對此無置喙的餘地。」[8] 中共軍隊隨即占領全藏。[9]

最後一點蔣、毛相同處，就是兩人極力擴展軍備以對抗外敵；先後都建立起世界最大的常備軍。

毛並進一步積極發展核子武器，作為邁向超強的基礎措施。蔣在一九六〇年代及一九七〇年代，也曾在臺灣祕密進行發展核武，為美國發覺後所阻止。[10]

總之，蔣、毛都是在有限的資源之下，從事外交與軍事活動。他們時遇挫折，時有異常成就，始終堅持為富強中國而奮鬥。

蔣：多邊的戰時外交（一九三一～一九四五年）

蔣處理國際事務的經歷，可分為兩個階段。第一階段起自一九二八年終至一九四五年。在這一階段中，他從事多邊外交，以應對日本自九一八事件以後逐漸擴大對華戰爭，可通稱為戰時外交。第二階段起自一九四五年終至一九七五年。在這一階段中，由於國民黨在內戰中的失敗及冷戰的演變，蔣失去多邊外交的機會，而依賴一個超強的美國而生存，在國際上處於孤立地位，外交趨於消沉。現在先討論蔣的第一階段外交。

應對方針

蔣於一九二八年擔任國民政府領袖；三年之後，他在處理九一八事變時，體認到自己缺乏外交經驗。[11]他指出，因為「內亂平定不遑，故對外交太不注意」（CKSD，9/20/31），必須研究應對國際局勢的辦法。兩年之後，他提出了他的外交方針，以應對四個對華最具影響力的國家：日本、俄國（蘇聯）、英國，及美國：[12]

> 倭寇仇我而懼我。如順之，則可交也。赤俄敵我而恨我；其目的不僅倒我，而且必欲滅亡我國也。英美則欲我為之利用，以抵抗倭俄。但無土地之野心也。以大體論，英美可為與國，倭寇僅為仇國，而赤俄實為中國唯一之敵國也。與國以義待之；仇國以惠施之。唯敵國無法變易，唯有自強以敵之而已。（CKSD，6/20/33）

隨後他又表示：倭患急而俄禍緩，但俄禍大，而倭患小也。倭寇急謀以黃河為中心，山東為根據，而侵略中華，禍迫眉睫。彼倭不悟，美俄即攝其後，而為我中華之續，良可痛也。（CKSD，7/7/33）

在以後的十幾年中，蔣大體遵循這樣的基本政策，來完成外交使命。他在日記中一再提到，他的使命是雪除鴉片戰爭以來的國恥；在一九四一年他列舉出三項主要外交任務：

一、要求列強承認西藏、九龍、外蒙、新疆、東四省為中國之領土。
二、取消不平等條約。
三、廢除列強之治外法權。（CKSD，12/20/41）

蔣深切知道，在當時中國的艱苦處境之下，要完成這些任務是極端困難的事。至於軍事實力，更無法與列強相較。即單與威脅中國最迫切的日本相比，也是懸殊過甚。

蔣在處理國際事務時，持有兩項基本觀點，影響了他所有的重要決策。其一，他認為由於中日軍力過分懸殊，即使傾中國一國之力，也絕無取勝日本之可能。在七七事變前夕，中國具有二百二十萬士兵，十一萬噸位的海軍，六百架飛機。日本則具有四百四十八萬士兵，一百九十萬噸位海軍，二千七百架飛機。[13] 因此他必須聯合列強以制日本。他首重英美，但也不排除聯俄之可能。其二，他認為由於內政外交相互牽連，如果善為運用，便可在內外兩方面獲得成就。雖然中國的貧弱限制了他的外交作為，但也可藉國際奧援，增強國力，擴展他的統治範圍。

蔣在處理外交事務的初期，曾有所失誤。他認為聯合列強以制日本是必要措施，但卻過分依賴國際社會，以求解決中日爭端。從九一八事變到七七事變，他一而再，再而三要求國際聯盟、非戰公約國家，以及九國公約會議主持國際正義，阻止日本侵略。（散見 CKSD，9/21、23/31，7/15/37，10/13、31/37）結果費時誤事，一無成效。

豈不知國際社會絕少有扶弱抑強的舉動，希望以正義壓制侵略更是不切實際的想法。蔣在一九三九年八月悲嘆道：「國際道義掃地，敵友無常。不知人類將何底止。」（CKSD，8/27/39）後來，在珍珠港事變之前，當他得知美日談判中可能有不利中國之擬議時，痛憤地記載道：「帝國資本主義者……毫無信義可言……〔無〕所謂與國友邦也。然而本來如此。乃余自痴，信人太過。

何怪他人。」（CKSD，11/26/41）在珍珠港事變發生之後，他才了解「國際間本是利害為主，決無為人犧牲之國。若以此為怪或為愧，則痴矣。」（CKSD，12/21/41）從一九三一年到一九四一年，經過漫長的十年之後，蔣終於認識到，依賴國際正義解決中日爭端是非常不可靠的辦法。

此外，蔣還有其他失誤之處。在七七事變之前，他一再誤認日本無侵略全部中國之企圖與實力。在九一八事變兩年之後，他認為「其實彼倭目的已達，再無挑釁之利，唯有虛聲恫嚇而已。」（CKSD，8/3/33）三月之後，他又多次表示，日本是「外強中乾」的國家。（CKSD，11/5/33，9/30/36，7/11/37）[14]

大體說來，蔣在抗戰開始以後，不再企求他國主持正義，解決中日爭端；而實行現實主義，依據日、俄、英、美之間的利害、畏懼、強弱、期望之關係，採取相應之策略，進行談判，以求達成有利中國之局面。

對日：以空換時

蔣在抗戰開始以後，採取以空間換時間的戰略，應付日本。淞滬會戰正是這一策略的具體表現。在會戰開始之日，他說明，要「以戰術補正武器之不足，以戰略補正戰術之缺點，使敵陷於被動地位。」（CKSD，8/13/37）現在，許多論者都肯定蔣是淞滬會戰的發動者，用以實現這一戰略。[15]他具有兩個目的。其一，是以六、七十萬龐大兵力，投入戰場，破壞日本三個月滅亡中國之迷夢。他的作法是讓日軍自東向西進攻，到了豫、鄂、湘、貴山區，便受阻止。拖長其供應線，使其陷入首尾難以雙顧之局，戰爭趨於膠著，失去鬥志。其二，是拖長時間，引導英美俄參戰。他在會戰開始一個多月後，明顯地說出這一願望：「引敵深入黃河以南，使英俄著急，不得不參加戰事。」（CKSD，9/29/1937）在會戰結束時，他又說出，「只要我能持久，則倭必向列強挑釁也。」（CKSD，12/13/37）後來他告訴英美記者：「日本形式上雖攻華，而實則攻擊英美也。」（CKSD，12/17/37）

雖然英美當時並未參戰，他堅信日本與英美之戰無可避免。他在一九四〇年十二月分析道：

敵國內矛盾日深，當不出二途：甲、避免國內革命，決向英美冒險求戰，以期倖勝。乙、避免與英美挑戰，保持海軍實力，壓制國內革命……余料其必向甲路冒險。寧使對外失敗，不願國內革命也。（CKSD，12/18/40）

在一九四一年十一月，他推斷「美參戰不出半年之間」。（CKSD，11/4/41）雖然他未測出準確參戰時日，究竟太平洋戰爭於一月後爆發，中、美、英因而結盟共同抗日。蔣四年以來的期望，終於實現。

蔣與日本征戰有年，但也從事和平談判。遠在一九三〇年代初期，他認為日本除了英美之外，有兩個假想敵。一個是俄國。俄國在一九〇四年～一九〇五年戰敗於日本，把帝俄時代在中國東北的特權讓予日本。多年來俄國亟思報復。九一八事變日本占領東北之後，雙方邊界上時起小規模衝突，造成緊張關係。蔣認為「倭俄之戰必起。應如何……使其戰爭適合於我準備之時機，是不能不早有決策。」（CKSD，7/21/33）他的決策是藉這一可能的戰爭，與日本進行談判。他認為戰爭一旦發生，日本可能要求中國中立。他便可提出中國的相應條件，包括日本承認中國在東北之主權，取消塘沽協定及在華北的特殊勢力。（CKSD，2/29/36，3/31/36）雙方曾就此問題，有所接觸。

日本另一假想敵，當然是中國，這其中的一項複雜因素是中共問題。中共對蔣構成威脅，如果反蔣成功，成立政權，則對日本也是威脅，助長日共聲勢，甚至引起日本的共產革命。（參看CKSD，10/12/33）因此，日本提議中日合作共同防俄防共，並簽訂條約，以茲遵循。蔣贊成共同防俄立場，並暗示一旦日俄發生戰爭，願守中立。但日本必須遵重中國在東三省之主權，並撤除其華北特殊勢力；蔣拒絕與日本簽訂任何防共條約。（參看CKSD，3/2/36，10/6/36）

但是，日本不願接受蔣之條件，反而要求中國承認滿洲國及華北特殊化。待至中日戰爭開始以後，蔣就中、日、俄三國關係作出決斷性的轉變。他記述道：

> 倭要求我共同防俄，承認滿偽及華北特殊化。若與俄先訂互不侵犯〔條〕約，則可打破其〔日本〕迷夢，不再要求。蓋允其共同防俄，以後不僅華北為其統制〔治〕，即全國亦成偽滿第二矣。

故聯俄雖或促成倭怒，最多華北為其侵占，而無損於國格。況亦未必能為其全占也。兩害相權取其輕。吾於此決之矣。（CKSD，7/31/37）

隨之，蔣與俄簽訂互不侵犯條約，俄則開始軍經援華，以對抗日本。

這以後，蔣持續與日本有所接觸。先有一九三七年十二月德國駐華大使陶德曼調停雙方停戰，後有一九三八至一九四〇年在香港的非正式談判。都因雙方堅持立場，沒有結果。[16]

對俄：兩戰之慮

蔣自一九二三年訪俄之後，經過一九二六年的中山艦事件，一九二七年清黨事件與寧漢分裂，以及一九二九年中俄斷交事件，感覺到俄國是貪婪、陰險、侵略成性的強敵。但是，如上節所述，他為著應付大軍壓境另一強敵的日本，不得不與俄國打交道。蔣知道，俄國當時最畏懼的是德國，而其最大之隱憂，則是同時兩面受敵，西戰德國與東戰日本。當一九三六年，德國、義大利、日本成立軸心同盟後，俄國的憂慮急速加深，不得不積極尋求與華合作，增強中國抗日軍力，借以消滅日本攻俄之可能。這種情勢迎合了蔣的聯俄反日的需要；於是是雙方在八月二十一日簽訂中俄互不侵犯條約；接著，九月二十五日「俄機〔開始〕到甘〔肅〕。」（CKSD，9/25/37）以後軍經援助源源而來，到一九四一年為止，蘇聯供給中國的軍用物質共計飛機九百架，大砲一千一百四十門，坦克車八十二輛，機關槍將近一萬挺，步槍五萬隻，卡車兩千輛，砲彈兩百萬發，子彈一億八千萬發，及其他彈藥；另外，兩億五千萬美元貸款。[17]

可是，老謀深算的俄國，當中日戰爭在一九三〇年代末期陷於膠著，日本無力攻俄之時，便逐漸減少對華援助，同時展開自己的多國談判。在一九三九年八月與一九四一年四月，分別與德國及日本簽訂互不侵犯條約。這樣，俄國與中、德、日都簽訂了這一類的條約，似乎避免了歐亞戰火蔓延於國境之中。可是國際風雲詭譎，俄國仍有失策之處。德國在一九三九年攻陷波蘭，瞬即在一九四〇年囊括西歐，對俄造成威脅。在一九四〇年年底，蔣接到一項重要情報，得悉日本在一次御前會議中，決定實行「南進」政策，也就是要發動太平洋戰爭，因此打算與中國談判，以便減輕其在中國戰場之壓力。（CKSD，11/16/40）同時，日俄邊境又經常發生衝突；俄國感覺到必須加強中俄關係，以對付日本，便決定立即重新援華。蔣對這些有利中國的發展，作了以下的分析：

「俄通知繼續援華，推論其與德倭關係無進展。倭知我與俄之關係因中共不佳。因此德倭不畏俄，俄不得不在倭對我力謀妥協之時，而允接濟也。」（CKSD，11/24/40）

蔣同時利用這些國際演變，採取了對中共的「紀律性」行動。西安事變後，蔣答應中共共同抗日，但對中共軍隊未依西安協議接受其統帥地位一事，非常不滿。一九四一年一月，蔣下令在皖南的中共新四軍向黃河北區移防。當新四軍未曾立即全部北移時，蔣命令在該地區的國軍，向新四軍圍攻，俘獲其軍長葉挺。

蔣在日記中，多次記載這一事件的演變：「中共以現勢〔而論〕決不敢叛亂也。」同時，也認為俄國不會因此事件，停止援華。「俄武官問新四軍事……應嚴速〔原文〕堅決……以立威信」；「不為俄援大砲二百門，飛機二百五十架所動」；俄援「武器到新疆」；「新四軍案為抗戰史之大事，甚於十五〔一九二六〕年廣州救黨之舉。」（分見 CKSD，1/9，16，18，28，31/41）

中俄關係持續變幻不定。德國在一九四一年六月突然閃電攻俄，長驅直入，俄國幾有傾國之虞。可是經過幾年苦戰後，俄軍逐步反攻，在一九四五年年初已是兵臨德境。在該年二月美、英、俄在雅爾達集會，簽訂密約。俄國承諾在德戰結束之後，進攻日本。但以恢復帝俄時代在中國東北之特權以及外蒙獨立為條件。美英為著減少海上進攻日本本島可能引起重大傷亡，接受俄國條件，並決定向蔣施行壓力，承認密約。

蔣在三月聞知密約，六月始見全文，「聞之悲憤不知所止。」（CKSD，6/15/45）正如陶涵（Jay Taylor）所說，蔣是「被逼迫接受他事先毫不知情的決定。」不但如此，「羅斯福還瞞著蔣這密約，直到蘇聯的二十五師大軍開進東方」中國邊境以後，才通知他。陶涵認為蔣當然應該憤怒，因為「英美沒有權利放棄中國的主權。」[18] 究其實際，《雅爾達密約》與世所詬病的《慕尼黑協定》沒有什麼分別。都是強國為求自保，作損害弱國主權之舉。（一九三八年英國與德國簽訂《慕尼黑協定》，把捷克所有的蘇台德地區（Sudetenland）割讓給希特勒，以避免德國進攻英國。）

於是蘇軍便於八月攻入東三省，占領全部地區，並尋釁生事進攻新疆及華北邊境，威脅中國（CKSD，7/28/45，8/1，31/45），又加美英連續施壓，蔣便在這一外交陣仗上，敗於多年疑忌有加的俄國，恢復其東北之特權，同意外蒙獨立。

對英：挾印制英

蔣一向希望英國因須保障其在華經濟權益，而阻止日本侵華。可是在一九三〇年代中期，納粹德國崛起，危及英國安全。其首相張伯倫採妥協政策，在一九三八年簽訂《慕尼黑協定》，以求自存，已是無力兼顧在華權益，阻日侵略。在這種情勢下，蔣無從勸說英國援華抗日，只有耐心等待。到了一九四〇年代初期，他終於找到機會，與英國展開一連串的談判，達成共同抗日之局。

在一九四一年底太平洋戰爭爆發之後，日軍攻陷緬甸，威脅英國屬地印度的安全。當時印度自治運動情緒高漲，反對英國統治。日本又用亞洲屬於亞洲人的口號，助長英印爭執。借用英國首相邱吉爾一句話，印度可說是英國的「軟肚子」（Soft Belly），是英國在亞洲防日戰線中的一個弱點。（邱吉爾在第二次世界大戰時，形容南歐是納粹德國防禦戰線中的「軟肚子」，有利盟軍反攻之地區。）

大英帝國認為其最大之屬地的印度，遠較其在華權益為重要，必須加以保護；但歐戰正烈，力不從心。只有少數英軍，在緬阻日前進。[19] 蔣深思熟慮之後，派遣遠征軍入緬，共同抗日。這是一舉兩得之事，其一是制敵機先，減少日軍進攻雲南之可能性；其二是保護印度，加強中英合作抗日之關係。遠征軍入緬之後，在一九四二年首戰失利，一部分與英軍共同退守印度，一部分退守雲南。

蔣在遠征軍入緬同時，展開對英國及印度外交活動。他於一九四二年二月訪問印度；一方面與英國駐印當局商談合作抗日事宜；一方面與印度自治領袖甘地、尼赫魯等人會談，在共同抗日前題之下，支持其自治運動。蔣同情印度自治的立場，引起英國不滿。邱吉爾甚至威脅說，不再與中國合作抗日。蔣不為所動，仍然維持既定立場，（在一九四二年十一月，他進一步表示，要支持印度在戰後獨立。見 CKSD，11/9/42，12/31/43）因為他知道，沒有遠征軍，英軍可能保不住印度。

在一九四二年至一九四五年之間，蔣與英國軍政當局，在世界各地（包括華盛頓、倫敦、重慶、開羅、卡薩布蘭卡（西非）及印度的加爾加答）展開了直接或間接的曲折談判。他運用出兵保印及支印自治的兩面手法，增強他的外交聲勢，獲得了五項成就：

甲、在第一次緬戰失敗之後，克服英國拖延反攻緬甸之舉。後由中、英、美聯軍於一九四三年反攻緬甸，至一九四五年驅除日軍，獲得勝利。

乙、英國在開羅會議時，支持中國收復東三省及臺灣、澎湖之主張。

丙、英國承認中國為四強之一。
丁、英國聯合美國共同於一九四三年，廢除不平等條約及領事裁判權。
戊、英國默認西藏為中國之一部分。支持建立中、藏、印通道。

對美：寄望未來

蔣在一九四二年十一月列出對美談判目標：建立中美同盟；美國協助中國收復東北、臺灣、琉球等失地；以及支持中國收回外蒙予以自治的主張。（CKSD，11/9/42）事後看來，蔣追求的目標是理所當然之事，但在當時卻不容易實現。他與英國談判時，尚有印度為籌碼，與美國談判時，他依賴美國正殷，並不具備有利的討價還價條件。

可是，蔣發現他所領導的中國，正是一個微妙的談判籌碼。貧弱而地廣人眾的中國，可經資源豐富的美國協助開發，而成為美國的強大友邦。在戰時可以合作擊敗日本；在戰後可以協助美國維護其在太平洋中的一國獨大地位。這是一個銳利而深遠的看法。蔣希望憑藉當時與美交涉的兩個有利因素，把這一看法變成事實。

第一個因素，是美國羅斯福總統對中國的前途非常樂觀（也有人說，近乎天真）。他在一九四〇年代初期，一再說出他對中國的憧憬。例如，他與邱吉爾在一九四三年會談時敘述道：「邱吉爾認為中國是一個大而不當的國家。我一直告訴他，中國人比日本人精明……中國比日本大的多，它已經證明具有活力而且有驚人的進步。只要加速進步，便會成為一個強國，我們應該給英國人一個當頭棒喝，讓他們認識中國。」[20]

又如羅斯福在一九四三年八月轉告宋子文，他如何苦口婆心地勸說邱吉爾接受中國為四強之一的地位。他說：邱吉爾「曾一再堅持他的為難之處，是中國沒有穩定的政府。因此不能受到其他三國（英、美、俄）一樣的待遇。我則告訴他，蔣和你我一樣，都會死去。但是中國仍然存在。它可能南北分裂，或者國共分裂，中國仍然存在。我說中國有四億二千五百萬人口，絕對會成為遠東的強國。我們的偉大事業要成功，它便是一個必要的成員。」[21]

最後羅斯福把邱吉爾說服，承認中國為四強之一。另外，羅斯福在一九四三年夏天與英國外相艾登會談時也說過，他「希望中國在美國協助下，在五十年內，成為頭等強國。」[22]

羅斯福不但對中國的國際地位表示樂觀，也認為中國內部的演變有積極的一面。他在一九四三年八月三十日與宋子文會談時，聽到宋子文說：「我們戰後的國策，不是共產主義，而是傾向社會主義〔意指民生主義〕。」羅斯福接著便說：「我非常高興聽到這話。因此，我希望以後不要再與八路軍打仗。他們這些人都孕育著合理的社會主義與民主觀念。你們可不要破壞他們的信念。」（“I am exceedingly glad to hear that. I do hope, for this reason, there will be no war against the 8th People’s

Army. There are good germs of sound socialism and democracy in those boys. You must not squander these values."）[23]

蔣與美國交涉時的第二個有利因素，是他的特殊而有效的談判方式。他在一九四〇～一九四三年之間，任命宋子文為駐華盛頓全權代表。在這期間內，宋子文與美國軍政領袖建立密切關係，更與羅斯福維持私人友誼。在一九四三年三月至九月，他與羅斯福面談至少有八次之多，這是華府外交場合中絕無僅有的事。蔣則坐鎮重慶，以頻繁的電報，遙控在華府的談判，獲得了幾項重大成就。例如，美國開始經濟援華，建立駐紮重慶的軍事代表團，以及成立飛虎航空隊，並率先取消不平等條約及領事裁判權。

一九四三年十一月，中、美、英在開羅舉行會議；那時宋子文已卸任，沒有參加。蔣便與羅斯福及邱吉爾直接商談合作事務。會前蔣反覆考慮有關議題，採取了以下的立場：

他堅持日本歸還中國失土：東三省及臺灣、澎湖。關於琉球，他改變初衷，認為「琉球及臺灣在我國歷史地位不同，以琉球為一王國，其地位與朝鮮相等。故此次……琉球問題，決定不提。」（CKSD，11/15/43）關於賠償問題，他表明「澹泊自得，無求於人……對日處置提案與賠償……等事，當待英美先提，切勿由我主動自提。此不僅使英美無所顧忌，而且使人敬畏，以我乃毫無私心於世界大戰也。」（CKSD，11/17/43）

在會議中，中國恢復中國失土的提議很快獲得英美同意，東三省及臺澎歸還中國，琉球則由國際託管。至於賠償問題，三國曾提為議題，而無決定。蔣表示非常滿意開羅會議的成果，他記述道，此一會議：

「乃余登外交舞臺之第一幕也。其間以政治之收穫為第一，軍事次之，經濟又次之……結果乃能出於預期之上……東三省臺澎失去後五十年或十二年，獲英美共同聲明歸還……此何等大事……實為中外古今所未曾有之外交成功也。」（CKSD，11/28/43）

開羅會議可說是中美關係發展到友好的最高峰。從此以後，雙方關係突然急變，一瀉千里。在一九四四至一九四五年間，跌到谷底。在此期間，國軍在豫、湘、桂、貴遭受一連串的潰敗，使美國軍政領袖對蔣的領導能力喪失信心，同時對國共關係嘖有煩言。這其中以史迪威事件，最反映出惡化中的中美關係。

史迪威在一九四二年被任命為以蔣為統帥的中國戰區參謀長。他與蔣在對日戰略、國軍將領作戰能力，以及國共關係各方面發生爭執。史迪威生性率直，言語尖酸刻薄，他曾電請羅斯福向蔣要求，由他統帥包括中共士兵在內的全部中國軍隊，以求改善戰局，轉敗為勝。羅斯福答應所求，在一九四四年七月七日遞送蔣一電文，要求交出兵權。

史迪威事件在事後曾經各方多次報導，無庸贅言。[24] 但蔣的日記中仍有許多鮮為人知的情節，現選摘部分記述如下：

本月七日羅斯福來電，欲派史迪威指揮中國全部軍隊，並以一切租借物資置於史支配之下。其干涉中國內政之心，昭然若揭矣。（CKSD，7/7/44）

美國帝國主義兇橫竟有如此，此等大事，決不能遷就也。（CKSD，7/16/44）

美英皆欲孫科為傀儡之暗示與宣傳，以美為甚。（CKSD，8/1/44）

昨夜起床三次，禱告三次，挽救衡陽〔之戰〕，使余不受羞恥也。（CKSD，8/8/44）

衡陽失陷。（CKSD，8/10/44）

昨夜……四時後，忽夢見豬玀四隻；其背皆插入大刀一柄，且有一旗亦插入……忽醒，此乃忍痛負重之象。（CKSD，8/25/44）

據報駐渝之美國軍部通告美商早作撤退準備，恐不久重慶局勢變動云。（CKSD，8/28/44）

最後不得已時，應作辭去軍政各職之準備。羅〔斯福〕認余不會辭職，因而壓迫，欲余為其傀儡。其不逼余辭職，則因其欲用中國陸軍作戰，則彼不必派一百萬以上陸軍來亞作戰。余當以此心理，以定決心。（CKSD，8/29/44）

隨後，蔣進一步分析中美關係，作出了決斷性的研判。他說：美以四強之位而示惠，使之不能「脫其藩籬，此乃盜虛名而受實禍也。」果真如此，他「內不能制共……外隨附人後。」這樣，美國「無異於倭寇往昔者對我也。」但他深切了解「美國實有藉華制日之必要。即使敗日以後，將來亦有藉華以制俄之必要。美國實不能無中國。」（CKSD，8/31/44）

這是一針見血之論。蔣於十月初通知羅斯福，拒絕其任命史迪威為中國軍隊統帥的要求。蔣隨即接到羅斯福的覆示，決定召回史迪威，而以蔣所建議的魏德邁繼任為中國戰區參謀長。

以上蔣對中美關係的研判，充分地反映出他對美的基本策略：以未來的可能的國際演變，爭取美國對中國現在的支援。在珍珠港事變之後，他讓美國認識到中美併肩抗日之必要。雖然他在戰場上一次次地失利，他一次次地向美保證，如果美國加強援華，中國便會逐漸充實戰力，最後獲得勝利。於是美援源源而來，而美國依賴中國愈來愈深。

蔣的研判實際上也符合美國亞洲政策的歷史趨勢。美國在二十世紀初葉成為太平洋一大強權之後，一直期望中國成為其牽制其他強權的主要力量。在一九四五年以前，這其他強權是日本。在這之後，就是俄國。[25] 雖然中共在一九四九年後與俄結盟，這並不否定美國原先對中國的期望。

意外的內政收獲[26]

在七七事變時，蔣直接管轄的區域，只占中國面積三分之一，是以南京為中心的東部地帶。其他的三分之二，是一個大弧形的邊遠地帶，可分為三個區域。一是邊境地區包括東北、新疆、西藏，及雲南；二是中間地區，在邊境區域與中原之間，包括青海、寧夏，及西康；三是西南地區，包括四川、廣西，及貴州。這三個區域，或為軍閥所控制，或為列強勢力範圍。

抗戰開始以後，蔣交互利用戰爭及外交演變，在各區域中，驅除軍閥，排斥列強，以推廣其統治範圍。他首先利用國軍西退之勢，進入西南地區，建立抗戰基地，鞏固統治勢力。至於邊境地區，他在珍珠港事變之後，立即思索如何「乘世戰之機，解決新疆與西藏問題。」（CKSD，12/29/41）可是他第一個深入的邊境地區，不在新疆或西藏，而在雲南。雲南接境越南及緬甸，自一九二七年以來在龍雲控制之下。龍表面聽命南京，實則拒國軍入境。一九四一年日本在越南集結重兵，作西攻之勢，雲南受到威脅。蔣即派中央軍入滇，保衛疆土，龍自然無法予以拒絕。蔣記述道：「中央大軍開入昆明（雲南首府），此舉為安內攘外最要之一著。等盡數年之久，至今始得實現。此乃耐心與待機之效果也。」（CKSD，11/30/41）後來，日軍進攻緬甸，如前所述，蔣派遠征軍入緬保印，以雲南為集結及補充的基地，雲南就成為蔣的統治區域。龍則於一九四五年被蔣調離昆明，任命為有名無權的軍事參議院院長之職。

蔣同時也注意新疆局勢演變。自一九三三年以來，盛世才為新疆軍政首長；如龍雲一樣，他祇是表面聽從國府，實際上則維持半獨立狀態；他並且接受俄國援助及任用俄國顧問，甚至傳聞他於一九三八年加入俄國共產黨，以鞏固其統治地位。一九四一年六月德軍閃電攻俄，長驅直入。俄國在危亡之際，無力過問新疆之事。盛見風轉舵，驅除俄國顧問，輸誠重慶。蔣運用時機，一方面將胡宗南部隊調至接境新疆的甘肅河西走廊，以挾制盛世才。另一方面陸續派遣包括蔣宋美齡在內的要員赴新，與盛進行談判，逐漸架空其勢力，終於一九四四年免除盛新疆主席之職務，調赴重慶。蔣對此事表示極為欣慰：「盛世才決於八日來渝。〔此乃〕近月來最佳消息。上帝佑我，新疆歸我。」（CKSD，9/2/44）

至於如何在第三個邊境地區西藏推展其勢力，蔣則煞費周章。西藏自清末以來，拒中國政府勢力於境外。當日軍在一九四二年攻占緬甸威脅印度時，也間接地影響到西藏的安全。蔣當即考慮如何加強與西藏關係。他希望修建一條自印經藏至華通道，運送美國卸載於印度的援華物資。可是西藏當局因不願介入中日戰爭，表示反對，甚至設立外交機構，故作獨立姿態。面逢西藏這樣不友善的舉動，蔣採取了外交軍事雙管齊下的行動，以求加強其聲勢。他展開與英國談判，藉其在西藏之影響力，說服當局，同意築路。後來，一條騾馬小道便為之築成。另外，蔣調動在青海、寧夏的馬家軍，以及西康之劉文輝部隊，向西藏邊境集結，作攻擊之勢，引起西藏及英國之震驚。邱吉爾放言西藏為獨立之國，責備蔣出兵之不當。邱吉爾的言詞，造成英國與蔣關於西藏地位極大爭執。蔣堅持中國對西藏具有主權，英國反駁蔣之意見，認為中國無權入藏。後來幾經談判，再加上羅斯福確認西藏為中國的一部分，此一爭議得以消除。英國此後，不再堅持西藏為獨立國家，認為中國具有宗主權。27

蔣調動部隊集結藏境的舉動，並不是真正要進攻西藏，而是表達中國為主權國的立場。同時他希望藉馬家軍及劉文輝部隊向西藏推動時，由中央軍填補在青海、寧夏及西康兵力空缺之地，進而統治這一中間地帶。蔣的這一計畫並未實現。但是他利用機會，在這一地帶設立黨政機構，並向馬劉各軍供應武器軍需，建立起某種程度的影響力。

蔣因應戰爭及國際演變，在中國的邊遠三個區域，推廣其統治範圍。這其中，他藉出兵保印之舉，輕獲雲南，乘德俄戰爭之際，進取新疆，為最突出之表現。都是他前所未預料到的收穫。

外交成就

當抗戰在一九四五年結束時，蔣完成了絕大部分他的外交任務，收復了他任內失去的東北及清廷喪失的臺澎；廢除了不平等條約及領事裁判權。他更進一步，實現了他所未期望的任務：提升貧弱的中國為四強之一，推廣他在邊遠地帶的統治範圍。這些是他的外交成就。但是，他終究敗於他疑忌多年的俄國。十四年的縱橫捭闔，八年的堅苦抗戰，阻止不了東北喪權，外蒙獨立。在他從事外交的初期，誤信國際正義可以壓倒強權；依賴他國解決自己不能解決的爭端，是費時無益，不切實際之舉；他低估日本侵華企圖與實力。這些是他失策之處。

如果就蔣的外交成敗作一比較，我們作何評估？蔣收復東北與臺澎之舉，阻遏了自清朝中葉以來多次割地賠款之頹勢，此後再無喪失國土情事發生。這是中國現代史中的決定性轉捩點。至於不平等條約與領事裁判權之廢除，更是湔雪百年來兩大國恥，實現了海內外華人共同願望。而中國躋身四強之列，蔣大幅擴大統治範圍，也是二十世紀中國的兩大創舉。

關於東北喪權，外蒙獨立之事，蔣在俄、美、英協同壓力之下，作出讓步，是無可奈何之事。況且蔣從未直接統治過東北外蒙兩地。他所得者，前所未有；他所失者，既成史實。得多於失為明顯事實。至於蔣的外交失誤，是受瞬息萬變的國際風雲所影響，其他政治領袖都可能犯同樣錯誤。英國首相張伯倫不識綏靖政策足以助長納粹兇焰，乃有慕尼黑之悲劇。羅斯福與日談判，未定和戰之策，以致有慘痛的珍珠港事變，都是明證。

因此，如果說蔣的成功遠遠超過他的失敗，應是公允之言。

蔣的外交成功，當然也是億萬國人共同犧牲奮鬥之結果，但是蔣的個人貢獻不可忽略。蔣以軍人身分從事外交，卻比專業人員更有突出的表現。他在日記中對曾任外交部長的王寵惠與郭泰祺以及駐美大使胡適，屢有煩言。認為他們：「對其使命與任務成敗，毫不在意」；「毫無志氣，更無國家觀念」；「官僚成性」。（分見 CKSD，11/30/41，12/6，8/41）因此他在一九四一年年底接掌外交部，親自主持談判。（CKSD，12/29/41）只有顧維鈞與宋子文的才幹，受他重視。但這兩人主要分負英美方面之責，無統籌應對所有列強之力。只有蔣一人綜觀全局，交互運用國際戰和演變，機先採取行動，達成有利中國之局。

再說，蔣為弱國領袖，卻有應對頭等列強之能。他了然日俄之互懼，俄國兩戰之慮，英國保印之需，美國期望中國之殷，行合縱連橫之策，用遠交近攻之法，先後聯盟俄、英、美，首先使中國立於不敗之地，再進而取得勝利。蔣的外交作為，實現了《孫子兵法》的「知己知彼，百戰百勝」的原則，也反駁了「弱國無外交」的傳統觀念。

最後值得注意的，是蔣在抗戰時花費在外交上的心思，遠遠超出一般人所想像之外。在一九四〇至一九四三年間，他任命宋子文為其華府代表時，他與宋往來電文極為頻繁，共達四百四十一件之多，平均五日二件。電文內容詳細，涵蓋軍、政、經各層面，涉及中、美、英、日、俄等各國關係。現在這一大批文件，已由上海復旦大學整理成專書而出版。蔣在日記中有關外交事務之記載，也相當繁多。尤其是在抗戰的後四年中，有關外交的記載，超出其他事務，包括軍務在內。[28]

蔣的戰時外交建樹，或被歷史湮沒，或因國共爭端而受忽視。[29]在抗戰結束以後將近三分之二世紀的今天，應該值得大家進一步的研究了。

蔣：依賴一強的戰後外交（一九四五～一九七五年）

瞬息之變

一九四五年八月十五日，蔣以非常興奮的心情，對全國人民舉行無線電廣播。他說中國抗戰勝利了，證明正義終於戰勝強權。他要求國人寬大為懷，饒恕日本侵華的行為；不然的話，冤冤相報，將永無止境。[30] 他興奮的心情，當然是可以了解的。他所領導的抗戰，讓中國贏得了可以說是最長、最艱苦的對外戰爭，是一項歷史性的功績。進一步就漢族的觀點來看，抗戰的勝利，是漢族第三次從異族手中恢復自主的權力。前兩次是朱元璋起義推翻蒙古治下的元朝，與孫中山領導的辛亥革命，推翻滿清王朝。再說，他當時擁有空前強大的兵力，自信足以消滅尚不聽命於他的中共。但是在策略上，他採取了先和後戰的方式，邀請毛到重慶舉行和談，也因此獲得國人極大的好感。同時，他與世界首強的美國，建立起密切合作關係；在可見的未來，這一盟邦，將會大力協助中國復原，進而走上富強之路。

可是蔣的興奮心情，卻出乎意外的歷時短暫。國共和談導致了雙方在十月十日簽訂協定，成立聯合政府，實行軍隊國家化的措施。可是協定墨跡未乾之時，國共軍隊即已競相占領日軍區域，時時發生磨擦。當時，美國總統杜魯門重申美國協助建立穩定而強大中國的意願，派遣馬歇爾將軍為特使來華，調解國共爭執。馬歇爾於十二月抵華，立即與國共諮商，並於一九四六年一月促成國共簽訂停火協定。可是在這一年，國共軍隊交火次數卻愈來愈多，規模愈來愈大，形成內戰無從避免之勢。馬歇爾在一九四七年一月於失望中返美，就任國務卿之職。三月，延安戰役開始，帶來了全面的內戰。

在以後的三年中，國軍接連在各大戰役中，遭受慘敗，終於在一九四九年失去整個大陸於共軍之手。蔣認為馬歇爾的軍事調解，給予中共生息發展之機，有助於共軍之擴大；同時蘇聯在東北，袒護共軍，全力予以協助，都是中共勝利的因素。美國國務院於一九四九年八月發表「白皮書」，則認為國府政治腐化，軍隊無能，是其內戰失敗的原因。[31]

蔣在內戰期間，無心全力從事外交。只有在內戰敗局已呈之時，再作一次多邊外交活動，希望挽回頹勢。這時美國已有放棄支持國府之意；他只能選擇菲律賓與韓國作為活動的對象；他相信中共的勝利可能對這兩個鄰國發生不利的影響。他於一九四九年七月十日至十二日，前往馬尼拉與菲總統季里諾舉行會談，建議亞洲國家成立太平洋反共聯盟，對抗中共。季里諾僅禮貌性地聽取建議，但未首肯。接著，蔣於八月六日至八日，造訪漢城（首爾），向韓國總統李承晚提出同樣的建議。李承晚表示熱烈贊成，可是沒有承諾予以實現。[32]

一九四九年至一九五〇年的冬天，是蔣在臺灣度過的一段冷酷日子。他撤退到臺，尚未站穩腳步，美國即採取一連串的措施，要與國府脫離關係。一九五〇年一月五月杜魯門聲明「美國不會再採取行動，牽涉中國內爭之中。」[33]第二天，英國宣布承認中華人民共和國。當時立即引起各方臆測，認為這是美國承認中共的前奏。[34]一月十二日，美國國務卿艾奇遜在一篇政策性演說中宣稱，今後美國在西太平洋的「防衛邊緣起自阿留申群島，經過日本及琉球，終至菲律賓。」他接著說，「至於太平洋其他區域的軍事安全，很清楚地，沒有人能夠保護它們不受攻擊。」[35]這一演說很明顯地把臺灣與韓國剔除於美國防衛線之外，好像是在邀請中共與北朝鮮進攻這兩個地區。結果是怎樣呢？中共在一九五〇年春天，在中國東南沿海集結第三野戰軍及第四野戰軍部隊，達八十二萬之眾，以新勝之師，再戰防守臺灣不及其半數的敗退國軍。根據美國中央情報局的估計，中共可能在該年年中，進占臺灣。[36]而北朝鮮果於六月進犯南韓；引起了三年的戰爭。這是在早期的冷戰中，美國所犯的最嚴重的外交失誤。

如果說一九四四年史迪威事件，是蔣與美國關係的最低點，他在一九五〇年初以來的處境，是他政治生涯中的低谷。他在面臨中共進攻臺灣的最危險時刻，多年來密切合作的盟邦，就要背棄於他。這是他心情最為沈重的一段時期。可是出乎他的意料，東亞局勢突然劇變，拯救了他於苦難之中。

一九五〇年六月二十五日韓戰爆發；六月二十七日美國宣布派軍援助南韓；同時，杜魯門下令中立化臺灣海峽，派第七艦隊巡邏海峽，阻止共軍攻臺。這樣的國際演變，給予蔣無限的寬慰。一方面臺灣的安全得到保障，另一方面，他覺得韓戰有如九年前發生的珍珠港事變一樣，又讓美國站在國府這一邊；當年是合作抗日；現在是一同反共。

可是蔣對杜魯門的中立化命令，也有非常不滿的地方。他認為這命令中的聲明，臺灣的地位尚未有定論，是美國廢棄了自己所作臺灣歸還中國的保證，並且違背了歷史現實。同時，他認為這命令中阻止國府攻擊大陸的條文，損害了中國的主權。他痛憤道：美國「對我臺灣主權地位無視，與使我海空軍不能對大陸領土……進攻；視我一如殖民地之不若。痛辱盍極。」（CKSD，6/28/50）他又記述道：此一命令乃使國府「附依美國」，是一種「極端侮辱」的行為。（CKSD，6/29/50）。蔣所痛憤之處，也正是國際強權政治的現實。在今後將近三十年之中，中華民國實際上淪為美國的被保護國；國府的外交，幾乎完全依賴美國而定行止，再也沒有像抗戰時一樣，有運用多邊外交的機會，聯合一個強權，對付另一個強權。但是為了臺灣的安全，蔣不得不忍辱負重，默認美國中立化的措施，進而在國際關係中接受美國的指導。

但是，蔣並不是完全受美國的擺布。有時在雙方發生爭執時，蔣仍然會堅持一己的立場，甚至重展他在抗戰時期的談判才幹，作討價還價之舉，用以物易物之策，獲得上風。他在兩次金門危機之中，就表現了這種成就。[37]

中共在一九五〇年因為韓戰關係，沒有進攻臺灣。當韓戰於一九五三年結束後，毛立即再思攻臺之策。因為當時美國已經軍事協防臺灣，他便以國軍占據的大陸沿海島嶼為首批攻擊對象。這些島嶼鄰近福建與浙江，在地理上及歷史上屬於大陸，分為三組，各以金門、馬祖，及大陳為中心。因為金門面積最大，又為國軍主力所在，當毛兩次下令砲轟沿海島嶼時所造成的危機，通稱為金門危機或金門砲戰。[38]第一次危機從一九五四年九月三日開始，到一九五五年五月一日結束；第二次危機起自一九五八年八月二十三日，止於十月六日。[39]

蔣認為沿海島嶼是中國大陸的一部分，也正因為如此，他所領導的政府便必須保有這些島嶼，才能名符其實地稱為中國政府。他的立場是，國府現在正以臺灣為基地，用沿海島嶼為前哨區域，進行反攻的準備工作。當中共一九五四年第一次砲轟金門時，他為著表達堅守這些島嶼的決心，於九月七日還轟大陸。他記載道：「昨日海空出動轟炸厦門附近匪砲陣地，收效頗大，頗出敵料。」（CKSD，9/8/54）其實，蔣私下希望中共直接進軍金門，因為如此，他便可「選定登陸反擊地點」，

進行反攻大陸之舉。（CKSD，1955 年大事年表）[40]

這一砲戰就變成了毛蔣的意志決鬥。一個藉這些島嶼作跳腳石，要拿下臺灣；一個要用這些島嶼，作為打回大陸的跳板。這危機立即將美國及蘇聯捲入其中。美國認為這些島嶼在地理上既然屬於大陸，距離臺灣過遠，防守極為困難，一再要求蔣撤回守軍，以便加強臺灣本身的防禦力量。蘇聯是中共盟邦，全力支持毛的砲戰海島之舉。這在下一章將繼續討論。

蔣當時體會到，毛發動砲戰有一個近程目標，這就是阻止美國與國府簽訂互助安全條約（CKSD，11/14/54，11/30/54，月底反省）。美國情報機構及西方許多學者都同意這一看法。[41]美國在韓戰中認識到，以蘇聯為首的國際共產集團，正全力擴展勢力，因此決心建立西太平洋反共聯盟，以為對抗。在一九五一年至一九五三年分別與日本、菲律賓、韓國、澳大利亞及紐西蘭簽訂雙邊安全互助條約，但是沒有包括臺灣在內。因此，蔣在一九五三年提議簽立安全條約，彌補反共防禦線的顯著漏洞。當時美國國務卿杜勒斯覺得，國府尚在內戰之中，無法確定其管轄範圍，作為安全條約適用的對象，便把蔣的建議予以擱置。[42]可是金門砲戰，讓杜勒斯以及美國總統艾森豪（Dwight D. Eisenhower）都感覺到，國際共產集團，要在韓戰之後，在臺灣地區展開下一波的攻勢。他們迅速決定與國府簽訂條約，一九五四年十月開始談判，十二月二日即行簽訂。[43]條約規定適用的範圍，就國府來說，限於臺灣本島及澎湖，不包括金門等沿海島嶼。條約有附帶條款，規定國府未經美方同意不可進攻大陸。

正當此時，中共突然加緊對大陳諸島嶼的攻勢。這裡距臺灣遙遠，海空接濟因難，而附近的共軍占有絕對優勢的兵力；據蔣事先的估計，中共「海空軍大我數倍」。（CKSD，5/18/54）共軍於十一月十四日擊沉國軍的太平艦（美國所贈的軍艦），又於一九五五年一月十一日，展開對大陳各島籠罩性的空襲，並繼續擊沉艦艇，更於一月十八日占領其中的一江山島嶼，擊斃全部守軍約一千人。

美國這時緊急呼籲國軍撤退在大陳本島的一萬四千守兵，並願提供海軍保護。在這種惡劣情勢之下，蔣堅持不撤兵，而向美方說明了他的立場。他說，他如果自大陳撤退，美國便會要求他從金門、馬祖撤退。金馬是他無論如何不願放棄的。他告訴美方，只有一種情勢下，他可撤離大陳：這就是美國協防金馬。雙方幾經磋商，於一月底得到祕密諒解，由美國總統書面保證在某種情形下，協防金馬（CKSD，1/31/55，月底反省，2/5/55）。[44] 蔣隨之自大陳撤軍。根據這項諒解，美國國會於一月二十九日通過「臺灣決議案」，授權總統判定敵情；如果他認為共軍進攻這兩島嶼是進攻臺灣的前奏時，即行協防金馬。

蔣的大陳撤退，並未導致共軍緩和對金馬的砲擊，反而加強其攻勢，甚至把這兩島嶼對外的交通線完全切斷，造成一種印象，共軍要從事海陸兩棲攻擊，強行登陸兩島，作為未來攻臺的準備步驟。如果這樣的情勢發生的話，美國必須履行臺灣決議案，直接捲入戰火之中。艾森豪為著避免這種情勢，在一九五五年三月十六日發表談話，說明美國可能使用「技術性的核子武器」，阻止共軍登陸；杜勒斯在同一月中，也說出同樣的話語。[45]美國最高當局這樣嚴重的警告，發生了效果。共軍逐漸減少砲轟，到五月一日完全停止。

就這樣，臺灣海峽大體上過了四年平靜的日子。可是一九五八年八月二十三日，毛下令恢復砲轟金馬，造成了第二次危機。這一次規模遠較第一次為大；在第一天之中，就炸死了金門的三位防衛副司令，也炸傷了國府的國防部長俞大維。蔣在第一次危機時，就開始加強金門防禦工事，在岩石山中挖出軍用通道及倉庫，增兵到五萬五千人，在第二次砲戰之前的前三天，蔣親到金門視察，並已增兵到十萬人。[46]

面對中共兇猛的第二次砲轟，[47]美國感覺到要協防金馬，必須派兵前往這兩島，如此便有擴大與中共軍事衝突之勢，產生無以估計的後果。因此，再度勸說蔣撤兵。蔣不為所動。他認為金馬的保有，直接影響臺灣的安全。他告訴杜勒斯說：「金馬的失守將予臺灣的民心士氣無可比擬的打擊；結果會導致成臺灣防務瓦解。」[48]如此，將會引起整個東亞的動盪不安。蔣的說法改變了美國原先棄守金、馬想法。艾森豪、杜勒斯，以及國防部軍事首長一致認為，在中共武力威脅之下而撤守金馬，「將會對一個在臺灣的反共而親美的政府發生不利影響，削弱其威信及軍力，並使其遭遇內部的顛覆或軍事活動，要求其與中共合作，驅除美國勢力於境外。」這樣的演變「將會損害包括日本、南韓、菲律賓、泰國及越南在內的反共防綫。」[49]於是，美國態度轉向強硬，不僅是像一九五四危機時，說出可能使用核武，協防金馬，而是從事準備使用這項武器。杜勒斯於九月四日，經過艾森豪授權，發表聲明：「我們已經確認保障金門與馬祖的安全已經與防衛臺灣相關聯……鑒於美國已作應有的軍事措施，總統一旦有所決定，隨時即會開始有效的行動。」[50]換言之，美國總統可能立即引用臺灣決議案，協防金馬。

據美國解密文件顯示，杜勒斯所說的「應有的軍事措施」，是指已經完成使用核武的準備工作。美國聯合參謀首長主席奈善。杜寧（Nathan Twining）在一九五八年九月二日（也就是第二次砲戰開始後第九天）報告說，美軍已準備好「用小型原子彈轟炸中共空軍機場及沿海砲兵陣地」。[51]另外，美軍開始供應臺灣兩項新式武器，大幅地增強防衛力量：在金門裝備可以使用原子彈頭的八吋口徑大砲，並予國府空軍裝備響尾蛇（Sidewinder）飛彈。這兩種武器的威力非常強大，足以改變海峽軍事平衡，有利國軍。中共觀察到在戰局中無以致勝，在十月六日停止全面砲轟，隨之改成單日砲轟（發射宣傳品），雙日停轟。後來全部停止。

蔣處理兩次金門危機時與美國的談判，得到可以說是外交上的勝算。他用「臺灣防務瓦解」這一說法，使得美國予他相當重大的外交與軍事援助。他使用他在抗戰時應對美國的一樣的作法，用未來可能的演變，促使美國滿足他現實的需要。在抗戰時，他以中國可能敗於日本以及在戰後協助美國對付蘇聯的說法，讓羅斯福確信，給予中國大批軍經援助，符合美國利益。現在，他用金馬失守，可能導致臺灣未來的潰敗，進而損害美國的亞洲的反共布局，這一說法，讓艾森豪及杜勒斯相信，簽訂安全條約保護臺灣，通過法案協防金馬，也是附合美國利益。結果他得到他迫切需要的美國奥援。

當然，他付出了相當的代價。他失去大陳諸島，遭受慘重的軍事首長及士兵的傷亡，以及船艦與戰機的損失。在與美國協商時，他也作出幾項讓步：不經美方同意不可進攻大陸以及不得自臺灣調動軍隊前赴金馬，承諾以政治方式，而不以軍事方法，實現大陸與臺灣的統一。[52]

但是，他的收穫，遠大於他付出的代價。毛的幾十萬噸炮彈以及盟邦一再要求撤守的重大壓力，都不能迫使他放棄金馬，直至今日國府仍然保有兩島。在全世界的觀察之下，他贏了與毛意志決鬥的這一回合。就整個冷戰歷史來看，他之保有金馬，與西方國家保有西柏林，有同樣的象徵性與實質性的價值。

蔣就金門危機與美國協商時，是以弱勢的地位，向他依賴的超強作討價還價之舉，得到了勝算；但這是他在臺灣的歲月中，幾乎是僅有的一次。

反攻企圖

蔣雖然遭受非經美國同意不得以武力反攻大陸的限制，但從未放棄這種企圖。在韓戰及越南戰爭時，他向美國建議，由國府派兵加入戰爭，以便乘機進攻大陸。美國了然他的心意，拒絕了他的建議。他也曾在中國東南沿海，進行游擊隊活動；大陳一度就是國府游擊隊的基地。[53] 一九五一年，國軍在內戰末期撤入緬甸的殘餘部隊曾侵入雲南；一九五三年，國軍曾進攻福建廣東交界的東山島；另外還有各種突擊隊活動。[54] 所有這些活動，都因為共軍在海岸的嚴密封鎖，歸於失敗。

美國對於國軍的這些活動，態度變動不定。在韓戰期間，美國為著牽制中共，曾支援及補給大陳的游擊隊；但在兩次金門砲戰時，則限制國軍採取攻勢行動，以免擴大戰局。之後，蔣在一九六一年，瞞過美國，在臺灣北部山中，設立祕密的「國光計畫室」，由數百位精選軍官組成，設計反攻大陸各種方案；但始終未進入實行階段。[55] 當尼克森於一九七〇年代與中共和解以後，蔣收復大陸的希望，終成泡影。

不變的國際局勢

不論美國對中共採取何種態度，蔣始終堅持國府是國際社會中唯一代表中國的政府。從一九五〇年到一九七〇年，美國大體上支持蔣的立場，排除中共於聯合國之外。可是在一九六一年，因為外蒙古申請加入聯合國一案，國府與美國之間發生外交風波。蔣認為外蒙原是中國的一部分，因雅爾達密約而失去。現在雖然號稱獨立，實為蘇聯的附庸，因此反對其加入聯合國。美國則有不同想法，當時看到中共與蘇聯分裂日趨明顯，打算在地處兩國之間的外蒙，取得「戰略利益」，要與之修好，支持外蒙申請案。蔣堅不同意，他並懷疑美國可能藉支持外蒙申請案，在聯合國推銷「兩個中國」之說。他警告美國，將在聯合國安全理事會行使否決權，阻止美方達到目的；他並且致函甘迺迪總統，聲稱「不能接受『兩個中國』之說，或者任何其他措施，足以影響中華民國政府在聯合國」單獨代表中國的地位。[56]雙方爭執多日，陷於僵局。這時非洲的茅利塔尼亞（Mauritania）也在申請加入聯合國，為絕大部分非洲會員國所支持。蘇聯當時支持外蒙加入聯合國，便藉此機會耍出外交招數，聲稱如果茅國申請案被批准，外蒙申請案必須也被批准；否則將行使否決權，拒絕茅國加入聯合國。這樣便造成非洲國家與美國以及國府之間的緊張關係。美國針對這種變局，與蔣數度磋商，尋求打開僵局之道。最後雙方同意一項辦法：國府不否決外蒙申請案；美國則公開聲明重申支持中華民國的聯合國席次，並且由甘迺迪私下向蔣承諾，必要時將行使否決權拒絕中共進聯合國。[57]結果，外蒙及茅國便於當年加入聯合國；這項外交風波告一段落。

在處理外蒙事件時，蔣可說是又一次得到外交收獲。他付出的代價小，得到的實際利益大。他沒有否決外蒙申請案，只是「面子上」的損失，而甘迺迪總統阻止中共進入聯合國的承諾，則是他極端希望的事。正如在第一次金門危機時，他用大陳的撤退，換取美國協防金馬的承諾一樣，前者為輕，後者為重。

可是，他這一次的收穫，在十年以後便失去了意義。當美國與中共開始改善關係時，中共不但在一九七一年順利進入聯合國，國府也失去了在聯合國的席次。甘迺迪對蔣的承諾成為空洞之詞，因為繼任的美國總統尼克森，沒有履行這項承諾。在這一事件上，有一歷史細節，須要加以說明。根據解密的美國國務院文件，美國在一九六九年與一九七一年之間，觀察到中共加入聯合國是不可避免之事，的確提出過「兩個中國」的建議，曾與國府多次磋商，希望在聯合國中維持中共與國府的雙重代表制。[58] 蔣認為這樣的辦法，等於承認中共為中國的合法政府，妨害他反攻大陸的計畫，一再加以拒絕。[59] 事實上，中共也絕對反對這一辦法，雙重代表制根本無從實現。

國府隨著失去聯合國的席次，遭受一連串的外交重創。大批的國家與國府斷絕外交關係，轉向承認中共。在一九七〇年，六十六個國家承認國府；到了一九七一年減少為五十五個；在一九七二年，四十二個。反之，四十七個國家在一九七〇年承認中共；到了一九七一年，增加為六十五個；在一九七二年，再增加為八十六個。[60] 在以後幾年中，承認國府的國家繼續減少，到三十個以下，直到今日。

國府這些外交挫折，當然是因為美國改變對中共的立場才發生的。尼克森在一九七二年訪問北京時，答應中共與美國關係正常化的三項條件：與國府斷交，廢除安全條約，自臺灣撤出美軍。蔣也當然了解，美國改變對中共及國府的立場，不是因為他曾作出對美不利的措施，而是因為美國要應對各種重大情勢的演變，包括中共與蘇聯的交惡，美國打算從膠著的越南戰爭退出，以及尼克森連任總統的需求。在這種情形之下，一向依賴一個超強的國府，在外交上，正如尼克森手下推動與中共和解的一位顧問，約翰．霍爾奇（John Holdridge），所說除了接受現實之外，「沒有別的路可走。」[61]

從一九六〇年代開始，國府也曾試圖開展多邊外交關係，以避免陷於國際孤立。譬如，在承認中共的國家中設立非官方代表機構；推廣國際文化交流活動；參加非官方國際組織；給予非洲及拉丁美洲國家農業、技術、醫藥等方面的援助；甚至協助新加坡訓練空軍。[62]這些非正式或彈性外交活動，開展了國府的國際空間，但無以挽救其在世界政治權勢中的衰落。就蔣來說，他很少過問這些活動，逐漸由接掌政權的蔣經國綜理其事。[63]

未曾打出的蘇聯牌[64]

在蔣的生命末期，他作出了最後一次的多邊外交的嘗試，以期達到他夢寐以求的願望。

中共與蘇聯決裂將近十年的時候，一位可能與蘇聯情報機關（KGB）有關連的《倫敦晚報》

（London Evening News）記者維克多．路易士（Victor Louis）於一九六八年十月，在臺灣作了十天的訪問，會見了國防部部長蔣經國。他聲稱代表蘇聯當局，提出一項不可思議的建議……要與臺灣合作進攻大陸。這件事當時曾受到世界各地媒體報導及多方學者的分析。[65] 但是直到二〇〇九年，蔣介石日記全部公開以後，國府與蘇聯的交往的詳情才聞知於世。

當蔣接到路易士來訪報告之後，他立即親自接管此事，把當時的有關情勢作出客觀合理的判斷：

匪俄〔蘇聯〕盟約未廢棄以前，我……無法與俄公開往來……我空軍力量不足，無法登陸討毛，且匪有中程飛彈與核武基地，我亦無法破壞……我未占領大陸重要據點以前，無法脫離美國海空軍之控制……〔俄〕派員來臺〔商談〕如何共同倒毛計畫，此時為倒毛最易之時，不應誤此機會。（CKSD，10/26/68，上星期反省錄）

從此之後到一九七二年，他在日記多次記載與蘇聯交往經過。

蔣指派前行政院新聞局局長魏景蒙，在臺北、維也納、義大利與路易士進行談判。雙方還在世界各地廣泛接觸，牽涉到許多外交及其他人員，包括在紐約的王叔銘（時任國府聯合國首席軍事代表、前國府參謀總長）及蘇聯軍事代表；在東京的國府駐日大使彭孟緝與蘇聯大使；在墨西哥市的國府駐墨西哥大使陳質平與蘇聯大使；在西柏林的臺灣記者宋風思及蘇聯人員。（CKSD，1/9，

24/69，3/4/69，9/21/69，10/3/69）[66]

蔣決定令魏景蒙與路易士磋商具體方案。根據蔣的日記，路易士於一九六九年四月提出下列主要建議：「〔雙方在〕無條件、互惠互諒之下進行〔協商〕……彼此不牽涉內政〔問題〕……〔蘇聯不在大陸設立〕任何方式之政府與軍隊；蘇聯只對〔國民黨〕中央政府援助，不能援助其他黨派。」（CKSD，4/13/69）這時，為著避免美國發生疑慮，蔣知會了美國駐國府大使馬康衛（Walter McConaughy）關於與蘇聯接觸經過。美方表示了「不反對亦不贊成」的立場。（CKSD，4/23/69）

一九六九年春，中共與蘇聯在珍寶島（蘇方稱為Damansky）發生嚴重軍事衝突，雙方的關係急劇惡化，在彼此邊境上各自集結數十萬軍隊，呈現大戰一觸即發之勢；同時，蘇聯積極考慮應否先發制人，攻擊中共核武基地。當時，路易士加緊與魏景蒙商談，積極推動軍事合作。然而，蔣一直存有戒心，估計蘇聯急欲與國府合作，甚至「不惜借給我基地」，以便進軍新疆；並「以武器誘我」。但「並無〔合作〕誠意……其最後目的，仍將另造新中共以統治中國。」（CKSD，5/25/69）隨後他記述道，路易士要求國府提出所需軍火數目清單」，以備俄方供應；承諾直接運送武器到「我登陸附近〔之〕處」；並且將「製造邊境事件」，以配合國府軍事行動。（CKSD，6/16/69）

九月初，蘇聯可能攻擊中共核武基地的傳說，再度囂塵國際；蔣推測道，俄國「與我合作之目的唯摧毀匪之核子設施為第一；以共同倒毛為次要問題；至於國共聯合政府亦在其考慮問題之一耳。」（CKSD，9/6/69）正當雙方密切商談之時，蔣突然在一九六九年九月十六日，遭遇嚴重車禍，大量失血。但他非常關注此事，三日之後，他尚在醫院之中，即「悉心研究」俄方草案。（CKSD，9/19/69）他擔心中共是否會先行「用其近程或中程原子彈向我襲擊」；但繼而又思索道：「匪如襲我，俄或藉口襲彼，因此不敢襲我乎？」（CKSD，9/23/69）不論怎樣，蔣留心觀察這方面的演變，得知中共於九月二十二日在新疆作地下核武試爆，於九月二十九日作空中第九次核武試爆。（CKSD，9/27，29/69）他進一步考慮，如何摧毀中共在長江以南的核武基地，以免除對臺威脅（CKSD，9/30/69，本月反省錄）。

這時，蔣決定必須與蘇聯進行慎重而切實的談判，提出幾項基本原則：

◎〔中國〕外交完全獨立自由，不〔受〕任何約束。

◎〔中國〕內政……不受任何干涉，領土完整。

◎〔國府〕光復大陸後，中國領土……〔不得〕為任何國家之反蘇基地.

◎〔國府〕決不與任何國家訂立反蘇盟約。

◎在中國鄰〔蘇聯〕省〔分〕開發經濟，由中蘇合作，以平等互助原則〔進行之〕。（CKSD，9/30/69，本月反省錄；其中詞句稍有更動，以求達意，並免重複）

蔣提出前兩項原則的目的，是在維持國府的獨立，不致因為與蘇聯的軍事合作，淪為其附庸；後三項是蔣給予蘇聯的優惠條件，以期促成彼此聯合進攻中共。

可是正當蔣趨向積極談判時，蘇聯態度卻轉為冷淡。路易士以往總是迫不及待地要與魏景蒙相會，可是他原定於十月與魏在義大利相會，卻行爽約。這以後有很長的一段時期，蔣沒有在日記中再提此事。到了一九七〇年四月，他發現「俄共對我態度變化莫測」。同時，他已注意到，「俄自〔共〕邊境自動撤兵三十哩。」（CKSD，4/4/70）在以後兩年中，國府與蘇聯仍有聯絡，但是接觸次數愈來愈少，終歸於無。

國府與蘇聯談判之所以沒有結果，有兩點原因。首先是蘇聯決定緩和與中共緊張關係。一九六九年九月蘇聯首相阿列克思・柯西金（Aleksei Kosygin）前赴北京與周恩來會談，商討如何解決兩國邊界爭執問題。蔣相信這是路易士爽約的原因。（CKSD，10/31/69，本月反省錄）蘇聯與中共經過一年多的談判，得到協議，於一九七〇年十二月十八日簽訂了一項條約，解決了這方面的爭端，減低了戰爭氣氛。因此，蘇聯就不再積極尋求與國府的軍事合作。

然而，這項邊界條約並沒有消除蘇聯與中共的敵對關係，所以蘇聯仍舊與國府聯絡。路易士曾和魏景蒙重新相會；（CKSD，11/7/70，12/5/70，10/25/71）大使級的協商也繼續在墨西哥市及東京進行。（CKSD，4/4/70，週末反省；11/16/70，11/17/71，3/30/72，4/21/72）所有這些會談，都沒有導致國府與蘇聯的軍事合作。這也是第二個原因所造成的結果：蔣始終懷疑蘇聯的誠意。他警告自己說，「俄人……狡猾及其情報手段無常，不可不嚴防其獪詐也。」（CKSD，5/10/69，週末反省）這是他為什麼命令魏景蒙，不要交出國府所需要蘇聯供應武器的清單，以免受其挾制。他並且提到明朝末年，吳三桂邀滿清入關，而導致明朝滅亡的事例，引為前車之鑑，決不可因與蘇聯合作進攻中共，而把自己變成為現代的的吳三桂。（CKSD，7/15/70）他雖然有這樣的顧慮，但仍然繼續與蘇聯來往，因為他認為收復大陸幾乎是與他的生命同樣重要的目標，必須竭盡所能，求其實現。他說，「凡有助我光復〔大陸〕……者，皆應為我友。反之，則為仇也。應以此作為我今日外交方針。」（CKSD，1/29/70）

在後來的談判中，他發覺「俄共必欲以美為敵……並對我表示，以反對美國為中俄合作之唯一條件。」他認為這樣可能引起美蘇之戰，讓中共收漁人之利。他說，這簡直是「不可想像之事也。」（CKSD，6/20/70，週末反省）蔣在一九七一年一度陷入重病，在掙扎中警惕自己：「俄國欲誘我以……〔敵〕對美。切勿為其所動也。」（CKSD，6/22/71）

他決定關閉蘇聯之路。在當時國際權力政治中，正流行「打牌」的術語，表示一國要利用另一國牽制第三國。譬如，美國曾「打中國牌」對付蘇聯。在路易士引起的的國際博奕局勢中，蔣想要重作多邊外交之舉，打「蘇聯牌」對付中共，但因為客觀與主觀條件未臻成熟，未曾打出手。

外交消沉

蔣在他的第一階段外交生涯中，表現出他深度地了解變幻的國際局勢，具有長程眼光，經常提出創見性的政策；而最值得注意的是，他以弱國領袖的地位，周旋於列強之間，得到他所未預期的非常成就。可是，在他的第二階段外交生涯中，他的表現一落千丈。他把抗戰時辛苦得來外交成就，轉讓予毛之手；他撤退到臺灣後，再沒有作出一項可媲美過去的外交建樹。相反地，他喪失了軍事上的自主權，受美國的限制不得進攻大陸；眼看著毛取得大量核子武器，自己連研究發展的權利都沒有；他被迫把聯合國的席次讓予中共；他失去了幾十個邦交國家；最後困居海島，沒有一個大國願與他來往；而他的「忠實友人」尼克森，更親赴北京，與他的世仇大敵修好言和。

仔細觀察蔣在第二外交階段中的消沈，並不是如批評他的人所說的一樣：他沒有應對惡劣國際現勢的能力。事實上，就兩次金門危機以及外蒙申請加入聯合國一案兩事件來看，他仍如抗戰時一樣，在以弱求強的情勢下，表現出討價還價的技巧，他以小的代價換得大的成果。他在處理擬議中的蘇聯與國府軍事合作一事時，已是在他的生命末期，病痛在身。可是他對當時蘇聯、中共、美國與國府之間的錯綜複雜關係，有非常客觀而銳利的分析；對中共核武發展與布置，掌握著及時的訊息；對分布在亞洲、歐洲，及拉丁美洲的國府人員，與蘇聯談判時，作出合宜的指示；對談判的各種後果，都有周到的設想。他的這些外交作為，說明了他老而彌堅，也的才幹未曾稍減。

那麼，他在第二階段中外交失利的原因是什麼？原因也許很多；兩點可能最為重要。其一是，第二次世界大戰以後的國際局勢發生了劃時代性的變化。在這以前是多國強權時代。就蔣來說，他所應對的強國至少有日本、蘇聯、英國與美國；或許加上德國。他可以利用各國之間時而合作，時而衝突的關係，作出有利中國的交易。在大戰之後，美、蘇對立的兩元強權之局出現，國府在外交上依附於美國這一超強；蔣便失去多邊外交的機會。當美國轉向與他的對手修好時，他失去了轉寰的餘地。試看當路易士把蘇聯牌擺上桌面時，他幾經思索，最終還是怕開罪美國，沒有打出這牌。

第二點原因，也是最明顯的原因，是他失去了大陸。這是一個地廣人稠，具有龐大而未開發的自然及人力資源的國度。在國際政治的交易中，是一個很大的籌碼；他失去了大陸，便失去這籌碼。他後來據有的臺灣，在面積方面僅及大陸千分之三，這籌碼是無可比擬的微小了。如果外交具有一種賭博的性質的話，蔣到臺灣時，已輸掉他大部的賭本；而他的對手中共、蘇聯及美國 都擁有很大的賭本，他不可能獲得勝券。

❖ 注釋

❶ Hsü, The Rise of Modern China, pp. 495-96.

❷ William C. Kirby, "The Internationalization of China: Foreign Relations at Home and Abroad in the Republican Era," in Frederic Wakeman, Jr. and Richard Louis Edmonds, eds., Reappraising Republican China (Oxford: Oxford University Press, 2000), pp. 179-204.

❸ 陶文釗，楊奎松，王建朗，《抗日戰爭時期中國對外關係》，北京：中共黨史出版社，一九九五年，頁四三六～四五三；蔣建農，王宏斌，《毛澤東外交生涯第一幕》，長春市：吉林人民出版社，一九九九年；and Chen Jian, Mao's China and the Cold War (Chapel Hill: The University of North Carolina Press, 2001), pp. 41-43.

❹ 參看 Taylor, The Generalissimo, pp. 403, 433-34.

❺ 高朗，《中華民國外交關係之演變（一九五〇～一九七二）》，臺北市：五南圖書出版有限公司，一九九三年，頁三二；and Taylor, The Generalissimo, p. 512.

❻ 引自李志綏，《毛澤東私人醫生回憶錄》，臺北：時報文化，一九九四年，頁自序、十五。

❼ 參看中國第二歷史檔案館，南京，《國民政府檔案》，微縮號 16J2803，案卷號三八九。

❽ 《毛澤東外交選》，頁一四五。

❾ 蔣與毛當然都是以大漢民族的觀點，來看西藏問題。

❿ 有關臺灣試圖祕密發展核武的報導，非常之多。以下文件比較詳實：David Albright and Corey Gay, "Taiwan: Nuclear

Nightmare Averted," Bulletin of the Atomic Scientists, Vol. 54, Issue 1 (Jan/Feb 1998): 54-60; William Burr, ed., "New Archival Evidence on Taiwanese 'Nuclear Intentions,' 1966-1976," National Security Archive Electronic Briefing Book, No. 18, October 13, 1999. http://www.gwu. edu/~nsarchiv/NSAEBB/NSAEBB20/; and Ta-you Wu, "A Footnote to the History of Our Country's 'Nuclear Energy' Policies." http://www.fas.org/nuke/ guide/Taiwan/ nuke/index.html.

⓫ 蔣在一九二〇年代末期曾遭遇過兩項外交事件，一項是北伐時，國民革命軍與日軍於一九二八年在濟南的衝突。另一項是國府於一九二九年在東北與蘇聯的衝突；當時國府打算接收中東鐵路，引起蘇聯軍事干涉。蔣在兩次事件中，涉入不深，為時短暫。見陸衛明，《蔣介石的外交祕聞》，長春市：吉林人民出版社，一九九九年，頁三二～四三；洪鈞培，《國民政府外交史》，臺北縣：文海出版社，一九六八年，頁一六五～一九四。

⓬ 除這四國之外，德國曾一度與中國發生密切關係。在一九三〇年代曾出售軍火給國府，並派遣軍事顧問團來華，協助蔣圍攻江西的共軍。但是抗戰開始後，德國因為與日本結盟關係，對華的影響不大。參看 William C. Kirby, Germany and Republican China, Stanford: Stanford University Press, 1984；馬振犢，戚如高，《蔣介石與希特勒：民國時期的中德關係》，臺北市：東大圖書公司，一九九八年。

⓭ 張玉法，《中國現代史》，臺北：敦煌書局，一九七七年，頁五九四～五九五。

⓮ 蔣未曾解釋他為何有這種看法。他曾認為日本內部有資本家與少壯軍人的爭執，又有海陸軍之間的「南進」，與「北上」政策分歧（從事海洋或大陸戰爭），因而未能採取堅定強硬的外交政策。

⓯ 林思雲，〈中日戰爭的前夜〉，二〇〇二年一月二十七日。http://www.ommitalk.com/miliarch/gb2b5.p1?msgno=messages/1894.html；楊天石，《找尋真實的蔣介石》，香港：三聯書店，二〇〇八年，頁二三一～二三四；蔣緯國，《我的父親蔣中正》，香港：東方出版社，一九九八年，頁六一七；馬振犢，《中國的抗日戰略》；楊天石，臧運祜，《戰略與歷次戰役》，北京：社會科學文獻出版社，二〇〇九年，頁七六～七九、一六二～一六三；Hsi-sheng Ch'i, Nationalist China at War: Military

Defeats and Political Collapse, 1937-45 (Ann Arbor : University of Michigan Press, c1982), pp. 41-42; and Jonathan Fenby, Chiang Kai-shek, China's Generalissimo and the Nation He Lost (New York: Carroll & Graf Publishers, 2004) , pp. 296-97.

⑯ 有關中日在香港之非正式談判，見楊天石，《找尋真實的蔣介石》，頁二五三～二九六；王建朗，《抗戰初期的遠東國際關係》，臺北：東大圖書公司，一九九六年，頁一四三、一四四、二一五。

⑰ Maochun Yu, The Dragon's War: Allied Operations and the Fate of China, 1937-1947 (Annapolis, MD: Naval Institute Press, 2006), p. 13; and Zhang Baijia, "China's Experience in Seeking Foreign Military Aid and Cooperation for Resisting Japanese Aggression," unpublished conference paper, January 2004, p. 6.

⑱ Taylor, The Generalissimo, pp. 301-03.

⑲ See Nicholas Tarling, Britain, Southeast Asia and the Onset of the Pacific War, Cambridge: Cambridge University Press, 1996; and Alan K. Lathrop, "The Employment of Chinese Nationalist Troops in the First Burma Campaign," Journal of Southeast Asia Studies, 12, No. 2 (September 1981): 409-10.

⑳ Conversation between Roosevelt and T. V. Soong, Special Representative of Chiang Kai-shek in Washington, on July 16, 1943, as recorded by Soong. See T. V. Soong Collection, Hoover Institution Archive, Stanford University, Box 62, File 11.

㉑ Conversation between Roosevelt and T. V. Soong, Special Representative of Chiang Kai-shek in Washington, on August 30, 1943, as recorded by Soong. See T. V. Soong Collection, Hoover Institution Archive, Stanford University, Box 62, File 11.

㉒ Telegram from T. V. Soong to Chiang Kai-shek, dated August 17, 1943, in T. V. Soong Collection, Hoover Institution Archive, Stanford University.

㉓ Quoted in Paul H. Tai（戴鴻超）, "Talents v. Weakness: A Documentary Research on T. V. Soong in Washington in 1943," 吳景平

編，《宋子文與戰時中國（一九三七~一九四五）》，上海：復旦大學出版社，二〇〇八年，頁三三。

㉔ 直到最近，西方學者及新聞從業員有關史迪威的著作，多從史迪威的觀點，從事分析與評論。例如，Theodore H. White, ed., The Stilwell Papers. New York: W. Sloane Associates [1948]; and Barbara W. Tuchman, Stilwell and the American Experience in China, 1911-45. New York: Macmillan [1971] 最為顯然。現有以下論著，持截然不同的觀點，值得參考對照：Van de Ven, War and Nationalism in China, pp. 19-63; Taylor, The Generalissimo, pp. 194-295. Maochun Yu, "Foreign Military Aid and Assistance," Conference on the Military History of the Sino-Japanese War of 1937-1945, January 7-10, 2004, sponsored by the Asia Center, Harvard University.

㉕ Reflecting this view were the remarks of Bill Donovan, Director of U.S. Office of Strategic Services during the Second World War: "China is by far the largest and most important area outside of the Western Hemisphere in which the United States has the predominant interest. The interest is political, military and economic, as the United States wishes to aid in the creation and maintenance of a strong, unified and friendly China. China is, however, surrounded by powers whose interests are not necessarily the same as those of the United States. The most important of these are Russia on the north and west, the British, Dutch and French colonial empires on the south, the Japanese on the east." Quoted in Maochun Yu, OSS in China: Prelude to Cold War (New Haven: Yale University Press, c1996), p. 209.

㉖ Hsiao-ting Lin has done several path-breaking studies on the Nationalists' penetration of the frontier belt and inner belt of Chinese lands during the Chinese-Japanese war. Much of the discussion in this part of the present book is inspired by his works, particularly the following: Tibet and Nationalist China's Frontier, Intrigues and Ethnopolitics, 1928-49, Vancouver, Canada: UBC Press, 2006; "War or Stratagem? Reassessing China's Military Advance towards Tibet, 1942-1943," The China Quarterly (2006): 446-62; "From Rimland to Heartland: Nationalist China's Geopolitics and Ethnopolitics in Central Asia, 1937-1952," The International History Review, Vol. 30, No. 1 (March 2008): 52-75.

㉗ Lin, "War or Stratagem?" p. 461.

28 試舉一例，可以看出蔣對外交事務的特別關注。他在一九四一年十一月分的日記中，記述中美關係者，達二十五天之多。張俊義，《一九四一年太平洋戰爭爆發前後國民政府力阻美日妥協之努力》，中國社會科學院近代史研究所與美國史丹佛大學胡佛研究院聯合主辦，民國人物與民國政治國際學術研討會，北京：二〇〇八年十一月一及二日，頁一。

29 Agreed John Garver, "There should be no doubt that Chiang Kai-shek was a hard and effective bargainer on China's behalf." John W. Garver, "China's Wartime Diplomacy," in James C. Hsiung and Steven I. Levine, eds., China's Bitter Victory: The War with Japan,1937-1945 (Armonk, N.Y.: M. E. Sharpe, c1992), p. 28.

30 李勇，張仲田，《蔣介石年譜》，頁三一三。

31 United States, Department of State, United States Relations with China (Washington: Government Printing Office, 1949), p. xvi.

32 李勇，張仲田，《蔣介石年譜》，頁三一三、三八五、三八七。

33 United States, Department of State Bulletin, January 16, 1950, p. 79.

34 Tang Tsou, America's Failure in China, 1941-50 (Chicago: University of Chicago Press, 1963), pp. 513-20.

35 United States, Department of State Bulletin, January 23, 1950, p. 115.

36 Chinese Communist troop strength was based on estimate of U.S., Central Intelligence Agency, "Prospects for an Early Successful Chinese Communist Attack on Taiwan," July 26, 1950, IM-312, D/FE. Cited in Taylor, The Generalissimo, p. 430.

37 此節之撰寫，曾參閱張淑雅的專著多篇，特在此致謝。筆者與專著中部分觀點，未盡相同。張淑雅，〈臺海危機前美國對外的政策（一九五三～一九五四）〉，《中央研究院近代史研究所集刊》，第二三期，民國八十三年六月，頁二九五～三三〇；〈安理會停火案：美國應付第一次台海危機策略之一〉，《中央研究院近代史研究所集刊》，第二二期下，民國八十二年六月，頁六三～一〇六；〈金馬撤軍?:美國應付第一次臺海危機策略之二〉，《中央研究院近代史研究所集刊》，第二四期上，民國八十四年六月，頁四一三～四七二；〈中美共同防禦條約的簽訂：一九五〇年代中美結盟過程之探討〉，中央研究院《歐美研究》，第二四卷第二期，央研究院，民國八十三年六月，頁五一～九九。

38 這三組島嶼的總面積，約為二百平方公里；金門占其中一百五十平方公里。

39 兩次金門砲轟的規模非常巨大，為現代戰爭史中少見。第一次炮戰時，中共發射金門一島的砲彈約為七萬發。第二次炮戰的規模更為龐大。中共在四十四天之中，發射四十七萬四千九百一十砲彈於各島之上；在金門本島，每一平方公里，平均落彈一千四百七十二發。王叔銘，〈八二三臺海戰役作戰檢討總講評〉，《國軍戰史叢書（四）：八二三臺海戰役》，頁三六七～三六八。

40 蔣在一九五八年第二次金門危機時，重述他希望中共進攻金門之意。「金門乃為引鈞匪之香餌，〔撤退來臺的〕九年苦痛，〔第一次金門危機之後的〕四年忍耐。此次如不能誘其上鉤，恐再無此良機矣。」（CKSD，8/26/58）

41 參看 "Special National Intelligence Estimate, Washington, 4 September 1954: The Situation with Respect to Certain Islands off the Coast of Mainland China," United States, Department of State, Foreign Relations of the United States [hereafter cited as FRUS], 1952-1954, Vol. 14, Part 1, pp. 563-69; Thomas E. Stolper, China, Taiwan, and the Offshore Islands: Together with an Implication for Outer Mongolia and Sino-Soviet Relations (Armonk, NY: M.E. Sharpe, c1985) pp. 26, 36-39; Steve Tsang, The Cold War's Odd Couple: The Unintended Partnership between the Republic of China and the UK, 1950-1958 (London: I. B. Tauris, 2006), p. 117; and Gordon H. Chang and He Di, "The Absence of War in the U.S.-China Confrontation over Quemoy and Matsu in 1954-1955: Contingency, Luck, Deterrence?" The American Historical Review, Vol. 98, Issue 5 (December 1993): 1508-09. For Mao's view on this subject, see next Chapter.

42 See the Nationalist China's ambassador to the United States Wellington Koo's conversation with Dulles on March 19, 1953, in ibid., p. 158.

43 "Memorandum of Conference [of Dulles] with the President, The White House, October 18, 1954," and Memorandum of Conversation, by the Assistant Secretary of State for International Organization Affairs (Key) [Washington,] October 18, 1954," FRUS, 1952-1954, Vol. 14, Part 1, pp. 770-75.

44 See also "[Dulles'] Memorandum of a Conversation, The White House, January 19, 1955," FRUS, 1955-1957, Vol. 2, pp. 42-43; and Stolper, China, Taiwan, and the Offshore Islands, pp. 69-70.

45 Dwight D. Eisenhower, The White House Years (Garden City, N.Y. : Doubleday, 1963-65), Vol. 1, p. 477, and Vol. 2, pp. 691-92; "Memorandum of a Conversation between the President and the Secretary of States, Washington, March 6, 1955," FRUS, 1955-1957, Vol. 2, pp. 336-37.

46 Taylor, The Generalissimo, p. 494; and Steve Tsang, "Chiang Kai-shek and the Kuomintang' s Policy to Reconquer the Chinese Mainland, 1949-1958," in Steve Tsang, ed., In the Shadow of China: Political Developments in Taiwan since 1949 (Honolulu: University of Hawaii Press, 1993), p. 57.

47 有關第二次金門砲戰規模，見注釋三九。

48 "Memorandum of Conversation [between Chiang and Dulles], Taipei, October 21, 1958," FRUS, 1958-60, Vol. 19, p. 419.

49 "Memorandum Prepared by the Secretary of State Dulles, September 4, 1958," FRUS, 1958-1960, Vol. 19, pp. 131-34. See also Eisenhower, The White House Years Vol. 1, pp. 474, 495; and Vol. 2, p. 691.

50 "White House Press Release: Statement by the Secretary of State, September 4, 1958," FRUS, 1958-1960, Vol. 19, p. 135.

51 "Memorandum of Conversation, September 2, 1958," FRUS, 1958-1960, Vol. 19, pp. 118 and 120. Recent declassified U.S. government documents revealed in detail the types of nuclear weapons to be used in the crises and the locations where they were readied

for operation. See Hans M. Kristensen, "Nukes in the Taiwan Crisis (May 13, 2008)." www.fas.org/blog/ssp/2008/.../nukes-in-the-taiwan-crisis.php.

52 See Dulles' statement on Chiang's concessions, see FRUS, 1955-1957, Vol. 2, p. 277; and also Chiang-Dulles "Joint Communiqué, Taipei, October 23, 1958," FRUS, 1958-1960, Vol. 19, p. 444.

53 《胡宗南上將年譜》，頁二七八～二九四。

54 John W. Garver, The Sino-American Alliance: Nationalist China and American Cold War Strategy in Asia (Armonk, N.Y.: M.E. Sharpe, c1997), pp. 76-77, 99-109.

55 林博文，《一九四九石破天驚的一年》，臺北：時報文化出版社，二〇〇九年，頁二〇九～二一一。

56 引自"Telegram from the Department of State to the Embassy in the Republic of China, Washington, April 5, 1961" FRUS, 1961-1963, Vol. 22, p. 46。

57 見"Telegram from the Department of State to the Embassy of the Republic of China, Washington, October 16, [1961]," ibid. p. 160; and CKSD, 10/20/61。

58 見"Response to National Security Study Memorandum 107, Washington, Undated," U.S. National Archives, RG 59, S/S Files: Lot 80D 212, National Security Files, NSSM 107, Secret。

American diplomats detected in 1969 that the Soviet Union, because of the then intensified Sino-Soviet conflict, preferred to keep Communist China out of the UN for a while. In their "private statements," Soviet diplomats at the UN expressed a mild support of the idea of dual representation. See "Telegram from the [U.S.] Department of the State to the [U.S.] Mission to the United Nations, Washington, May 19, 1969," U.S. National Archives, RG 59, Central Files 1967-69, UN 6 CHICOM. Secret.

59 見 “Telegram from the [U.S.] Mission to the United Nations to the [U.S.] Department of State, New York, October 27, 1970,” U.S. National Archives, Nixon Presidential Materials, NSC Files, Box 299, Agency Files, USUN, Vol. V. Secret; and “Telegram from the [U.S.] Embassy in the Republic of China to the [U.S.] Department of States, Taipei, February 1, 1971,” U.S. National Archives, RG 59, Central Files 1970-73, UN 6 CHICOM. Secret. During the Nationalist-U. S. negotiations over the issue of dual representation, Chiang at one time entertained the notion of accepting the idea of dual representation on condition that Nationalist China’ s delegation retain seat in the United Nations Security Council with the veto power. He knew full well such an arrangement would not be acceptable to Communist China. Thus, his endorsement of the idea of dual representation was meaningless, nothing more than a ploy。

60 高朗，《中華民國外交關係》，頁五三。

61 FRUS, 1969-1976, Vol.17, p. 858.

62 David W. Chang and Hung-chao Tai, “The Informal Diplomacy of the Republic of China, with a Case Study of ROC’ s Relations with Singapore,” American Journal of Chinese Studies, Vol. 3, No. 2 (October 1996): 148-76.

63 Taylor, The Generalissimo, p.522; and Jay Taylor, The Generalissimo’ s Son: Chiang Ching-kuo and the Revolutions in China and Taiwan (Cambridge: Harvard University Press, 2000), pp. 292ff. 王文隆，〈蔣經國院長與中華民國外交（一九七二～一九七八）〉，《傳記文學》，第九二卷，第一期，民九十七年一月，頁二二～二八。

64 這一節的初步文稿，先前曾經發表。Paul H. Tai, “The Russian Option,” Hoover Digest, No. 3 (Summer 2010): 182-90. 已得許可重印。

65 見 John W. Garver, “Taiwan’ s Russian Option: Image and Reality,” Asian Survey, Vol. 18, No. 7 (July 1978), pp. 751-66; Michael B. Share, Where Empires Collided: Russian and Soviet Relations with Hong Kong, Taiwan, and Macao (Hong Kong: Chinese University Press, c2007), pp. 203-30; Czeslaw Tubilewicz, “Taiwan and the Soviet Union during the Cold War,” Communist and Post-

Communist Studies, Vol. 38, Issue 4 (December 2005), pp. 457-73; Shaohua Hu, "Russia and Cross Strait Relations," http://www.soas.ac.uk/taiwanstudies/ eats/eats2008/file43181.pdf; and Shin Kawashima, "Soviet-Taiwanese Relations during the Early Cold War," http://www. wilsoncenter.org/index.cfm?topic_id= 1462&fuseaction=topics.item&news_id=538730.

66 此處引用的日期，是指蔣日記的日期，不是各有關人員會面的日期。

第十一章 應對列強（二）

上一章首先說明蔣、毛處理國際事務的相同處，進而集中討論蔣應對列強的經驗。這一章主要部分是在分析毛的外交基本策略，以及應對美蘇兩個超強的具體政策，然後對蔣、毛的外交作為，作一簡短評論與對比。

毛的一、二、三基本策略

前美國國務卿及國家安全助理亨利・季辛吉（Henry A. Kissinger）根據他實地的觀察，說出他對毛澤東與周恩來在外交事務中所擔任角色的看法：「毛是當家老闆，把日常應對的事務都交給周總理去辦……。」他進一步說，毛有點像哲學家，只關心大政方針，不管理外交事務的細節。季辛吉的看法是很適當的。[1] 毛善於綜觀世界全局，提出大戰略的構想，喜歡用數字化加以表達。他當政以後的所有外交作為，可以用他所提出的「一面倒」、「兩個陣營」、「三個世界」，及「戰略三角」，這幾個觀念而貫之。

毛的這些觀念，一如他的其他政治觀念一樣，需要用矛盾論加以闡釋。他把中國所面對的各個國家，簡化成敵國及友國這兩類。友國之間存在著非對抗性的矛盾；彼此能夠和平相處。敵國之間則呈現對抗性的矛盾，不能互為相容，甚至發生戰爭。經過情勢的變遷，友國之間的非對抗性矛盾，會轉化為對抗性的矛盾；敵國之間的對抗性矛盾，也會轉化為非對抗性的矛盾。換言之，友國與敵國之地位，會因時因勢而更換。毛引述中國與日本、英國、美國、蘇聯、德國及義大利在一九三〇年代及一九四〇年代的關係，來說明他的看法。[2]

在處理變動不居的複雜國際情勢時，毛只掌握一個非常簡單的原則。他說，「我們的策略原則，仍然是利用矛盾，爭取多數，反對少數，各個擊破。」[3]用中共的統戰術語來說，這就是聯合友國及次要敵國，打擊主要敵國。[4]

「一邊倒」

在毛的眼中，蘇聯是中共必須聯合的第一個而且也是最重要的友國。所以在一九四九年十二月，中華人民共和國成立後才兩個多月，而中國內戰還沒有結束時，他就應史達林之請，急急地率領一個代表團去莫斯科，協商兩國合作事宜。他在十二月十六日第一次會見史達林時，帶著乞求的心情說道：「這麼多年了，我是長期受打擊……我真想向您訴苦啊……」[5]在以後的會談中，他說明他希望蘇聯答應三件事：與中國簽訂條約以保障新成立政權的安全及尊重中國的權益；給予中國經濟援助以重建多年戰爭所損壞的國家設施；及給予中國軍事援助，以便進攻臺灣，結束內戰。

毛了解史達林不是一個好說話的人，絕對不會平白無故地答應這些條件；所以他是有備而來。他向史達林表示，中國將忠誠無渝地接受蘇聯在國際事務方面的領導，以對抗西方世界霸主的美國。這樣，世界上兩個最強大的共產國家可緊緊結合在一起，掌握著龐大無比的幅員、人口與軍力。在日趨嚴重的冷戰中，使蘇聯先立於不敗之地，進而赤化歐亞，終及全球。毛認為這是他給史達林最貴重的政治禮物。

其實遠在六個月以前，也就是一九四九年六月，毛已經打好腹案，如何與史達林打交道。他在當時宣稱，中國必須「聯合蘇聯，聯合各人民民主國家……結成國際的統一戰線！……必須一邊倒！……中國人不是倒向帝國主義一邊，就是倒向社會主義一邊。絕無例外。騎牆是不行的。」[6]

◎中蘇友誼同盟互助條約（一九五〇）

毛具有這樣斬釘截鐵的心態，向蘇聯輸誠，但沒料到在莫斯科的談判，並不順利。首先，史達林與毛倒是很快地達到結盟的協議；並且取得諒解，在全世界的共產主義運動統由蘇聯領導的前提下，中共負責領導東亞的共產主義運動。可是，蘇聯與國府在一九四五年所簽訂的友好條約，卻成了問題。毛覺得，中共已經全面統治大陸，國府瓦解是遲早的事，中蘇應該簽訂新約以代替舊約，這是順理成章的事。史達林不是這樣的想法，要維持原約不動，因為這樣蘇聯才能保有帝俄時代在中國東北的特權，特別是長春鐵路的管理權以及旅順、大連的租界。

毛希望史達林放棄這些帝國主義的產物；他說中蘇都是社會主義國家，兄弟之邦，應該平等相處。史達林堅不答應，如中國俗語所說，已入虎口之肉，怎能吐出來。他找出一個藉口，想搪塞了事。他說如果廢除一九四五的條約，將違反雅爾達協定，這樣便會給美國理由，要求修改該協定，把日本根據該協定割讓給蘇聯的土地歸還給日本。如此，蘇聯在第二次世界大戰時，出兵戰勝日本的成果，不是白白的犧牲掉了嗎？雙方在這一方面的談判，一時陷於僵局。

史達林對於毛的經濟援助請求，非常爽快，答應貸款三億美元給中國；但是關於軍援問題，則閃爍其詞，說不可貿然決定，要仔細考慮軍援的方式，不要給予美國理由，在中共進攻臺灣時，加以軍事干涉，擴大國際紛爭。[7]

毛對史達林不願放棄在東北特權一事極為不滿。他告訴中國代表團團員說：「在國際交往中，在主權問題上，我們不能讓。要寸權必爭！寸土必得！」他接著加強語氣地說：「尤其是旅順、大連、長春鉄路，這次我們一定要爭回來！」[8]

史達林這時表現了他的專橫態度，把毛安置在一個冰天雪地裡的別墅，享受上賓的待遇，給他個相應不理。後來史達林在他的七十歲生日慶祝會上，及其他會議上，見到了毛，照樣不談條約事。

這才引起毛的怒火。他向蘇聯的聯絡人員伊凡・柯瓦廖夫（Ivan Kovalev）大發脾氣，說道，「你們把我叫來莫斯科，什麼事也不幹……我是來幹什麼的？難道我來這裡就是為了天天吃飯、拉屎、睡覺嗎？」接著他又不客氣地挑明道，「難道我毛澤東來莫斯科，只是給史達林祝壽嗎？」他讓這些話傳給史達林，同時也下令代表團回國，不談了。[9]

毛喜歡鬥爭的性格也在這裡表現出來了。他在外交場合中，用粗話說出了真情，發生了作用。史達林改變了立場，願與毛談新約及放棄蘇聯特權等事。[10] 毛馬上把周恩來召到莫斯科，從事談判細節。結果，史達林作了重大讓步，願意在兩項條件下放棄特權：一個是蘇聯在簽約以後，繼續保有特權三年；一個是中國不得允許第三國在鄰蘇的中國國境中（意指東北及新疆）從事經濟活動。毛認為這些條件無傷中國基本利益，予以接受。於是中蘇友好同盟互助條約在一九五〇年二月十四日在莫斯科簽訂。

多年後，毛回憶他逼迫史達林放棄特權這件事說，「老虎口裡的肉還是可以拿出來的。」[11] 史達林讓了步，這並不單是毛大發脾氣的結果，而是毛的粗魯話語，迫使他把蘇中的關係，仔細盤算一番。[12] 當時是冷戰初期，各有關國家的動向未定；他非常擔心毛走狄托路線。一年多以前，南斯拉夫這一新興的共產國家，本來應該是蘇聯陣營的一員，可是它的領袖約瑟福・狄托（Josef Tito），卻採取非蘇、非美的外交中立政策。現在如果不答應毛的要求，他會不會在國際局勢中，也走獨立路線？如果是這樣的話，蘇聯在共產世界中的領導地位便會遭受極不利的影響。史達林覺得，龐大的共產中國將在東亞共產運動中發生巨大作用，答應毛的要求，保持中國在自己的陣營之中，遠比維持蘇聯在東北的特權為重要。放棄特權也是無可奈何之事。另外，還有一個次要的因素，也在史達林盤算之內。毛沒有要求外蒙重新歸屬中國，算是毛作的好事。否則也是一番麻煩。

現在中蘇新約簽訂了，雙方都得到很重要的收穫。史達林把毛放在自己的陣營之中，進可以在遠東推展共產運動，退可以藉中共之力在亞洲對抗美國。一九五〇年四月毛回國以後，毛解釋道：「這次締結的中蘇條約……使得我們有了一個可靠的同盟國。這樣就便利我們放手進行國內的建設工作。」更重要的是我們「建立〔了〕同盟關係……帝國主義者如果準備打我們的時候，我們就請好了一個幫手。」[13]

◎朝鮮戰爭

一九五〇年的中蘇條約顯示出毛第一次實行了「一邊倒」路線。[14]同年發生的朝鮮戰爭（韓戰）是他第二次遵守這一路線。這年六月二十五日北朝鮮這一共產國家的軍隊在其領袖金日成指揮下，越過北緯三十八度，攻進南朝鮮，戰爭於是爆發。金日成是多年的民族主義者，過去領導反日活動；現在他要用武力，把南北朝鮮在共產主義之下統一起來。

為著要達到這一目的，金日成於一九四九年三月前赴莫斯科，請求史達林支援他預期的戰爭。

當時史達林不願因此引起與美國的衝突，拒絕了這一請求。可是到了次年一月三十日，他突然發電報給金日成，說已決定支持北朝鮮進軍南朝鮮之舉，並且要求金日成與毛商談，尋求毛的支援。[15]多年來許多學者一直研究，為什麼史達林作出這樣影響重大的轉變。研究者共同認為，美國國務卿艾奇遜一九五〇年一月十二日的聲明，把南朝鮮剔除在美國防衛線之外，等於約請北朝鮮南侵；在這樣情勢之下，史達林願意支持金日成。也有人指出，史達林對世仇大敵的日本始終放心不下，一旦其軍國主義復活而威脅蘇聯時，在共產制度下一統的朝鮮半島，可作為第一線的屏障。

最近一位學者，根據解密的蘇聯文件，指出另外一項原因。這就是蘇聯多年以來尋找不凍港的老問題。一九五〇年簽訂的中蘇條約，讓蘇聯把旅順、大連這兩個不凍港，得而復失。因此史達林想到，如果經過他的支持，金日成的統一戰爭得勝，南朝鮮的仁川及釜山兩個不凍港，便可供蘇聯使用。[16]

在這個關頭，有兩個問題值得注意。第一個問題是，當史達林發電報決定支援金日成發動戰爭時，毛還在莫斯科，他卻一點都沒有告訴毛這件事。這是為什麼？史達林及金日成當時都沒有作一解釋。答案可以就蘇、中、朝的三角互動關係，推論出來。史達林在當時剛剛拒絕給予中共軍援，以進攻臺灣。[17]現在卻支援北朝鮮進攻南朝鮮；因此他感到尷尬，無從向毛解說他厚彼薄此的立場。

第二個問題是，史達林為什麼要金日成爭取毛的支援？這裡就顯示出來，史達林老謀深算的心機了。他的用意是逼迫毛同意他與金日成已經商量好要發動的戰爭。如果毛不同意，毛將喪失在東亞共產國際中的領導地位。如果毛同意，中國便要承擔這個戰爭的重任。因為蘇聯不願參與這戰爭，與美國在這地區發生軍事衝突。雖然艾奇遜一九五〇年一月的聲明把南朝鮮劃出美國防衛線之外，史達林並不能摒除美國參戰的可能。他的計謀是，如果美國參戰，讓毛和金日成打這一仗。打贏了，他有支援的功勞；打輸了，他不受參戰之害。

金日成在發動朝鮮戰爭的前一個月，也就是一九五〇年五月，到了北京，爭取毛的支援。面對這樣突如其來的請求，毛是驚怒交加。像這樣重大的事情，為什麼史達林與金日成事先毫未和他商量，就作了決定？但是他發現自己已處於進退維谷之境。從一方面看，他有各種理由，不願支援金日成的戰爭。第一，雖然艾奇遜把南朝鮮劃出美國防衛線之外，但從軍事眼光來看，絕對不應該排除美國干預的可能。如果中美都拖進這一戰爭，中國根本無法與美國較量國力，取得勝利。據中國的估計，美國在一九五〇年生產鋼鐵八千八百萬噸，國家生產總值達兩千八百億美元。中國的相對數字是微乎其微，僅有六十萬噸的鋼，一百億美元的生產總值。[18]就軍事力量來說，雙方的懸殊也非常之大。根據周恩來的資料，美國的一個軍的配備，有一千門的大炮及五百輛坦克車。中國在東北具有最好裝備的一個軍，僅有一百九十門大炮及零星的坦克車。[19]這且不說，美軍還有威力強大的原子彈作後盾。毛覺得中國不應該為著實現金日成的願望，而冒險去打一場可能贏不了的戰爭。

再說，中國連年戰爭，百廢待舉，必須動員一切人力物力，從事復原建設的任務，沒有剩餘的資源，支援境外的戰爭。最後，毛已經積極準備進攻臺灣，及早結束內戰。而且，毛已剛剛批准計畫，把進攻臺灣的部隊，從十二個軍增加到十六個軍。[20]這時，中共沒有能力同時進行兩個戰爭。他看不出來為什麼中共不進行臺海戰爭而要支援金日成進行朝鮮戰爭。

從另一方面來看，毛發現要反對金日成的南侵行動是非常困難的事，因為這南侵行動是蘇聯與北朝鮮的定案，他無從改變；他如果不給予金日成支援，中共與蘇聯及北朝鮮的關係便會出現問題，甚至於分裂。這樣的演變，豈不是違背他的「一邊倒」路線？他如何在東亞共產主義運動中，擔負起領導責任？

正如史達林所預料，毛經過與中共其他高層領袖磋商之後，不得不同意金日成的請求。毛即下令暫停攻臺計畫，並調動五個軍到東北，布置在鴨綠江北岸。但是毛和他的高層同志作出決定，除非美軍超過北緯三十八度，侵入北朝鮮境內，中國不考慮派兵進入朝鮮境內，直接參戰。[21]

一九五〇年十月四日，毛召開一項緊急的政治局擴大會議，商討如何應對當時已經越過三十八度的美國及南朝鮮部隊。這時，有二十二位中共軍政領導人員與會，其中的絕大部分，對參戰持保留態度；他們的理由，與毛在五個月以前所表示的，大體上相同。[22]兩年以前曾在東北打敗國民黨軍隊的林彪，甚至表示，如果與會者最後還是決定參戰，他託病在身，不願被考慮為參戰部隊的司令員。

可是，毛這時卻積極主張參戰。他所最關心的是美軍可能威脅東北的安全。雖然他在會中的發言尚未公布，從許多文件中可以看出他的立場。他於一九五〇十月十三日發給在莫斯科訪問的周恩來一份電報中說，「我軍還是出動到朝鮮為有利……而我們不出兵，讓敵人壓至鴨綠江邊，國內國際反動氣焰增高，則對各方都不利。首先是對東北更不利，整個東北邊防軍將被吸住，南滿電力將被控制。」[23]之後，在一九五一年十月二十三日，他向政治協商會議解釋道：「如果不是美國軍隊……打到我國的東北邊疆，中國是不會和美軍作戰的。」[24]一九五三年九月十二日，在朝鮮停戰以後，毛又回憶道：中國參戰，就是要把美軍趕回三十八度以南，不然的話，「前線仍在鴨綠江和圖們江，瀋陽、鞍山、撫順這些地方的人民就不能安心生產。」[25]

事後很多研究這一問題的專家，都同意毛打朝鮮戰爭是為著保護東北的這一看法。[26]學者陳兼，提出另外兩項影響毛決定參戰的因素。其一是，毛要維持他在東亞共產主義運動中的領袖地位；其二是，毛藉對外戰爭，加強新政權對內控制。[27]

然而毛參戰的理由，只是他個人的想法而已，不一定比反對參戰者的理由，更為充分。他不得不深思苦慮，要說服他的同志們，接受他的意見。他一夜之中，吃了三次安眠藥，仍然不能入睡。最後他與彭德懷私下談了一陣，得到了彭德懷的支持。在十月五日的政治局會議，彭德懷說出他的意見：「出兵援朝是必要的，打爛了，等於解放戰爭晚勝利幾年。如美軍擺在鴨綠江岸和臺灣，它要發動侵略戰爭，隨時都可以找到藉口。」[28] 彭德懷的這一番話，說動了反對出兵的政治局委員，轉而支持毛的立場。毛為著表達他參戰的決心，把他新婚的兒子岸英也送上戰場。他說：「我送兒子赴朝參戰，等於代表我〔個人〕的行動。」[29] 於是中國人民志願軍於一九五〇年十月十九日，在彭德懷司令員率領之下，跨過鴨綠江，進入朝鮮。

在這以後的三年中，中共與北朝鮮在一邊，美國與南朝鮮在另一邊，打了三年的拉鋸戰。中共前後投入二百三十萬的龐大兵力，來對抗美軍飛機與大炮的無上火力。[30] 雙方在戰爭的第一年底，已經知道彼此都無法獲得勝利。於是在一九五一年七月十日雙方展開停戰談判；但是因為彼此攻守之勢經常互易，又加上處理戰俘的問題，以及中美方面的其他爭執，談判拖了兩年，才於一九五三年六月二十七日簽立協定；雙方的軍隊就地停火；大體上仍以北緯三十八度為分界線。

中共在朝鮮戰爭中雖然沒有得勝，但在對壘的國際權勢中，獲得重大收穫。這一次戰爭顯示出，一個貧窮國家的「小米加步槍」的部隊，與世界上最富有國家的最現代化部隊打成平手。中國在國際社會中的聲勢因而大振，成為列強不可輕視的新強國，更不可有輕易入侵的想法。這一戰爭也證明毛的一項說法是對的：決定戰爭結果是人力，不是武器；最低限度，兩者同等重要。[31]

可是中共也付出了可怕的代價。人民志願軍遭受重大創傷。十五萬二千人陣亡，三十八萬三千人受傷，四十五萬人曾在醫院治療，二萬一千三百人被俘，四千人失蹤。與美軍相較，志願軍陣亡人數是三點四倍於美軍，受傷人數是二點五倍，失蹤人數是五倍。中國的經濟損失，也是非常可觀，花去了六十二億人民幣在戰爭上；戰場上的費用占國家預算的百分之三十二，也因而把復原建設的工作耽擱了很久。[32]

志願軍的一位陣亡人員是毛岸英；他在戰場上才一個多月，就在一九五〇年十一月二十五日在美軍空襲中被炸死。當彭德懷報告給毛這一消息時，毛大義滅親地說道：「誰叫他是我毛澤東的兒子呀！……不能因為岸英是我的兒子，就不應該為中朝兩國人民的共同事業而犧牲。」[33]在私下的場合裡，毛得知這消息時，他的表情則是非常痛苦與傷感。[34]

毛的損失尚不只這些。在他有生之年，再沒有征服臺灣的機會。為此事，他曾埋怨史達林朝鮮戰爭的決定，是一個「極大的錯誤」，是「百分之百的錯了」。[35]他認為不然的話，中共可能征服了臺灣，然後幫助北朝鮮征服南朝鮮。

究其實際，更大的錯誤是毛自已的。蘇聯究竟沒有參戰，未受到損失。而毛作法自弄，堅持「一邊倒」路線，又受共產國際「東方老大」心理的作祟。結果他與金日成等於替蘇聯打了一仗，既未得南朝鮮，又失攻臺灣之機。毛像蔣一樣都在外交陣仗上輸給史達林。一個在一九四五年的雅爾達會議中；一個在一九五〇年蘇、朝、中勾心鬥角場合之中。

◎砲轟金門

前一章在討論兩次金門危機時，曾分析蔣與美國領袖的互動關係；這一章在討論同一題目時，著重敘述毛與蘇聯領袖，特別是赫魯雪夫（Nikita Khrushchev）的曲折外交來往。

在世界戰爭史中，很少有像金門砲戰這樣的事例。毛一次又一次地用幾十萬發砲彈，砲轟蕞爾小島，長達數月之久，但是卻沒有進占的計畫。[36]事後看來，他基本上是用軍事行動，製造國際爭執，以求發生有利於他的外交效應。但是他這一次應用矛盾論於國際政治的行動，卻讓他嚐到事與願違的果實。

正如蔣所料，毛之所以發動一九五四年的金門砲戰，是要阻止美國與國府簽訂安全條約。他覺得這條約會把國共衝突的性質，從中國內戰改變為國際爭端。這樣的話，中共進攻臺灣將會遭遇極大困難；而且「兩個中國」或者「一中一臺」的體制也將會出現。所以，一九五四年七月七日，也就是金門砲戰開始前兩個月，毛在政治局擴大會議中宣稱：「現在美國同我們關係中的一個重要問題就是臺灣問題，這個問題是個長時間的問題。我們要破壞美國跟臺灣訂條約的可能。」[37]

另外，毛也想用砲戰去了解美國在沒有條約的情形下，對防衛臺灣以及沿海島嶼是什麼樣的態度。他一直都聲明，要收回沿海島嶼與臺灣，但從未清楚明白的說，砲轟金門是進攻金門的前奏。事實上，他私下曾說，無意收回金門馬祖。[38]最後，他發動砲戰還有一個原因。他不願遭受來自大陳島地區的國軍游擊隊的騷擾。所以當他發現共軍一旦在該地區具有優勢兵力，可以致勝時，就立刻攻占了地區中的一江山，逼迫國軍自大陳主島撤退。

至於毛為何發動第二次金門砲戰，蔣認為毛仍在試探國府以及美國協防金門的決心。中國大陸的研究者，提出幾點別的原因：毛企圖配合當時在中東地區（黎巴嫩、約旦、伊拉克）反西方的動亂，滙成一種反美的國際運動；因而否定赫魯雪夫的和平共存政策；以及中共要自行解決臺灣問題，而不再需要蘇聯的協助。[39]

這最後一點，牽涉到中蘇關係的重大的演變，需要說明其中的原由。一九五七年十一月毛到莫斯科，參加蘇聯建國四十周年的盛大慶典，在會中興高彩烈地發表演說，極力讚揚社會主義陣營在蘇聯領導之下的優異成就。他用著他習慣性的生動言詞形容道：「我認為目前〔國際〕形勢的特點是東風壓倒西風。」[40]他解釋道，一九五七年是個歷史轉折點，因為社會主義陣營（東方陣營）壓倒了西方陣營。在天上，蘇聯先於美國發射了兩個人造衛星（Sputnik），因而大放光明；在地上，有六十幾國的共產黨齊集莫斯科，慶祝蘇聯歷史性功績，這是空前的盛事。

然而，就在他這樣盛詞讚揚蘇聯之後的八個月，毛對蘇聯的態度急驟改變，讓中蘇關係也到達一個轉折點。他在一九五八年七月二十二日，與蘇聯大使尤金（Pavel Yudin），作了一番很長的談話。他大肆譴責蘇聯幾位領袖人物，說他們對華極不友善。他表情之嚴厲，用詞之苛刻，使尤金震驚莫已。他把心中多年積壓的怨氣爆發出來：

你們一直不相信中國人，史達林很不相信。中國人被看作是第二個鐵托，是個落後的民族。你們說歐洲人看不起俄國人。我看俄國人有的看不起中國人。史達林在最緊要的關頭，不讓我們革命，反對我們革命。在這一點上，他犯了很大的錯誤……另外，我們對米高揚不滿意。他擺老資格，把我們看作兒子。他擺架子，可神氣了。一九四九年他第一次來西柏坡的時候，架子就很大。後來又來了幾次，都是這樣。每次來都勸我去莫斯科。我說去幹什麼？他說，總會有事情做的。後來，還是赫魯雪夫同志出了題目，去開會，搞個檔，去慶祝十月革命四十周年。這是我們共同的事業。當時我說過，什麼兄弟黨。只不過是口頭上說說。實際上，是父子黨！是貓鼠黨。這一點，我在小範圍內同赫魯雪夫等同志談過，他們承認……當時在場的有布林加甯、米高揚、庫西寧、蘇斯洛夫等人。還有你（指尤金）嗎？中國方面，有我和鄧小平。[41]

接著毛怒氣沖沖，長篇大論地檢討中蘇關係，責備史達林干涉中共革命，要在東北維持特權，以及蘇聯援華人員態度傲慢，等等不一而足。

毛說蘇聯把蘇共與中共看作是維持著「父子黨」的關係；這是毛認為最大的恥辱。因為在中國歷史上，有些昏君向異國君主稱「兒臣」，這件事是中國人認為不能忍容的國恥。具有濃厚民族主義觀念的毛，自然是對各個蘇聯領袖的跋扈作風，怨恨有加，他現在發洩出來，要尤金把他的談話一點也不要粉飾地轉達給赫魯雪夫。

毛這一次與尤金如此激動的談話，是由一件事情引起來的。在一九五四年第一次金門砲戰時，毛深深感覺到中共的海空軍實力，遠遜於美國，所以要求蘇聯協助中共發展核武，並建立潛水艇艦隊。蘇聯答應協助中共建立核武，於一九五七年十月十五日簽訂密約，提供核武技術與設備方面的援助。關於建立中共潛水艦隊一事，赫魯雪夫建議成立中蘇聯合艦隊，並在中國沿海建立長波電臺，雙方共同經營，以作指揮艦隊之用。這項建議由尤金在與毛長談的前一天，送交給毛。這時，毛懷疑赫魯雪夫要在軍事上控制中國，而建立長波電臺一事，有點像蘇聯要在中國重建租借地。他認為這侵犯了中國主權。他反對「共同」經營觀念。蘇聯只能援助；中國必須自己經營電臺，但願讓蘇聯使用。不然的話，他告訴尤金，「現在我們決定不搞核潛艇了，撤回我們的請求。」他接著加重語氣說，「要不然，就把全部海岸線交給你們。把過去的旅順、大連加以擴大……我這些話很不好聽，你們可以說我是民族主義〔者〕，又出現了第二個鐵托。如果你們這樣說，我就可以說，你們把俄國的民族主義擴大到了中國的海岸。」[42]

赫魯雪夫覺得毛誤會了他的意思，他沒有一點侵犯中國的想法，便於一九五八年七月三十一日至八月三日之間，親自到北京與毛會談，希望消釋疑慮。毛好像故意要給這一蘇聯領袖一點顏色看，他穿著浴衣，在中南海他住所旁邊的游泳池會見來客。赫魯雪夫倒是不在乎，還下水游了一陣。

但是在會談時，雙方話不投機。當赫魯雪夫說他是專程來共同商量聯合艦隊之事，毛沒有等他說完話，就勃然而怒說：「什麼叫共同商量，我們還有沒有主權？你們是不是想把我們的沿海地區都拿去？」[43]後來他真的撤回蘇聯援華建立潛艇艦隊的要求，讓赫魯雪夫無功而返。

毛對蘇聯不滿的態度，影響到他處理第二次金門危機時的態度。在赫魯雪夫北京停留時期內，毛沒有透露給他一言一語，說他在三個星期後，會再次發動震驚世界的金門砲戰。當毛在事後被問起他為什麼隱瞞赫魯雪夫，他說砲戰是中國的內政問題，不關蘇聯的事。可是他忽略了在四年前的第一次金門危機時，他曾與蘇聯領袖磋商此事，得到蘇方的支持。後來赫魯雪夫決定援助中國發展核武，正是要增強中共軍力，以應對未來的國際爭執。即使在第二次危機的初期，蘇聯仍站在中共這一邊。這可以在赫魯雪夫在一九五八年九月七日致美國總統艾森豪信中看出來。他表示「臺灣海峽的局勢嚴重地驚擾蘇聯政府」；並且警告說，中國一旦遭遇攻擊，蘇聯將予以協防。[44]

當赫魯雪夫得知毛在第二次金門危機的立場以後，他樂得情願，不管此事。他在一九五九年十月十二日致艾森豪的新一封信中寫道：「臺灣問題是中國人之間的事，一個純粹中國內務的事。」因此他建議美國不要干涉。[45]後來當金門危機日趨嚴重，可能促使美國動用核武時，他認為蘇聯如果繼續給予中共核武援助，將會被牽入戰禍之中；在一九五九年他下令停止援助，撤回駐華人員，造成中蘇分裂的一個重要原因。[46]

毛在處理兩次金門危機時，完全受他個人意志，甚至情緒，所支配。他任命葉飛指揮兩次砲戰，但是從來沒有告訴這位戰地司令員，為什麼只砲轟金門而不準備進攻。在一九五八年的危機中，他「沒有徵求任何中共高層領導人員的意見」，就於七月十七日下令給國防部長彭德懷準備開始射擊，可是在七月二十七日，他突然下令暫停。[47] 當砲戰於八月二十三日開始時，他還他沒有想好他的目的是什麼。後來當他看到無法戰勝時，來一個隔日砲戰的花招，先用實彈射擊，後用宣傳彈了事，蔣諷刺毛的這樣行徑有如兒戲，毛玩這個「邊沿遊戲」（brinkmanship），冒著遭受核武攻擊的風險，而最終幾乎是全盤皆輸。他未能阻止美國與國府訂立安全條約；他拿不下金門，只得到大陳；他失去蘇聯進一步的核武援助，他把自己倒向的友國變成最大的敵國。

事後觀來，他的第一個外交失誤，是他為著支持金日成的朝鮮戰爭，失去了進占臺灣的機會。他的第二個外交失誤，應該是他隨心所欲地處理金門危機，造成敗績。前一個失誤顯示出他太相信「一邊倒」路線，一切聽命於史達林的決策；後一個失誤則顯示出他放棄了「一邊倒」路線，過分懷疑赫魯雪夫的對華政策。

從「兩個陣營」到「三個世界」

毛的「一邊倒」路線，當然是反映冷戰時期存在的社會主義國家陣營與資本主義國家陣營。在兩次金門危機發生的前後，這兩個意識形態相異的陣營，也形成了兩大軍事集團。一面是華沙公約組織，另加蘇聯分別與中國、北朝鮮，及古巴的結盟。另一面是北大西洋公約組織、東南亞公約組織，另加美國與日本、南朝鮮、中華民國的雙邊同盟。這樣壁壘分明的軍事對峙局面，以及因而引起雙方的大規模戰爭及小規模的軍事衝突，造成舉世動盪不安；各相關國家無不感到需要增強軍力，以求保護一己安全。

◎全力興建核武

在這種情勢下，中共體認到興建核武的必要。當然，毛在一九四六年曾藐視過這種現代尖端武器，說原子彈是紙老虎；後來在一九五八年，他又重述這個觀點，甚至暗示中共的「小米加步槍」部隊，也不一定打不過有原子彈的美國部隊。[48] 他好像表示，沒有核武也沒有什麼關係。可是他這才真是「口頭上說說」而已。當艾森豪和杜勒斯在一九五四年第一次金門危機，要以核武威脅中共時，毛意識到沒有核武的解放軍等於沒有牙齒的老虎，這是國防上的重大危機。中共必須破釜沉舟，從事發展工作，以解除危機。[49] 於是在一九五五年一月十五日的中央書記處擴大會議中，毛宣稱決定進行這一工作。經過幾年的研究與準備，中共中央軍事委員會於一九五八年宣布了發展核武的指導原則。[50]

毛認為蘇聯取消核武援助，不影響中共自己發展的決心。況且，蘇聯過去所給予中國技術及設備方面的援助，已經奠定相當的基礎。[51]他相信在十年之內，應該會成功。[52]他當然知道中國缺乏應有的人力物力，但是只要大家竭盡所能，就有希望。當時的外交部長陳毅斬釘斷鐵地說，就是大家賣掉褲子，也要發展核武。[53]據說毛也說過同樣的話：即使兩人穿一條褲子，也得進行這件工作。

在聶榮臻領導之下，發展核武的工程於焉開始，動員了成千的科技人員，經過政府全力財政支助，隔絕一切政治運動的干擾，終於在幾年之後獲得突破性的成果。一九六四年十月十六日，中共第一次原子試爆成功。接著，這項工程連年繼續推進，製造各式原子彈頭及火箭；到毛於一九七六年去世時，中共已建立起稍具規模的核子武器配備。

中共興建核武的成功，在國際上產生了巨大的影響。雖然中共的核武在規模及性能方面遠遜於美國及蘇聯的核武，但仍然具有這種武器特有的嚇阻效應，也就是阻止他國使用這項武器攻擊中共的效果。再說，中國是二十世紀貧窮國家中，唯一能夠與先進工業國家一樣地掌握了核武的高科技；這樣的演變，增進了中國在世界中的聲望，顯示出中國科技發展的巨大潛力，以及啟動了一九七〇年代前後國際權勢的重大移轉。

◎中蘇分裂

中蘇分裂是二十世紀世界中，一個非常重大的事件，已經有許多相關的著作發表，不需要詳細敘述。[54]

中蘇的分裂可以追溯到一九五六年，當時赫魯雪夫在蘇聯共產黨第二十屆全國代表大會中發表演說，嚴厲批評史達林的作風與政策。毛非常不贊成赫魯雪夫的演說。這倒不是如一般人所說，毛認為赫魯雪夫在演說中抨擊史達林搞個人崇拜是不妥當的，而是覺得赫魯雪夫所推行的政策，違背了馬克思／列寧主義的基本信念。這信念就是要實現共產主義，武力的革命是唯一的途徑。這在一國是如此；在整個世界上也是如此。可是赫魯雪夫卻說，在一個非共產國家之內可以用和平方式過渡到共產主義；在國際上，共產主義國家與資本主義國家可以和平共存。這樣的說法是離經叛道地修正了共產主義，必須徹底反對。

這種爭論，最初只是毛與赫魯雪夫之間的意見相異，後來演變成蘇共與中共之間意識形態的爭執以及對西方外交政策的分歧。在一九六〇年度初期，雙方在各自的機關報紙上，連篇累牘發表專文，相互攻訐。再加上蘇聯不但停止軍援核武而且中止經濟援助，撤回所有駐華顧問及技術人員。兩黨之爭演變為兩國之仇，終至分裂。到了一九六〇年代末期，雙方關係更趨惡化。一九六八年蘇共領袖列昂尼德。布里茲涅夫（Leonid Brezhnev），在出兵鎮壓捷克（當時為共產國家）反蘇運動之時，宣布一項政策，稱為布里茲涅夫主義。他聲稱蘇聯是社會主義國家陣營的領導國家，有權利出兵保護他國的共產黨政權。這一政策聲明，引起毛的高度警惕，認為蘇聯將來也可能，出兵到中國，壓制中共。

這時，布里茲涅夫與他的同僚也著實對中共不放心。他們回憶到毛在一九五七年的一篇演講中曾說，用原子彈打世界大戰，沒有什麼可怕的。如果打起來，世界最多「死掉一半人，還有一半人〔剩下來〕。帝國主義【被】打平了，全世界〔都〕社會主義化了。」[55]他們覺得這樣瘋狂的話語，如何能出於中國領袖之口？當說這話時，他還沒有核子武器；現在他有了這武器，這不是對蘇聯的一大軍事威脅嗎？

於是從雙方政治上的爭執，又引起了軍事上的緊張局勢。一九六九年三月珍寶島事件發生；接著在八月，中蘇軍隊又在新疆邊境發生衝突。一時風聲鶴唳，山雨滿樓，好像大戰一觸即發。一些觀察家指出珍寶島事件，是中共所發動；當時文化大革命進入最混亂時期；毛想藉用這一事件，加強對內控制。[56]

在當時，蘇聯採取一連串緊急措施，考慮空襲中共核武設施，並派官員前往美國國務院試探反應；[57]在中國邊境集結重兵；試圖聯絡臺灣，共同進攻大陸。

毛立即提出警告，說一旦蘇聯空襲中國核武，中國將視之為對中國的全面戰爭，因而要動員七億人民，以「革命戰爭」的方式，戰鬥到底。[58]同時他也調動幾十萬的兵力，布置在鄰蘇的邊境之上。[59]他更喊出「深挖洞、廣集糧、不爭霸」的口號，指導全國軍民，一致備戰。

蘇聯領導人員幾經思索，決定放棄空襲之舉，因為空襲未必能全部摧毀中國核武，萬一有遺漏之處，因而引起中國核武報復，將有無可估計的損失。蘇聯也決定放棄地面進攻中國，因為毛的「人民戰爭」策略，將會使蘇軍陷入易進難出的險境。況且，中、蘇的戰爭定會造成彼此重大損傷，反讓兩國大敵的美國收漁翁之利。這是極不智之舉。[60]就在這樣相互猜疑與計算之下，蘇聯與中國從戰爭的邊沿上，退了下來。

這裡需要指出，還有一項促使蘇聯謹慎處理中蘇關係的重要因素。這就是尼克森在這時正展開與中共和解的活動。蘇聯不願草率採取軍事行動，因而促成中美合作，對敵於己的局面。這一點將在下文中討論。

◎第三世界

中蘇的分裂破壞了兩個陣營對立的局面。在社會主義國家陣營中出現了兩個權力中心；彼此也是對立，而各自又與資本主義國家陣營維持著非戰非和的關係。在這樣變動而複雜的新國際局勢之中，毛提出他心目中孕育已久的「第三世界」這一觀念，引領中共外交到一個新方向。遠在一九四六年，他曾指出，在美蘇以外存在著一個中間地帶：「美國和蘇聯中間隔著極其遼闊的地帶。這裡有歐、亞、非三洲的許多資本主義國家和殖民地、半殖民地國家。」以後又陸續講解這個觀念，直到一九七四年，他總結道：「美國、蘇聯是第一世界……日本、歐洲、澳大利亞、加拿大、是第二世界；亞洲除了日本……非洲……〔和〕拉丁美洲……是第三世界。」[61]毛說明中國與第一世界維持著對抗性的矛盾，認為蘇聯及美國都是意識形態及軍事上的雙重敵國；中國與第二世界大體上維持著非對抗性的矛盾，能拉攏就拉攏，否則聽其自然。他覺得第三世界是美蘇在冷戰中尚未重視的地區，是中共開展外交的好對象。他宣稱中國屬於第三世界，進而採取各種措施，希望在這裡建立起領導的地位。

首先，他在第三世界展開經濟援助活動。據一項研究者的報告，從一九五三年到一九七五年，中國花費了四十九億四千五百萬美元，援助五十八個亞、非、拉丁美洲國家。[62]這是一非常可觀的數字，因為中國自己是一個貧窮的國家；而且比三十八個受援國家的國民平均所得還低。[63]其次，他聲稱共黨治下的北越南是第三世界國家，需予以軍事援助。「從一九六五年六月到一九六九年三月……先後共有三十二萬中國軍隊進入北越」；頂峰時期為十七萬人；另外還供應了大批的武器。[64]這樣龐大規模的參入越戰，完全出於一般人想象之外。毛在這裡實行了他的統戰外交。他用軍援來拉攏北越，企圖排除蘇聯在越勢力，同時暗中以武力對抗美國。可是他沒有預料到，在他死後，北越在越戰戰勝之餘，竟然全面排華，使得鄧小平不得不在一九七九年，出兵攻入北越，予以「教訓」。

再者，他的農民革命及游擊戰策略，在第三世界發生了影響。先有古巴及越南的共黨分子利用這策略取得政權，後來又有毛派分子在印度、尼泊爾、祕魯等國的偏遠地區中，運用同類策略，從事零星活動。[65]

最後，毛曾試圖在第三世界的國際團體中，推行其外交。例如，在一九五五年於印尼舉行的萬隆會議中，以及在一九六六年於古巴成立的亞、非、拉丁美洲人民團結組織中（the Conference of Solidarity of the Peoples of Asia, Africa, and Latin America），中共全力宣揚其「和平共處五項原則」、反霸權主義、反帝國主義的各項主張。但是都因這些團體的組織散漫，所得成效微乎其微。

總體來看，毛在第三世界的外交活動，沒有什麼顯著成果，因為這個地帶的範圍過大，貧窮過甚，政治與社會分歧過於嚴重，使中共無以應對其需求。最多僅能給予少數國家，例如巴基斯坦，相當規模的軍事及經濟援助，以建立密切的政治關係；[66]或者集中資源在一國之中，建立起像樣的公共工程，例如坦尚尼亞（Tanzania）與尚比亞（Zambia）之間長達一千多英哩的鐵路，可是在毛有生之年，再沒有類似規模的工程，在任何第三世界國家出現。[67]至於毛的農民革命策略，僅為少數的極端分子在少數的國家所採納，無從影響主流政治。

從中美和解到戰略三角

毛和蔣一樣，他並不是特別關心第三世界在國際中的勢力；他更為重視的是與美、蘇的互動關係。[68]

在一九六〇～一九七〇年代交替之際，毛在心中盤算的頭等外交大事，就是如何避免與蘇聯發生兩敗俱傷的戰爭；其次，他也希望在當時詭譎的國際風雲中，建立起中國與美蘇互相牽制的新局面。毛當然知道這是極端困難之事。就整體的國力來說，中國較之美蘇是無可比擬的微弱；而且這兩個超強各自與中共結怨多端，恨不得聯合起來，除之而後快。在這樣的情勢下，他作出了一件他晚年間很少作的事。他要他的資深同志，盱衡國際局勢，提出看法，以供參考，也許可助他作出扭轉乾坤之大計。

四老帥報告

一九六九年二月，也就是珍寶島事件發生的前一個月，毛指定副總理陳毅主持一個小組，邀請葉劍英、徐向前及聶榮臻參加，仔細檢討當時和戰未定的中、美、蘇關係，推薦應對之策。這四位都是中共年長的元帥，在七月時提出一份「對戰爭形勢的初步估計」，後來被稱為四老帥報告。其中的主要論點是：中蘇之間的矛盾比中美之間的矛盾為多；美蘇之間的矛盾又比中蘇之間的矛盾為多。本著這一認識，四老帥建議尋求與美國和解，儘早恢復中美在華沙的大使級會談。[69]

根據熊向暉（接待尼克森於一九七二年訪華時的一位中共高層官員）的記載，這報告進一步分析道：

蘇〔聯〕修〔正主義者〕把中國當成主要敵人。它對我國安全的威脅比美帝大。在中、蘇漫長的邊境，蘇修不斷製造緊張，發動武裝入侵，集結大量兵力……這都是蘇修準備挑起侵華戰爭的嚴重步驟。但真和中國大打，蘇修還有很大顧慮和困難……〔這是因為〕中美都各以蘇修為敵。蘇修不敢同時進行兩面作戰。美帝對中蘇矛盾故作超然，宣稱不表態，不介入。實際上它在西邊和蘇修搞和緩，力求把蘇修推上反華大戰第一線，自己坐山觀虎鬥，使中、蘇互相削弱，便於它乘虛接管東歐，甚至直搗蘇修的老巢。[70]

毛覺得這樣的分析完全符合他的意見。早在一九六四年他就警告過中央領導同志們，不要只注意來自東方（美國）的軍事威脅，也要注意到北方（蘇聯）的威脅。他覺得中國與蘇聯作戰的可能性很大，必須準備打長期的防衛戰。[71] 他特別同意四老帥的「蘇修不敢同時進行兩面作戰」這一項看法；但他認為美國及中國也都不敢同時兩面作戰。[72] 在這種微妙的三角局勢中，雖然中國為最弱的一角，但卻有舉足輕重之勢。如果加在美蘇的任何一方，便會給予另一方極大的壓力。他仔細盤算以後，決定採取聯美制蘇，用以改變世局的重大策略。[73]

毛、尼較量

毛非常用心思索如何實施他的重大策略，認為絕對不可輕易露出親美之意；不然的話，便會給予對方機會，提高交易的條件。因此，他在一九六九年指示下屬，繼續全國的反美運動，嚴詞譴責美國侵略越南及臺灣的行動，誓與敵國周旋到底。直到一九七〇年代初期，美國已經公開進行與中共和解運動時，仍然如此。有一次，季辛吉訪問北京時，發現在他住的貴賓旅舍中，居然有責罵美帝的宣傳品，讓他啼笑皆非。

毛當時下令恢復與美華沙會談，可是雙方都未指派國家級的領袖參加，因之沒有突破性的進展。這時他感覺到，一如四老帥所說，美國是靜待中蘇陷入嚴重軍事衝突，以收不戰而勝之效。他必須立即採取切實有利於美國的措施，以便拉攏美國，共同對付蘇聯。

他仔細觀察美國內政與外交的演變後，決定了他所應該採取的措施。他知道尼克森在一九六八年曾以早日結束越戰的政綱，競選總統而獲勝，可是等到一九七〇年代初期尼克森要競選連任時，越戰仍烈，毫無結束跡象。毛打算在越戰方面助尼克森一臂之力，使其能夠連任，以求其回報。毛在一九七一年七月九日與周恩來的談話中，說出他的初步想法。他得知尼克森決定來華訪問，認為來客的目的，是要解決兩個問題。一個是臺灣；一個是越南。他告訴周恩來，臺灣不是需要馬上解決的問題，而越南的問題比較迫切。因為那裡有戰爭，有人在死亡。他說這次請尼克森來，不能僅僅談中國關心的臺灣問題，而要談美國所關心的越南問題。[74]

毛決定在兩方面幫助尼克森解決越南問題。其一是支持美國的提議，在南越成立聯合政府，結束戰爭，共理國事。他在一九七一年八月給北越總理范文同的信中寫道：北越可以贊成在南越成立一個新政府，包括左派、右派，及中間派人士，並要求美國先撤軍，然後與南越總統阮文紹談判如何建立聯合政府。如果談判不成，可以繼續打仗。[75]毛這樣的立場，等於協助美國實現其「越南問題越南化」（Vietnamization）的政策，讓美軍在未潰敗的情形下，脫身而出。

毛在另一方面，採取一項決斷性的措施，改變戰局，減輕美軍壓力。他決定停止對北越的軍事援助。誠如一位中國研究這一類題目的專家，李丹慧，所指出：「中國把對北越的軍事援助改成為經濟援助……逐漸撤回軍隊。從一九六九年二月到一九七〇年七月，撤回達三十二萬之多。」[76]毛的這一措施是在尼克森宣布訪華以前所採取的；尼克森也就是在中國撤軍時期中，多次向中國表示和解之意。他在一九六九年就職第一任總統時，宣布停止美國第七艦隊巡邏臺灣，放寬美國人在中國旅行與貿易的限制；並經過羅馬尼亞及巴基斯坦，傳達與中共高階層會談的意願；到了一九七一年七月，美國國家安全助理季辛吉密訪北京，達成尼克森訪華的協議。

尼克森的這些動作，加上一九七二年二月他在訪華時的興高彩烈的電視鏡頭，以及他在臺灣問題方面所作的讓步，給一般人一種印象，他過分熱衷與中共和解，以致給予對方不必要的便宜。其實，一般人低估了尼克森老謀深算的心機和討價還價的本領。試看他在前往北京的途中，所寫下他對毛的觀察以及如何與毛談判的要點：

「一、他〔毛〕的內在性格是什麼？強悍、果斷、簡樸、積極。二、我應該敬其長還是攻其短？三、他是否既堅定又狡猾？四、美國的文化是強或還是弱？

對待他（像皇帝一樣）：

一、不吵架。二、不過分恭維他。三、稱讚〔中國〕人民……文藝、歷史。四、稱讚詩詞。五、愛國。

他們〔中共領導人員〕的需要：

一、升高國際地位。二、臺灣。三、把美國趕出亞洲。

我們的需要：

一、印度支那〔越南〕。二、阻止中共在亞洲擴展。三、減低未來超強中國的威脅。

我們雙方的共同需要：

一、減低彼此衝突。二、一個比較安定的亞洲。三、鉗制蘇聯。」[77]

這樣工於心計的尼克森，寫出這樣絲絲如扣，針針見血的與毛勾心鬥角的話詞，真是要讓權術大家的馬基維利（Machiavelli）敬佩有加了。

於是毛、尼克森訂下了他們心目中最簡單不過的會談議案：毛要解決臺灣問題；尼克森要解決越南問題；兩個人都要處理蘇聯問題。

絕妙的上海公報

當議案確定以後，毛澤東、周恩來、尼克森、季辛吉，這些具有超人心力、般配相當的兩隊四人，就製造出來一個絕妙的上海公報。[78]這個文件所記載雙方爭執事項的文字遠比彼此同意事項的文字為長；有些他們寫出來的事情，不是他們心裡想的事情；有些他們一心一意想的事，卻沒有寫出來；可是雙方都達成了各自的意願。

公報宣稱，「中美兩國的社會制度和對外政策有著本質的區別。」於是，便一大段一大段地列出彼此南轅北轍的大政方針，以及對於印度支那半島、朝鮮、日本、印度、巴基斯坦與臺灣政策相異之處。在公報中，中國特別聲明「決不做超級大國」。這是明顯地不符合事實。不說別的，單唸《毛澤東外交文選》這本選集，就可以看出來毛是如何想要在共產世界甚至全世界爭取霸權。公報又聲明，「任何一方都不應該在亞洲／太平洋地區謀求霸權……任何一方都不準備代表任何第三方進行談判。」這聲明豈不是等於說，「此地無銀三百兩。」中國和美國在朝鮮打了三年殘酷大戰，又在越南簡接地打了十幾年的仗。如果說中美不是在亞太地區爭霸，為什麼都在他國境內，打了這些損失慘重的戰爭？再說，雙方所談判的主題，不正是有關第三者越南與臺灣的前途嗎？最後，公報說，雙方都都反對「任何大國與另一大國進行勾結反對其他國家。」這兩個「大國」不正是中國與美國嗎？它們不是在北京把門關得緊緊地在密談嗎？這「其他國家」，不是尼克森與毛共同需要鉗制的蘇聯，還有那一個？究其實際，不是為著要對付蘇聯，北京會談能不能舉行就會有問題。妙的是公報從頭到尾，連一字都沒有提到過蘇聯。

戰略三角的形成

毛覺得他在北京會談中，得到極大的收穫。他抓著亞、太地區的政治現實：中國最嚴重的威脅是蘇聯；美國最迫切的問題是越戰。他利用美國的問題來消滅中國所受的威脅。他把尼克森請到北京，這就讓他獲得了外交陣仗中勝利的一半；因為他知道只要一位現任總統在中國與他面談，蘇聯就不會輕舉妄動，再以武力要脅中國。何況會談有良好的結果。雙方要建立正常化外交關係；展開經濟、科技、文化等多方面合作；更重要的是，「雙方將通過不同管道保持接觸，就共同關心的問題交換意見。」這最後一點，是把雙方將明中暗裡繼續磋商對蘇之策，溢於言表了。這些良好結果是毛外交陣仗勝利的另一半。總之，毛、尼克森會談在無形之中，把中國拉到與美國平等的地位；間接地也與蘇聯維持平等地位。這樣製造了一個國際權勢的新局面；就是一般人當時所謂的美、蘇、中戰略三角關係。

毛在臺灣問題方面，也得到意想不到的進展。他事先曾列出中美關係正常化的三項條件（美國廢除與國府的安全條約、自臺灣撤回美軍、與國府斷絕外交）三項皆一股腦兒地為尼克森所接受，答應逐漸予以實施。不但如此，尼克森與季辛吉兩人還煞費苦心地想出一個外交詞令，說臺灣是中國的一部分，而不指明哪一個中國，使中共滿意，國府無從反對。

尼克森也非常滿意會談的成果。他在事後檢討北京之行的成就時，說為著要對付蘇聯，「我們乘著中國需要我們的時候，開創中國這條路……這樣蘇聯便不能在制訂外交政策時，認為中美相互為敵是一成不變的事。」[79]當然，他所最關心的事，還是越戰問題。在會談時，他沒有得到毛的讓步或者承諾幫他解決問題。可是，他非常清楚，毛在會前所採取的重大舉動，即支持美國的南越聯合政府之議及中國從越南撤軍，是雙方心照不宣的會談先決條件。換言之，他在會前，而不是在會中，得到了毛的幫忙。後來，美國未能從容自越南脫身，而在一九七五年潰敗而退。這一演變並不表示尼克森的失策，而只表示，外交上的交易無從取代戰場上的結果。

從整體的國際局勢來看，尼克森北京之行帶來了有利美國的歷史性變動。在過去，中、蘇因同盟關係享有兩國對付美國一國的優勢。現在，北京的會談，讓中、美享受兩國對蘇聯一國的優勢。這樣權勢的移轉，就使美國一無顧忌地在全世界各地與蘇聯從事政治鬥爭，並在軍事及科技方面從事競賽。這樣的鬥爭與競賽，加上蘇聯以戈巴契夫（Mikhail Gorbachev）代表的新興勢力，所進行內部改革運動，便把蘇聯引導至一九九一年的瓦解之局。

就尼克森個人而言，他為著要連任總統前往北京，也就滿載而歸地回到華盛頓。這時他成為開創新時代的國際政治家，美國共和黨與民主黨兩黨外交的新代言人，美國人心目中可能解除越南困境的領袖。他在一九七二年十一月贏得壓倒性的的總統選舉，是理所當然的事了。

就蔣來說，上海公報顯示出尼克森，在國府毫無過錯情形下，十足地出賣了幾十年的忠實友人。可是就事後的演變來看，尼克森就臺灣問題對毛所作的讓步是有限度的。美國經由其一九七九年制訂的《臺灣關係法》，繼續與臺灣維持多方面的關係，供應軍火，並保障安全。直至今日，中共仍然不能夠征服臺灣。

蔣、毛外交作為的比較

前一章曾指出，蔣、毛開始執政時，因長期征戰，缺乏外交經驗。可是他們在主政時期，卻廣泛而深入地涉入國際事務之中，成為各自政府中道地的外交總長。他們在應對時友時敵的列強時，都表現過雄才大略，造成過嚴重的失誤，也獲得優異的成就。

現在，試就蔣、毛的外交作為，作一比較與對照。

蔣在他的第一階段外交生涯中（從一九三〇年代到一九四〇年代），徹底改變了中國與列強的敵、友關係，使之有利於中國。在中日戰爭期內，他運用各種合宜策略，分別針對日本、蘇聯、英國及美國，乃致戰勝；把五十年來侵略中華的仇邦日本，削減為先前的島國，不再為害中國；把百年來稱霸華夏的英國，變成一個盟國；更把對中國原存善意的美國，結成復興大業的最大與國。只有他認為的「唯一敵國」的蘇聯，他「無法變易」，仍然侵占了中國權益。蔣在他第二階段的外交生涯中（從一九四五年到一九七五年），失去了與多國強權交往的機會，而淪入依賴一個超強的局面，友邦逐日減少，國際局勢愈趨孤立，國防權利屢受限制，因而他的外交作為有如夕陽西下，與抗戰時期旭日東升一樣的外交成就，恰成對比。

毛和蔣一樣，也有兩個階段的外交生涯。但不同之處，是他在第一階段的外交生涯中（從一九四九年到一九五八年）的表現，遠較他在第二階段中（從一九五八年到一九七六年）的表現為遜色。在第一階段中，他自動接受蘇聯指使，參加朝鮮戰爭，在遭受慘重損失之後，既未達到統一朝鮮的目的，又喪失了征服臺灣的機會。他的兩次金門砲戰，加深了美國的敵意，幾乎動用核武以保臺灣，並引導中蘇走上分裂之路。在第二階段中，他將具有世界上最多常備兵的解放軍配備了核子武器，因而改變了國際軍事平衡，使之有利中國。他與一個超強的蘇聯，作意識形態的抗爭，又與另一個超強的美國，間接在越南戰場上較勁。當他感到一個超強嚴重地威脅中國的安全時，他使出手段拉攏另一個超強以求自保；因而也形成了影響深遠的戰略三角新局面。

在二十世紀之中，蔣、毛都大幅地提高了中國在世界權勢中的地位。到了一九四五年，蔣把積弱的中國提升為世界四強之一；到了一九七〇年代初期，毛更進一步，把中國提升為三強之一。

蔣、毛所追求富強中國之夢，已是實現了一半。

❖ 注釋

❶ Kissinger' s Memorandum for the President, "Meeting with Mao Tse-Tung," 15 February 1972, p. 1, Folder 2, Box 847, National Security Council Files, cited in Yafeng Xia, Negotiating with the Enemy: U.S.-China Talks during the Cold War, 1949-1972 (Bloomington: Indiana University Press, 2006), p. 191.

❷《毛澤東外交文選》，頁一～四。

❸同前書，頁四。

❹參閱尹慶耀，《中共的統戰外交》，臺北：幼獅文化事業公司，民國七十四年；及 Lyman P. Van Slyke, Enemies and Friends: The United Front in Chinese Communist History. Stanford: Stanford University Press, 1967。

❺邸延生，《歷史的真情：毛澤東兩訪莫斯科（一九四九～一九五七）》，北京：新華出版社，二〇〇四年，頁一二九。

❻《毛澤東外交文選》，頁九三；參看頁二七八～二七九。

❼金冲及，《毛澤東傳（一八九三～一九四九）》，上冊，頁三五。

8 邱延生，《毛澤東兩訪莫斯科》，頁一八三。

9 同前書，頁一七八；金冲及，《毛澤東傳（一八九三～一九四九）》，上冊，頁三九～四一。

10 有關毛動怒的細節，見邱延生，《毛澤東兩訪莫斯科》，頁一八〇～一八三。

11 金冲及，《毛澤東傳（一八九三～一九四九）》，上冊，頁五二。

12 袁南生，《史達林、毛澤東與蔣介石》，長沙：湖南人民出版社，二〇〇五年，頁四六四～四七二；沈志華，《毛澤東、史達林與朝鮮戰爭》，廣州：廣東人民出版社，二〇〇三年，頁三一七～三一九。

13 《毛澤東外交文選》，頁一三二。

14 金冲及，《毛澤東傳（一八九三～一九四九）》，上冊，頁五六。

15 袁南生，《史達林、毛澤東與蔣介石》，頁五一四。

16 沈志華，《毛澤東、史達林與朝鮮戰爭》，頁一七六～一七七。

17 其實，劉少奇在一九四九年訪問莫斯科時，已經首次要求蘇聯軍援中共，進攻臺灣；史達林未曾答應。見同書，頁一一二。

18 金冲及，《毛澤東傳（一八九三～一九四九）》，上冊，頁一一三。

19 袁南生，《史達林、毛澤東與蔣介石》，頁五二一。

20 Simei Qing, From Allies to Enemies: Visions of Modernity, Identity, and U.S.-China Diplomacy, 1945-1960 (Cambridge: Harvard University Press, 2007), p. 153.

21 金冲及，《毛澤東傳（一八九三～一九四九）》，上冊，頁一〇八～一〇九。

㉒同前書，頁一一八。

㉓《毛澤東外交文選》，頁一四四；參看 James G. Hershberg, ed., The Cold War in Asia, Cold War International History Project Bulletin, Winter 1995/1996, Woodrow Wilson International Scholars, Washington, D. C., p. 118.

㉔黎永泰，《毛澤東與美國》，昆明：雲南人民出版社，一九九三年，頁三八〇。

㉕金冲及，《毛澤東傳（一八九三～一九四九）》，上冊，頁一八八。

㉖參看沈志華，《毛澤東史達林與朝鮮戰爭》；Chen Jian, China's Road to the Korean War: The Making of the Sino-American Confrontation. New York: Columbia University Press, 1994; Allen S. Whiting, China Crosses the Yalu: The Decision to Enter the Korean War. New York, Macmillan, 1960; and Bruce Cumings, The Origins of the Korean War. Princeton: Princeton University Press, c1981.

㉗Chen, China's Road to the Korean War, p. 5ff.

㉘金冲及，《毛澤東傳（一八九三～一九四九）》，上冊，頁一一九。

㉙邸延生，《毛澤東兩訪莫斯科》，頁三六三。

㉚Li, A History of the Modern Chinese Army, pp.110-11.

㉛金冲及，《毛澤東傳（一八九三～一九四九）》，上冊，頁一八六～一九〇。

㉜Li, A History of the Modern Chinese Army, p.111; 沈志華，《毛澤東史達林與朝鮮戰爭》，頁三五八～三五九。

㉝邸延生，《毛澤東兩訪莫斯科》，頁三九九。

㉞同前書，頁三八九～三九四。

35 袁南生，《史達林、毛澤東與蔣介石》，頁五一七。

36 關於中共砲轟的規模，見第十章，注釋三九。

37 金冲及，《毛澤東傳（一八九三～一九四九）》，上冊，頁五八四。

38 根據毛的專門醫生李志綏的了解，毛根本沒打算打下金門、馬祖。毛在一九五八年八月與李談話時說道，「金門和馬祖是我門和臺灣聯結起來的兩個點，沒有這兩個點，臺灣可就同我們沒有聯繫了……這兩個小島，又是個指揮棒……可以用它指揮赫魯雪夫和艾森豪團團轉。」李志綏，《毛澤東私人醫生回憶錄》，頁二六〇。美國情報機構曾對毛砲轟金門的意圖作過分析，見“Probable Development in the Taiwan Strait Area,” Special National Intelligence Estimate 100-9-58, dated 26 August 1958, in US National Intelligence Council, Tracking the Dragon: National Intelligence Estimates on China during the Era of Mao, 1948-1976 (Pittsburgh: Superintendent of Documents, Government Printing Office, [2004]), p. 166.

39 Chen, Mao’ s China and the Cold War, pp. 175-76; 沈志華，《試論中蘇同盟破裂的內在原因》，http://www.shenzhihua.net/zsgx/000167.htm; Zhang Baijia “The Changing International Scene and Chinese Policies toward the United States, 1954-1970,” in Robert S. Ross and Jiang Changbin, eds., Re-examining the Cold War: U.S.-China Diplomacy, 1954-1973 (Cambridge, MA: Harvard University Asia Center: Distributed by Harvard University Press, 2010), p. 57; Gong Li, “Tension across the Taiwan Strait in the 1950s, Chinese Strategy and Tactics,” in Ross and Jiang, Re-examining the Cold War, pp. 156-57.

40 《毛澤東外交文選》，頁二九一。

41 同前書，頁三二三～三二四；李捷，《毛澤東與新中國的內政外交》，北京：中國　年出版社，二〇〇三年，頁一二一～一二二。

42 《毛澤東外交文選》，頁三二八。

43 張樹德，《蜜月的結束：毛澤東與赫魯雪夫決裂前後》，北京：中國　年出版社，一九九九年，頁一八八。

44 見 FRUS, 1958-1960, Vol. 19, pp. 145-53.

45 "Letter from Chairman Khrushchev to President Eisenhower, Moscow, October 12, 1959," FRUS, 1958-1960, Vol. 19, pp. 606-09.

46 參看沈志華，《試論中蘇同盟破裂的內在原因》；Garver, The Sino-American Alliance, p. 142; and Taylor, The Generalissimo, p. 502.

47 Chen, Mao's China and the Cold War, pp. 175-78.

48 見本書第五章所引述。

49 John Wilson Lewis and Xue Litai, China Builds the Bomb (Stanford: Stanford University Press, c1988), pp. 38-40; and Li, A History of the Modern Chinese Army, pp. 148-49.

50 王守柱，李保華，《毛澤東的魅力》，北京：中央文獻出版，二〇〇三年，頁三八七～三八八；Lewis and Xue, China Builds the Bomb, p. 70; and Li, Mao and New China, p. 203.

51 According to Lewis and Xue, the Soviet Union had delivered 60 percent of its promised nuclear-industrial equipment and raw materials to China by the time when the Soviet nuclear assistance program was cancelled. China Builds the Bomb, p. 72. For a detailed analysis by two former Soviet nuclear specialists on the Soviet nuclear assistance to China, see Evgeny A. Negin and Yuri N. Smirnov, "Did the USSR Share Atomic Secrets with China?" Parallel History Project. http://www.php.isn.ethz.ch/ collections/coll_china_wapa/ negin_smirnov_engl.cfm?navinfo=16034.

52 Lewis and Xue, China Builds the Bomb, p. 71.

53 Li, A History of the Modern Chinese Army, p. 170.

54 參看 Thomas W. Robinson, The Sino-Soviet Border Dispute: Background, Development, and the March 1969 Clashes. Santa Monica, CA: Rand, 1970; Odd Arne Westad, ed., Brothers in Arms: The Rise and Fall of the Sino-Soviet Alliance, 1945-1963. Stanford: Stanford University Press, 1998; Lorenz M. Luthi, The Sino-Soviet Split: Cold War in the Communist World. Princeton: Princeton University Press, c2008; Yang Kuisong, "The Sino-Soviet Border Clash of 1969: From Zhenbao Island to Sino-American Rapprochement," Cold War History 1/1 (2000): 21-52; Lyle J. Goldstein, "Return to Zhenbao Island: Who Started Shooting and Why It Matters," The China Quarterly 168 (2001): 985-97; 沈志華，李丹慧，《戰後中蘇關係若干問題研究：來自中俄雙方的檔案文獻》，北京：人民出版社，二〇〇六年；沈志華，《試論中蘇同盟破裂的內在原因》。

55 《毛澤東外交文選》，頁二九七。

56 Goldstein, "Return to Zhenbao Island," pp. 994-95; and William Burr, ed., "The Sino-Soviet Border Conflict, 1969: U.S. Reactions and Diplomatic Maneuvers," A National Security Archive Electronic Briefing Book, Document 4, "Communist China: Peking Inflates Soviet War Threat," 3 June 1969, Secret. http://www.gwu.edu/~nsarchiv/ NSAEBB/NSAEBB49/index2.html.

57 The Soviet officer was Boris Davydov. See Burr, "The Sino-Soviet Border Conflict."

58 Cited in Lewis and Xue, China Builds the Bomb, p. 216.

59 U.S. intelligence sources estimated that as of June 1969, the Soviets had 30 divisions of ground forces on the Chinese borders against nine Chinese divisions on the front line, 50 divisions behind. US National Intelligence Estimate 11/13/69, "The USSR and China, 12 August 1969," US National Intelligence Council, Tracking the Dragon, p. 548. Both sides rapidly built up their force levels. From 1968 to 1976, Soviet "Far East" forces rose from 22 to 43 divisions; from 1969 to 1976 total Chinese forces on the Sino-Soviet border increased from 47 to 78 divisions. For details on the deployment of forces of the two sides, see Thomas Robinson, "China Confronts

the Soviet Union: Warfare and Diplomacy on China' s Inner Asian Frontiers," in Roderick MacFarquhar and John K. Fairbank, eds., The Cambridge History of China, Volume 15, The People' s Republic, Part 2: Revolutions within the Chinese Revolution 1966-1982 (Cambridge: Cambridge University Press, 1991), p. 299.

60 See US National Intelligence Estimate 11/13/69, "The USSR and China, 12 August 1969," U.S., National Intelligence Council, Tracking the Dragon, p. 550-51.

61 關於毛發表的「第三世界」的各項言詞，見《毛澤東外交文選》，頁五九、二八八、五〇七、六〇〇。

62 John F. Copper, China' s Foreign Aid: An Instrument of Peking' s Foreign Policy (Lexington, MA: Lexington Books, c1976), pp. 2, 23; 尹慶耀，《中共的統戰外交，頁一三〇～一三一。

63 Copper, China' s Foreign Aid, p. 3.

64 Li Danhui, "Vietnam and the Chinese Policy toward the United States," in William C. Kirby, Robert S. Ross, and Gong Li, eds., Normalization of U.S.-China Relations: An International History (Cambridge: Harvard University Press, 2005), pp. 185 and 325; see also Li, A History of the Modern Chinese Army, pp. 218-19.

65 In India, the origin of the Maoist rebellion can be traced to the Naxalite movement in 1967 in the State of West Bengal. As late as November 2009, Maoist rebels claimed a "presence in 20 states" and dedicated to rural insurrection. Jim Yardley, "Maoist Rebels Widen Deadly Reach across India," The New York Times, November 1, 2009, pp. A1 and A16; see also Rita Khanna, "War against the Maoists: But Who Are They and What Do They Want," Radical Notes Journal, November 19, 2009. http://robertlindsay.wordpress.com/2009/11/23/who-are-the-maoists-and-what-do-they-want-by-rita-khanna/

In Nepal, the Communist Party of Nepal (Maoist) gave up a decade-long rural rebellion against the government in 2006 by agreeing to participate in the peaceful political process. In 2008 its leader, Pushpa Kamal Dahal, became prime minister of a coalition government following the party' s victory in a parliamentary election. But the party soon left the coalition government because of political feuds. Then, in August 2011, the Maoist party returned to power when Baburam Bhattarai, one of its senior leaders, was elected the new prime minister by the parliament. The New York Times, August 29, 2011, p. A7.

In Peru, the Shining Path (Sendero Luminoso) is a Maoist group operating in the hills since the 1980s. It remains a rebel group in the country today. Kathryn Gregory, "Shining Path, Tupac Amaru (Peru, Leftists)," August 27, 2007, US Council on Foreign Relations. http://www.cfr.org/publication/9276/.

66 Samina Yasmin, Chinese Economic and Military Aid to Pakistan 1969-1979, Canberra: Department of International Studies, Australian National University, 1987.

67 Jamie Monson, Africa's Freedom Railway: How a Chinese Development Project Changed Lives and Livelihoods in Tanzania, Bloomington: Indiana University Press, c2009.

68 參閱 Robert G. Sutter, "Strategic and Economic Imperatives and China' s Third World Policy," in Lillian Craig Harris and Robert L. Worden, eds., China and the Third World: Champion or Challenger? (Dover, Mass.: Auburn House Publishing Co., c1986), p. 32.

69 Wang Zhongchun, "The Soviet Factor in Sino-American Normalization, 1969-1979," in Kirby, Normalization of U.S.-China Relations, p. 150。Holding the rank of colonel, Wang was a professor at the Chinese National Defense University in Beijing.

70 熊向暉，《我的情報與外交生涯》，頁一七三。

71 李捷，《毛澤東與新中國》，頁二五；and Wang Zhongchun, "The Soviet Factor," p. 149.

72 同前書，頁一五三。

73 李捷，《毛澤東與新中國》，頁二三。

74 Quoted in Xia, Negotiating with the Enemy, p. 170. See also Gong Li, "Chinese Decision Making and the Thawing of U. S.-China Relations," in Ross and Jiang, Re-examining the Cold War, pp. 349-50.

75 Quoted in Li Danhui, "Vietnam and the Chinese Policy toward the United States," pp. 201-02.

76 同前書，頁一八二～一八三。

77 Nixon's notes, 16 February 1972, Folder 1, Box 7, White House Special Files. Quoted in Xia, Negotiating with the Enemy, pp. 190, 192.

78 《中華人民共和國和美利堅合眾國聯合公報》（上海公報），一九七二年二月二十八日，全文，見 news.xinhuanet.com/ziliao/2002-01/.../content_257045.ht...

79 "Memorandum for the President's File by John Holdridge of the National Security Council Staff, Washington, March 23, 1972," FRUS, 1969-1976, Vol. 17, p. 858.

第十二章 致富之道

如果說蔣和毛在開始掌權時缺少外交經驗，他們更缺乏經濟方面的經驗。這在他們開始執政時是如此，即使在整個執政時期也是如此。他們都承認沒有經濟專科知識，也無實際管理農、工各業的能力。可是，他們都認為「富國」是十九世紀「自強運動」以來，所有中國執政者的歷史使命，因此必須竭盡所能，從事建設工作，以期於將來達成這一目標。

他們當然清楚，自清末以來，過去的各個執政者，沒有建立起富國的基礎，更不要說完成這一使命。現在，他們在連年戰亂之中，怎麼會有不同的成果？這一章就要回答這一問題，分析與對照他們經國濟民的大政方針，釐訂的政策，任用的人員，達成的效果，以及對他們身後中國興起時所作的貢獻。

致富的基本觀念

蔣的經濟思想

蔣所寫的千千萬萬文字中，很少牽涉到經濟。他的經濟思想尤其簡單，大體說來，有兩個源泉。一個是他所了解的中國歷史中的主流經濟思想。他在一九四三年所發表的《中國經濟學說》小冊子中，特別推重春秋時代齊國政治家管仲（公元前七二五年～六四五年）的見解。他說明：

管子對於農商的關係從價格問題著眼來求解決。黃金是人民交易的手段，穀米是人民生活的必需品，金多則物賤，金少則物貴；穀貴則物賤，穀賤則物貴，物賤則傷貨，金少則傷事；穀貴則傷民，穀賤則傷農。管子的政策是國家要使金與穀的價格得到平衡，始可以平衡一般的物價，而求金穀的價格平衡……金與穀必須操於國家之手……物貴則緊縮金幣，穀貴平糶穀米，如此則萬物可以流通……管子主張國家獨占鹽鐵及山澤之利，並統制國外貿易。[1]

蔣還引述歷史上其他政治家，在實行經濟改革時所提出的見解，而以王安石（一〇二一年～一〇八六年）的思想，最受其注意。[2] 蔣所重視的中國傳統主流思想，著重政府擔任調濟金融、農業、貨物供應的角色，以求供需平衡，促進國民福利。這種思想與現代的經濟思潮具有模稜兩可的關係。一方面具有國家主義經濟的色彩，另一方面與自由主義有某種相似之處，即政府管制金融，支援農業，以平糧價。但是中國傳統思想，究竟過分簡單，而且有過時之感，不足以適應於組織日趨複雜，分工日趨細微，市場日多波動的現代經濟體制。

蔣的第二個經濟思想來源是孫中山的各項經濟理論：包括民生主義中的都市「平均地權」、農村「耕者有其田」、「發展國家資本、節制私人資本」等主張；[3] 以及國際共同開發中國的「實業計畫」[4]。蔣在這一方面的著作，只是重述或引伸孫的主張，沒有提出新的見解。[5]

毛的經濟思想

毛在一九六一年的一次會議中，坦白說道：「講打仗，鬥地主，我們比較有經驗，對搞經濟建設則缺少經驗。我和斯諾（Edgar Snow）談過，搞經濟建設不行……」可是，他緊接著說，共產黨從建黨到執政，花去二十八年時間（一九二一年～一九四九年）；那麼，「搞〔經濟〕建設，是不是只搞二十年〔就〕取得〔成果〕？」他認為是可以的。[6]

在他的最重要著作中，有關財政經濟方面的篇幅，不是很多。《毛澤東選集》（一九二六年～一九四九年）收集了一百五十九篇文章；其中僅有十二篇談到財經問題；中共中央編纂的《毛澤東傳（一九四九～一九七六）》共有四十三章；其中只有十二章說起財經事務。可是在他的演說、聲明、議事紀錄等方面的文字，他卻連篇累牘地發表有關經濟的意見，比任何其他中共領袖所表達的意見為多。[7] 從這些著作及文字中，可以歸納出他經濟思想的幾項構成因素：[8]

◎馬克思主義，列寧主義：階級鬥爭為社會、經濟進步的原動力；勞動價值觀；財產共有制；平等觀念為增產的因素。

◎中國傳統工作價值觀：勤儉與耐勞。

◎自力更生。

第一項因素，來自蘇聯的經驗。第二項來自中國歷史經驗；毛指出，中國農民在過去所以能夠供應成億國人的食糧，又建設起長城、運河等巨大工程，就是依靠他們辛勤與耐勞的習慣；這樣的習慣應該在社會各階層中推廣，使其成為現代經濟建設的條件。[9] 第三項是中共在一九二〇年代到一九四〇年代，艱苦奮鬥中所獲得的心得：在貧困的地區，必須靠一己的努力，從事生產，不依賴外援，才能求得自足自飽。[10]

當毛執政以後，他堅信如果他的經濟觀念，運用於政策之中，徹底予以推行，便可消除中國的貧窮，進入富裕之境，媲美西方國家的成就。也正因為他有這種堅定不移的信念，他要求中共領導階層接受他的信念，更行使高壓手段，逼迫全民從事毛式的高速農、工生產。

經濟政策之制定

蔣：專家之治

蔣了解他的經濟學識極其有限，沒有試圖把他的簡單經濟觀念轉變為農、工、商業政策，而把制訂與實行政策的任務，交予學有專長人員之手。他在大陸執政時期，任用各類專家，推展財政、金融、工業、交通等業務。首先是孔祥熙及宋子文。蔣結識他們是在廣州國民政府時代；蔣、孔、宋尚未結成姻親關係。以後經北伐、抗戰，蔣一直依賴兩人主管財經事務，任命為國家銀行總裁、財政部長，及行政院長等職。孔祥熙和宋子文分別受教於美國耶魯及哈佛大學，以經濟為專科。在任職國府初期間，從事重要財經改革，包括：建立統一稅制；發行法幣；整理海關制度；成立中央、中國、交通、農業四個國家銀行。此外，宋子文曾成立非官方的中國建設銀公司，專門資助及興辦輕工業。[11]

孔祥熙和宋子文長期經理國府財經事務，又具有絕大的權力，時常為人詬病，認為濫用職權以獲私利；這一類批評將在下一章中討論。但是他們的財經改革，則確有貢獻，為國府建立制度，充分動員財源，使其能夠在動亂的時代中，繼續運作。

在一九三〇年代，蔣曾陸續設立一些部會級的機構，負責經濟計畫並推展工業事宜。這包括一九二八年成立的建設委員會（由張靜江領導），一九三一年設立的國家經濟委員會及一九三二年成立的經濟資源委員會。

資源委員會歷時最久，規模龐大，影響深巨。原名為國防設計委員會，後改為此名，於一九三五年置於軍事委員會之下，一九四六年改屬行政院，一九四九年遷往臺灣，於一九五二年結束。成立時由翁文灝（留比利士 Louvain University，得地質學博士）及錢昌照（留英，習經濟學）分任正副祕書長，陸續聘用大批科學家、工程師、經濟學家，及各類技術人員。後來資委會的專業及管理人員增長到三萬三千人之多。[12] 許多會裡的中上層人員，在臺灣經濟發展過程中，擔負重任。例如尹仲容、李國鼎、孫運璿、張茲闓便是。即使在中共治下的大陸，有幾位在太空武器發展有貢獻的尖端科學家，也曾在資委會服務。[13] 資委會主要業務廣泛，包括資源調查；工業、交通、礦業發展計畫；及監督國營製造業及礦業公司；實際上，就是小型的經濟部；對國府南京時代的工業化推進，以及抗戰時期的資源開發，都作出巨大貢獻。

蔣在南京時代，曾聘請兩類外國顧問，協助推展現代化的措施。一類是財務專家，共有六十五位，包括國際聯盟、歐洲，及美國的人員，從事財經改革工作；另一類是軍事顧問、共有一百五十餘名；主要來自德國，但也有美國、法國，及義大利人士。[14] 如眾所周知，德國顧問的主要任務，是在訓練中央軍及設計軍事策略，進攻江西時代的共軍基地；他們也協助中國建立軍火工業及推展中、德通商事宜。[15]

蔣到臺灣以後，逐漸體會到軍事反攻大陸無以實現，決定從事發展經濟；用他的話來說，是要把臺灣建立成一個三民主義模範省，作為對大陸政治攻勢的一項重大措施。一如南京時代一樣，他把經濟建設工作交給各類專家，予以實施。只是他們較之南京時代者更具權勢，多次組成財經內閣，聘用較多科技人員，並經由美援機構的協助，全力開展農、工、商各業事宜。以下列出各類專家多人，及其學歷及主要經歷（將與下文中列出的中共經濟政策執行人員，作一對照）：

一、三位領航者：

◎嚴家淦：上海聖約翰大學畢業，習化學；曾任經濟部長、財政部長、臺灣省主席、行政院長、副總統、總統；連續在三十餘年中，為臺灣經濟發展主要策畫人之一。

◎尹仲容：上海南洋大學（後為交通大學）畢業，習電機工程；曾任中央信託局局長、經濟部部長、行政院經濟安定委員會祕書長、美援運用委員會副主任委員、臺灣銀行董事長；果斷、熱誠、具創見性的政策設計及執行人；直到他一九六三年去世以前為止，是臺灣工業化過程中影響最大的一位官員；獲有「臺灣工業化之父」的美名。

◎李國鼎：中央大學畢業，習物理；英國劍橋大學研究；曾任臺灣造船公司總經理、行政院工業委員會專任委員、美援運用委員會祕書長、經濟部長、財政部長、行政院應用科技研究小組召集人；在尹仲容之後，推行臺灣工業及技術發展最具貢獻，聞名於世的臺灣經濟奇蹟創造人之一。

二、資深經濟首長：

◎俞鴻鈞：上海聖約翰大學畢業，習文學；曾任中央銀行總裁、財政部長、臺灣省主席、行政院長。

◎孫運璿：哈爾濱工業學院畢業；曾任臺灣電力公司總經理、交通部長、經濟部長、行政院長；與李國鼎共同推展新竹科學工業園區；在蔣經國總統任期內，進行十大建設。

◎俞國華：美國哈佛大學畢業，習經濟學；曾任中央信託局局長、中國國際商業銀行董事長、財政部長、中央銀行總裁、行政院經濟建設委員會主任委員、行政院長；在蔣介石及蔣經國總統任期內，對臺灣財、經建設均有貢獻。

◎張茲闓：美國紐約大學工商管理學碩士，倫敦政治經濟學院研究；曾任中國石油公司總經理、經濟部長、臺灣銀行董事長、中美經濟合作策進會理事長。

◎徐柏園：美國北伊利諾大學、芝加哥大學研究；曾任中國銀行董事長、臺灣銀行董事長、財政部長、中央銀行總裁、行政院外匯貿易委員會主任委員。

◎楊繼曾：德國柏林工科大學畢業；曾任臺灣糖業公司董事長、經濟部長。

◎陶聲洋：上海聖約翰大學土木工程系畢業；曾任美援會副處長，國際合作發展委員會祕書長、經濟部長。

◎張繼正：上海同濟大學畢業，習土木工程；美國康乃爾大學博士；曾任交通部長、國際合作發展委員會祕書長、財政部長、中央銀行總裁。

◎張光世：北平清華大學畢業，習化學；曾任經濟部次長、經濟部長。

三、中國農村復興聯合委員會：

◎蔣夢麟：美國哥倫比亞大學博士；曾任北京大學校長、教育部長、農復會主任委員、石門水庫建設委員會主任委員。

◎沈宗瀚：美國康乃爾大學農藝博士；曾任農復會主任委員。

◎蔣彥士：美國明尼蘇達大學農學博士；曾任農復會祕書長、教育部長、外交部長。

◎李登輝：美國康乃爾大學農經學博士；曾任農復會技正、臺灣省主席、副總統、總統。

四、美籍華人教授、經濟顧問：

◎劉大中：曾任美國康乃爾大學經濟系教授。

◎蔣碩傑：曾任美國康乃爾大學經濟系教授。

◎費景漢：曾任美國康乃爾大學及耶魯大學經濟系教授。

◎顧應昌：曾任美國密西根州立大學經濟系教授。

◎鄒至庄：曾任美國普林斯敦大學經濟系教授。

以上這類菁英人士，都學有專長，熱心服務，合作無間，發揮高度工作效率。這裡，一位多年服務臺灣財經界的高層幕僚人士王作榮，對他們的形容最為妥貼：

〔他們的〕年齡都在四十至五十之間……都是國內著名大學畢業……都曾留學歐美或在國內教會學校受教，因此都兼有中國儒家傳統文化及西方文化與知識的修養，都具備第一流的頭腦與辦事能力。……〔他們〕都是操守廉潔，生活簡樸，公私分明，也都公忠體國……職務不爭大小，一旦落在身上，即全力以赴。[16]

蔣先後經由兩位行政院長陳誠及嚴家淦，與這批人員聯絡磋商；他幾乎完全放手讓他們去主管經濟，但非常留心細節，並決定大政方針。他這樣與僚屬的關係，還是由王作榮說明得好：「總統蔣中正、副總統兼行政院長陳誠，兩人對財經官員充分信任，充分授權，從不公開發言自作主張，也從不私下出意見作指示，但他們也充分掌握財經發展局勢，在聽取部屬的討論、爭辯，及建議後，作最後的裁決……。」[17]例如，行政院於一九五九年，商討非常重大而全面的「十九點財經改革措施」時，當時由嚴家淦、尹仲容及李國鼎晉見蔣，「由嚴先生逐項說明，蔣公逐項同意，李先生作成紀錄。一九六〇年一月經行政院通過發布。」[18]

蔣時常約請專家，聽取意見，以備參考。在一九六〇年代下半期，他曾多次向美籍華人經濟學教授請益，執禮甚恭；有時共度週末，以便集中精神討論事項。他在日記中記載道：

劉大中、蔣碩傑等所陳改正經濟政策十一項之重點，甚為扼要，且極合現實，更知經濟財政之設施，〔非〕由專家研究不能事半功倍，〔不然〕或反害之。晚約劉〔大中〕、蔣〔碩傑〕、顧〔應昌〕、費〔景漢〕與〔李〕國鼎聚餐後，聽取其改正經濟政策之報告，甚為有益。（CKSD，7/12/67）

上午在〔梨山〕農場與劉、蔣、顧、費四專家討論經濟建設有益，聚餐後別去。（CKSD，7/13/67）

蔣在日後的日記中，曾記述他與劉大中等在一九六九年，兩度在風景區聚會，商談事宜（見CKSD，8/7，8/69，8/23/69）。一九六八年他同意任命劉大中為賦稅改革委員會主任委員，從事改革臺灣賦稅制度，以配合工業建設，增加稅收。劉大中的改革方案，因侵犯部分人的利益，在立法院遭遇強力反對，逼得劉大中聲淚俱下，請求通過，終未有成。蔣得知後，親加干涉，卒得完成立法手續。一年之後，他重病復原，親為劉大中舉辦茶會，嘉勉其貢獻。（CKSD，6/29/70）

臺灣的財經官員在蔣主政時期，施行了兩大套經濟政策。其一是在一九四九年至一九五三年的三項土地改革政策：三七五減租（佃農付給地主的地租從農產品百分之五十減為百分之三七點五），公地放領，及耕者有其田。當即得到蔣的贊同，認為附合孫中山平均地權的主張。這三項土改中以最後一項規模最大而最成功。其中最具創見性的措施，是地主得到的地價補償，除由政府公債支付外，另由政府出售四家公有公司（工礦、機械、農林、水泥）的股票支付。如此耕者負擔減輕，便利增產；而地主轉為企業所有人，使資金從農業移入製造業，促進工業發展。這是在臺灣早期的發展過程中，農、工兩業均有快速成長的原因。臺灣的土改由性格果斷的陳誠主持，排除困難，迅速完成。土改之後，農業復興聯合會採取各項措施，協助農民增產，包括：改良品種、供應肥料、擴展水利、農地重劃、機械耕田等項目。[19]

第二套政策是循序漸進地，連貫性地的工業、貿易、投資措施。大體說來，在一九五〇年至一九六二年之間，臺灣採取「進口代替」政策，鼓勵國內新興工業，製造產品代替進口貨物。當國內新興工業打定基礎後，在一九六二年至一九八〇年之間，採取「出口擴張」政策，由政府資助國內工業，生產成品出口，同時採取措施，便利國際貿易及國際投資。這其中最重要的一項措施，是在一九六六年設立的高雄出口加工區，由國內外公司，在區內設立工廠，享受進口物資免稅待遇，但必須加工製造成商品再行出口。高雄出口加工區創立了世界的先例，結果非常成功；一九七一年臺灣增加了兩個加工區，分別設在南梓及臺中。在出口擴張時期，臺灣調整外滙及金融制度，以利國際貿易，並且改善國際投資環境（優惠稅率，協助建廠，建設公共工程，簡化政府規章），以便招徠跨國公司，在臺灣投入資金，並作技術移轉，進而提升工業水準。[20]

由於這兩套經濟政策充分發揮了效果，臺灣的經濟制度產生了兩個劃時代性的變化。一個是從地處狹窄島嶼的小農經濟轉變為與世界市場掛鉤的工業經濟。另一個是從勞力密集工業，逐步升級到資本密集工業及技術密集工業。

另外，在臺灣經濟發展過程中，有兩項濃厚政治意味的事件值得注意。第一件是關於推廣私人企業的政策。自一九五〇年代以來，政府中財經官員，經過美援機構一再建議，認為應該大量引進民間資本於各項企業之中，同時減少公營公司在工業中所占的分量。可是這樣的想法，違背孫中山的「節制私人資本、發展國家資本」的主張。而這項主張正是國民黨歷年來的一項主要經濟政策。所以專家的想法，引起國民黨高層人士的反對。雙方幾經爭執，最後由蔣認可，發展私人資本成為國民黨的政策，予以實現。一九五三年在施行「耕者有其田」方案時，政府出售四家公有公司給地主，是實施這一政策的第一步。以後私人企業高速成長，在一九五三年製造業中僅占百分之四十四；到一九七六年，增加至百分之八十。公營企業相對地從百分之五十六減低至百分之二十。[21]

第二項事件牽涉到人口問題。臺灣的財經官員認為人口的增長過速，消耗資源，不利經濟發展，建議予以限制。這項建議也是違背孫中山的主張。他指出過去列強多方侵略中國，要使列強無法征服中國，就是增加中國人口。孫的這項主張成為國民黨的信念。因此，財經官員限制人口增長的建議，遭受重大阻力。但是尹仲容及李國鼎不屈不屈不撓，一再宣揚穩定人口成長的重要性，最後經蔣的同意，在一九六〇年代初期，經過立法程序，制成法案，由政府輔導人民實施。[22]

毛：政治掛帥[23]

毛雖然承認缺乏經濟經驗，卻有無比的自信心，覺得他只要努力學習，就會掌握應有的知識，從事領導工、農事業的發展。他有根深蒂固輕視專家的偏見，認為決不可讓他們主管經濟。他堅持「政治掛帥」的原則，以意識形態為經濟政策的基礎，由受過共產革命洗禮的幹部，組織與指導群眾，快速發展建設事業。

在一次一九五八年的會議中，他提醒幹部「不要怕教授」。也就是說，不必重視有學問的人。他說，自古以來，創新思想的人，都是學問不足的年青人。孔子、耶穌、釋迦牟尼、孫中山、馬克思都是這樣的人。他強調「歷史上總是學問少的人，推翻學問多的人。」[24]在另外的一次會議中，他宣稱：「我也不懂工業，可是我不相信工業就是高不可攀。我和幾個搞工業的同志談過，開始不懂，學幾年也就懂了，沒有什麼了不起。」[25]他又說，外行領導內行是一個普遍的規律。[26]

於是毛在充分自信心之下，在建立中共政權以後，發表多篇文章與講詞，指示經濟發展的方向，其中最重要的題目，包括：「過渡時期總路線」、「關於土地改革和財經工作」、「農業合作化道路」、「中國農村社會主義高潮」、「論十大關係」、「社會主義建設總路線」、「大躍進」、「人民公社」。[27]這些文章與講詞，都是在一九六〇年代初期以前所發表；之後，他很少再作具體的指示，因為他忙著開脫自己大躍進失敗的責任，後來又全神地指導天翻地覆的文化大革命。毛的經濟大政方針有下列幾點：

◎實行新民主主義經濟政策（一九四九～一九五二年）。土地改革，農業合作化，除了民族資產階級的企業可以在過渡時期存在以外，所有企業歸公。

◎從建設社會主義經濟到大躍進（一九五二～一九六〇年）。開始計畫經濟，農業集體耕作，設立人民公社，訂立「高指標」鼓勵生產，[28]以重工業為主輕工業為輔的工業政策，沿海地帶發展為先，內陸發展為後的順序（一九六〇年代下半期，因中蘇分裂，有些工廠自沿海地區遷往內陸）。[29]

◎毛以一九五八年一月一日《人民日報》的社論方式，發表一項重要指示，要求各行各業遵行「多、快、好、省」的工作原則：多多生產，快速增加，好的成品素質，節省成本。這種口語式的指示，稱之為總路線，不但立即成為衡量各生產單位成績的標準，也成為判別幹部是否忠實無渝地執行經濟政策的依據。

◎毛堅持自力更生的主張。他在一九四五年的一次談話中指出：「我們希望有外援，但是我們不能依賴它，我們依靠自己的努力……」從事生產。[30]中共建國以後，在毛去世以前，這是中國一貫的政策指標。不僅不依賴外援，更有進者，也不重視國際貿易與國際投資的開展。

在經濟開發的過程中，毛只掌握這些原則，由主管財政經濟的高級幹部，從事制訂與執行政策。

以下為中央財經高幹的學歷及主要經歷：

一、三位主導幹部：

◎陳雲：可能未曾中學畢業；曾任地方黨部書記、游擊部隊政委，參加長征，後任中共中央組織部部長、東北財政經濟委員會主任，建國後任財政經濟委員會主任，文革時被迫辭職；毛去世後恢復原職，為鄧小平經濟改革的主要設計人。

◎李先念：學歷不詳，但非大學畢業生；曾任地方黨部書記、游擊部隊政委，參加長征，建國後任國務院副總理兼財政部長、國家計畫委員會副主任；毛去世後曾一度任國家主席。

◎薄一波：學歷不詳，但非大學畢業生；曾任地方黨部書記、游擊部隊政委及司令員，參加長征，建國後任國務院副總理兼財政部長、財政經濟委員會副主任、國家計畫委員會副主任、主任。

二、五位資深幹部：

◎李富春：學歷不詳，但非大學畢業生；曾參加北伐，任地方黨部書記、游擊部隊政委，參加長征；建國後任財政經濟委員會副主任、重工業部長、國家計畫委員會主任。

◎余秋里：大概是中學學歷；游擊部隊政委及司令員，建國後任石油工業部長、國家計畫委員會主任。

◎姚依林：就讀清華及南開大學，習化學，未畢業；抗戰時在晉察冀邊區從事財經工作；建國後任商業部長、經濟計畫委員會主任、國家發展和改革委員會主任。

◎宋平：就讀北京大學，習農業，後就讀清華大學，均未畢業；建國後任勞動部副部長、中共組織部長、國家計畫委員會主任、中國計畫生育協會會長。

◎谷牧：就讀鄉村師範學校；抗戰時在華東從事黨務、軍隊政委工作；建國後任濟南市市長、國家建設委員會副主任、主任、國家計畫委員會副主任、外國投資管理委員會主任、國家對外經濟委員會主任；對設立經濟特區，有非常大的貢獻。

所有這些主管中共財經高幹，都接受毛的經濟思想為堅定不移的信念，幾乎毫無異議的執行他的指示，即使對毛的決策偶有疑慮，也不敢表露出來。例如作為三位主導幹部之一的薄一波，在毛去世後發表的回憶錄中坦白承認，他對大躍進的錯誤要承擔責任。他敘述道，他在一次會議中，認為毛要求鋼的增產量過分偏高。可是，他說，「那時，我的腦子……發熱……即使有不同意見也不便堅持，因此，我也同意。」後來在廬山會議檢討大躍進的失誤時，他說起，「對於彭德懷同志的痛切陳詞，所見所思，其膽其識，我是很讚賞的。但說句心裡話，在他受到嚴厲批評後，『我已全然沒有這個膽量』去如實發表自己的意見了。事實上，我也不得不和大家一道參加了對彭德懷等同志的錯誤批判……今天看來……這是不能自我原諒的。」[31] 陳雲對大躍進也不滿意，但從未直接批評，更不要說指責毛的不是了。

政策效果

蔣：南京十年與臺灣奇蹟

蔣的經濟政策成果可從兩個階段來衡量：一是一九二八年到一九三七年，另一是一九五〇年到一九七五年；一般學者稱前者為南京十年；後者為蔣主政臺灣時代。在這兩階段中間的十二年（一九三七年到一九四九年），因為抗戰及內戰的連年破壞，無從建設，不在衡量之列。在第一階段中，蔣沒有重視農業建設；農產總值，耕地面積，以及水利工程，都無改善。工業方面則有卓越的表現。從一九二八年到一九三六年，工業產量每年平均成長率為百分之八點四；從一九二七年到一九三六年，工產總值增加了百分之一百零三點六。[32] 舉凡發電量、鐵路及公路里程、紡織業生產量、進口石油量、貨船運輸噸位都有顯著的增加。[33] 同時值得注意的是，幣值在這期間非常穩定。一元法幣折合美金三角；外滙存底也在增加，到一九三七年六月三十日，也就是抗戰開始的前夕，共有三億七千九百萬美元。[34]

這裡需要特別指出，中國在這一時期正處於內外交困的環境。日本連年侵占中國領土，世界經濟大恐慌引起貿易金融風暴，軍閥復活而混戰，又有國、共在江西曠日持久的戰局，再加上政府赤字累積。在這種情勢之下，南京政府仍有如此卓越的經濟成就，引起許多外國專家、學者的特別讚賞。例如，美國駐華大使納爾遜．詹森（Nelson T. Johnson），於一九三七年致其政府報告中指出，「國府在各方推進經濟建設」，獲有高度成就。[35]曾任國府美國經濟顧問奧塞。楊格（Arthur Young），也說明，「就全面而論，國府在它的第一個十年中，得到良好的成績。」他認為中國將來有希望達到富有之境；他把這樣的成就歸功於蔣的領導有方。[36]研究中國事務多年的佛朗茲・麥克爾（Franz Michael）；經濟學家如湯姆斯・羅斯基（Thomas G. Rawski）、陳迺潤（Nai-ruenn Chen）、華爾特・格蘭遜（Walter Galenson）都有同樣的評價。[37]即使是經年批評國民黨的著名美國學者易勞逸（Lloyd E. Eastman）也寫道，「南京十年的高度工業成長率，是一個顯著的事實」，並且超過了當時快速發展的德國經濟成長率。[38]但是，有少數學者不是這樣的看法，認為南京政府並無特殊經濟成就。[39]

蔣在臺灣時代所得到經濟成果，毫無疑問地較南京十年的成就，更為優越。以下的統計資料，可以說明。[40]臺灣的經濟成長率，在一九五〇年代是百分之八點二，一九六〇年代是百分之九點一，在一九七〇年代是百分之十；從一九五二年到一九八〇年，平均成長率是百分之九。從一九五二年到一九七五年國民生產毛額增加了九倍，從十六億八千一百萬美元到一百五十六億五千九百萬美元；個人平均所得增加五倍，從一百九十七美元到九百七十九美元。國際經濟活動，也有極大幅的增加。從一九五二年到一九七五年，國際投資從一百零六萬七千美元增加到一億一千八百一十七萬五千美元。從一九五三年到一九七五年，國際貿易從三億二千萬美元增加到一百一十二億六千一百萬美元。在這期間，幣值相當穩定，新臺幣四十～三十八元折合美元一元；外滙逐漸出現節餘；一九七一年的存底是四億四千萬美元；一九七五年累積至十億零七千萬美元。家庭收入日趨平均。如果把家庭收入分為五等，最高的一等的收入，在一九五二年是最低一等的收入的十五倍；在一九六四年，降至五點三倍，在一九八〇年，再降至四點二倍。

這些數字證明，臺灣與高速成長的南韓、香港和新加坡具有同樣成績，統稱為四小龍；臺灣經濟奇蹟是在蔣的任期內所出現。[41]

毛：大起大落

在中國國家統計局所發表的《偉大十年》（Ten Great Years）一書中，有很多資料顯示出，在中共建國後的前十年中，經濟及文化方面有突飛猛進的現象。[42] 固然，中國經濟在這時期的高速成長，是因為先前連年戰亂，起步點非常之低的緣故。可是中國的高速成長，在整個時期中是持續不斷的。而且與許多低收入新興國家相較，中國的成績是相當的優越。經濟學家亞歷山大・艾克斯坦（Alexander Eckstein），根據許多相關國家的資料指出，「中國比起印度及其他許多開發國家，都有更好的經濟表現。」他說明，從一九五二年到一九五八年，中國工業成長率是非常可觀的百分之一百五十六，農業則為百分之二十三，都遠較他國為高。同時，中國曾大幅縮減家庭收入差距，比他國較有成績。[43]另外，一位研究中國問題專家，杜克・巴奈特（A. Doak Barnett），列出中國的國民生產毛額，自一九四九年的五百四十億美元上升到一九五八年的一千五百三十億美元（以一九七七年價格為準），個人平均所得在同一時期內，從一百美元上升到二百三十四美元。[44]不論用任何標準來衡量，這樣的經濟成長速度，足可名列世界前茅；與臺灣的成長速度，不相上下。

可是，這以後的情形就大不相同了。接連而來的是生產驟減，隨後則有大幅起伏波動。根據巴奈特所作的研究，國民生產毛額從一九五八年的一千五百三十億美元，降到一九六〇年的一千四百一十億美元，再跌到一九六一年的一千一百二十億美元；三年之間，大落百分之二十七之多。如果這在資本主義國家發生，將會造成經濟大恐慌。直到一九六四年，才恢復到一九五八年的原狀；這時的國民生產毛額略升到一千五百七十億美元；繼續升到一九六六年的一千九百六十億美元，然後又下降到一九六八年的一千八百九十億美元，又上升到一九六九年的二千一百億美元。[45]其他學者的資料，都顯示出同樣的生產量下跌上升形式。[46]進一步來仔細研讀這些資料，將會得到一項結論：毛大力干預經濟時，生產量就會下跌；他退而不管時，生產量就會上升。毛在一九五八年至一九六一年，如瘋似狂地推動大躍進，於是國民生產毛額狂跌百分之二十七；在以後的五年中，毛退居第二線，經由劉少奇、周恩來、鄧小平共同努力，休養生息後，經濟好轉。到了一九六六年毛發動天下大亂的文化大革命，生產量又行下降，三年後，文革的最狂暴的階段已行結束（紅衛兵已被解散，中共舉行第九次全國代表大會，表示黨已改造成功），生產量又開始上升。

研究臺灣與中國大陸經濟數十年之久的學者鄭竹園，在一部書中列出一九五二年至一九八〇年，兩地的簡明經濟資料，而這一時期大體上是蔣、毛分別在兩地主政時期。他把雙方的經驗作兩點概括性的對照。首先就經濟成長率而言：「在一九五二年至一九五九年間，臺灣與大陸國民生產毛額……之平均增長率大致相等。臺灣每年增長率為百分之七點二，大陸約為百分之八。自一九六〇年中共推行『大躍進』失敗後，大陸成長率即直線下降。而臺灣經濟自一九六三年起即進入高速成長階段，雙方差距愈來愈大。」[47]因此，「由一九五二到一九八〇年，這二十八年間，臺灣平均成長率為百分之九，大陸約為百分之五點六。即大陸長期成長率僅為臺灣成長率之六成。」[48]

其次，就國民所得而言，「一九五二年……臺灣平均國民所得約合五十美元。大陸國民所得約合四十七美元（一九五二年幣值）。但到一九八〇年，臺灣國民所得已達二千一百八十美元，而大陸國民所得仍只合二百五十六美元，相差幾達八倍。」（鄭所引雙方一九五二年國民平均所得數字，較其他學者的數字為低。）[49]

差異之處：兩項原則

在蔣、毛分別治理之下的臺灣與中國大陸，彼此的經濟成就出現了如此巨大的差距，這並不表示蔣比毛具有較豐富的經濟知識。事實上，兩人也許都不熟悉現代經濟學中的兩項解釋經濟成長的基本原則。一項是，成長國家的經濟會發生結構性的變化。一個國家的經濟結構包括三類產業：簡單地說，它們是主要產業（農業）、二級產業（工業），及三級產業（服務業）。在落後的國家中，農業占經濟中最大的比重，而且三類產業比重固定無變化；在成長的國家中，主要產業的比重在減輕，二級產業的比重在增加；在高度成長的國家中，第三級產業的比重在增加，進而成為最大的比重，其他兩級產業的比重在減輕。這項原則適用於世界各地區，包括西方國家及新興工業國家。

第二項是比較利益原則。這個原則表示，因為各個國家所具有的生產要素（土地、原料、勞力、資本、管理、技術等）不同，要使各個國家的經濟都能成長，各個國家應該運用有利於己的要素，從事生產產品，然後互相通商交換。這樣，大家都能增加自己的產品，因而開展彼此的經濟。譬如人口多的國家，可以生產需要大量勞力的紡織品；資本雄厚的國家，可以生產需要大批資金的汽車；雙方互換，各得其利。這是比較利益最簡單的說法。實際的運作，則很複雜。經濟學者從李嘉圖（Richard Ricardo）到赫克斯與歐林（Eli Heckscher and Bertil Ohlin），再到善姆爾森（Paul Samuelson）都在這方面發表過精深的理論。[50] 這原則的啟示是：各產所利，互換致富。西方國家及高速成長的四小龍，都證實這是一個屢試不爽的原則。

蔣也許不懂得現代經濟學，但是他讓懂得這一學科的財經專家，去制定符合這兩原則的政策，加以實行。毛既不懂得現代經濟學，也沒有任用專家根據這兩項原則去開展經濟。這是臺灣與大陸經濟發生巨大差距的原因。[51]

臺灣經驗

蔣在南京十年這一期間，任用孔祥熙、宋子文、翁文灝等人主導經濟發展。這些財經專家所制定的政策，只是部分地實現上述的兩項原則，就經濟結構來說，他們僅僅擴張了第二級產業，特別是紡織業及其他輕工業，沒有顧及其他產業。至於比較利益原則的運用，當時中國的國際貿易地位很脆弱，只有礦業原料、桐油、豬鬃之類的輸出品，無以推動大規模的國際產品交換。

蔣在治理臺灣時期，由尹仲容、嚴家淦、李國鼎，及其他大批學識與經驗豐富的財經專家放手去製定農、工、商的各項政策，順序予以實行。先從主要產業的農業開步，經由土地改革，增加農村收入，因而引起鄉鎮企業的興起，帶動城市輕工業的發展，之後再推展重工業。在主要產業推動第二級產業的同時，臺灣的財經專家，先後實行進口代替及出口擴張政策，進入了世界市場，以臺灣的勞力密集輕工業產品交換他國的資本密集產品；也順帶地推展了銀行、保險、廣告、律師等的第三級產業（有關統計資料，將於下節，對照臺灣與大陸經驗時列陳）。

這些政策把臺灣的三級產業，絲絲入扣地連貫發展，逐步高升，也充分地發揮了比較利益的原則。結果，臺灣在一九五〇年代到一九七〇年代之間，從落後貧窮地區躍升為繁榮的新興工業經濟體。

大陸經驗

毛一方面覺得自己缺乏經濟知識，另一方面又說，「學幾年就懂了。」實際上，他在治理大陸的經濟時，還是依靠他在打游擊時代所得到經驗，再加上他所了解共產主義的理想，制定政策，由幹部予以實行。他認為吃苦耐勞、堅忍奮鬥、自力更生，是中共在內戰得勝的條件，也是建設工、農事業成功的不可或缺條件；而且他認為在貧困的環境從事建設就是革命，「和打仗一樣。」[52]從這一角度來看，他在一九五〇年代到一九六〇年代主導大陸經濟時，仍像他在一九二〇年代到一九四〇年指揮作戰一樣，要大家勇往直前，刻苦，奮鬥，犧牲。這樣才能建設成共產社會。

由於他的狹窄的經濟經驗，他認為「搞經濟」只限於主要產業及第二級產業之內，根本就沒有第三級產業的觀念；而天真地把第二級產業簡化為鍊鋼事業。[53]他只相信吃苦耐勞與自力更生是生產的要件，從來沒想到，一個國家要生產自己需要的所有產品，是最沒有效率的發展經濟方式。在他的連篇累牘的文章中，完全忽視了國際貿易與投資的重要性。

他非常急功好利，想把世界上最貧窮國家之一的中國，在十至十五年「超英趕美」。他逼迫各級廣大幹部，服服貼貼地接受他的信念，毫無疑問地聽受他的「高指標」，從事「多、快、好、省」的生產。在大躍進時一度得意之餘，曾說過，這兩千萬幹部，是招之即來，揮之即去。除了中國共產黨之外，還有那一個黨可以作到這一步？[54]

毛任用的高幹，如陳雲、李先念、薄一波，都是與他同樣的出身，作過政委，打過游擊，參加過長征；沒有一個人是大學畢業生；既無現代經濟學的知識，也沒有學習蘇聯以外國家經驗的機會。如果他們按毛的辦法，能把大陸帶入富裕之境，那麼，尹仲容、嚴家淦、李國鼎就能打勝游擊戰，建立起共產政權。[55]

在這裡，可以列出統計資料，將臺灣與大陸就運用前述兩項致富原則的效果，作一對比。就經濟結構而說，在一九五三年，臺灣的主要產業占百分之三十五，第二級產業占百分之二十一；第三級產業占百分之四十四；在一九七五年，臺灣的相對的數字是百分之十三、四十六，及四十一。[56]在一九五二年，大陸的主要產業占百分之四十八，第二級產業占百分之二十八；第三級產業占百分之二十四。[57]一九七七年的相對的數字，是百分之三十三、三十九，及二十八。[58]其次就運用比較利益原則而說，臺灣自一九六〇年代採取出口擴張政策以後，國際貿易成為經濟成長的主動力，在一九七五年占國民生產毛額百分七十二之多；到了次年臺灣的貿易額超過了大陸的貿易額，雖然就整個經濟來說，臺灣比起大陸是小的多了。[59]這當然是大陸忽視比較利益這一原則的結果。一位研究中共外貿的學者曾指出，大陸「在一九五〇年至一九七四年之間，每年的平均國際貿易額，不到國民生產毛額百分之四。」[60]

走向致富之道

蔣不懂現代經濟學，但是讓懂的人去主管經濟，製造了臺灣經濟奇蹟。毛不懂現代經濟學，而且讓不懂的人去搞經濟，結果是「一窮二白」。毛在他有生之年，不准大陸的經濟幹部，學習臺灣經驗；可是，當鄧小平在一九七八年當權之後，卻採取了臺灣的發展方式，經過三十年的經營，奠定了致富的基礎。[61]

這從兩方面可以看出來。首先，大陸放棄了「政治掛帥」的原則，採取了專家之治。這在江澤民、朱鎔基時代（世紀交替的時期）已現端倪。到了二〇〇二年，中共舉行第十六屆全國代表大會，選出的二〇〇二至二〇〇七年的九位政治局常務委員，清一色是學習工程的人員：胡錦濤，習水力工程；吳邦國，電機工程；溫家寶，地質工程；賈慶林，機械工程；曾慶紅，自動工程；黃菊，電機工程；吳官正，機械工程；李長春，工業工程；羅幹，冶金工程。他們當選之前，除擔任黨務及政務工作之外，都曾是專業工程師；當選之後，構成中國最高領導階層。他們之中沒有一位「革命」幹部，或者專門從事意識形態工作。[62]以後兩屆的政治局常委，曾有梯次性的更動，但仍然都是專業與技術人員。[63]至於近年來國務院各部會首長，他們也是專業技術人員。就學歷與經歷來說，今日中共主政的專業官員，與蔣治理臺灣時的財經專家相似。而與毛治理大陸時的主掌財經幹部完全相異。

鄧小平主政以後，採取了臺灣經濟發展方式，製定政策促進經濟結構變更以及實現比較利益的原則。這些政策包括以「包產到戶」的制度代替人民公社，以及免除農稅，提高農民收入，刺激鄉鎮企業的發展；放棄自力更生的原則，鼓勵國際貿易與國際投資，把中國造成輕工業的世界工廠，銷售貨品於全球；換回能源、原料、資金、科技，進而促進工業升級，製造資金密集及科技密集產品，行銷他國。這就是造成中國為世界第二最大經濟體的策略。

簡言之，蔣和他的財經專家在臺灣試出來一條致富之道；毛以後的大陸專業領導人員也走上這條路。兩地都呈現富裕之境。

❖ 注釋

❶蔣中正，《中國經濟學說》，blog.sina.cn/blog_6b9c261501019j2d.html

❷同前書。

❸孫文，《三民主義》，臺北：中央文物供應社，一九八五年，頁二一五～三〇六。

❹《實業計畫》英文版為 International Development of China, Taipei : China Cultural Service, 1953；原於一九二一年發表。

❺蔣於一九三五年依據孫中山思想，發表「國民經濟建設運動之意義及其實施」。見葉世昌，丁孝智，〈南京國民政府時期蔣介石的經濟思想〉，《貴州社會科學》，第二〇六卷，第 8 期，二〇一一年八月，頁三八～四一。蔣另著有《民生主義育樂兩篇補述》。

❻顧龍生，《毛澤東經濟年譜》，北京：中共中央黨校出版社，一九九三年，頁五三五。

❼《毛澤東經濟年譜》長達六百六十頁；顧龍生，喬東光，張勝彬，《毛澤東經濟思想大辭典》，瀋陽：遼寧人民出版社，一九九三年，共七百四十四頁。兩書列舉毛有關經濟的言論。

❽參閱 Jack Gray, "Mao in Perspective," The China Quarterly, September 2006, pp. 659- 79; and Mark Selden, "Jack Gray, Mao Zedong and the Political Economy of Chinese Development," The China Quarterly, September 2006, pp. 680-85.

❾毛曾寫「愚公移山」一文（《毛選》，卷三），利用民間故事，宣揚中國傳統的工作美德，以求運用於現代經濟建設事業之中。

❿毛在這時期內，寫出下列文章，表明中共人員自力更生的精神：《毛選》，卷一，〈必須注意經濟工作〉、〈我們的經濟

政策〉；《毛選》，卷三，〈抗日時期的經濟問題和財政問題〉、〈．必須學會做經濟工作〉、〈遊擊區也能夠進行生產〉。

⓫ 關於孔宋的財經改革，見 Arthur N. Young, China and the Helping Hand, 1937-1945, Cambridge, MA: Harvard University Press, 1963; and Coble, The Shanghai Capitalists.

⓬ 參看薛毅，《國民政府資源委員會研究》，北京：社會科學文獻出版社，二〇〇五年；鄭友揆，《舊中國的資源委員會（一九三二～一九四九）：史實與評價》，上海：社會科學院出版社，一九九一年。

⓭ 參閱王奐若，〈中共「火箭之父」錢學森感念三位哲人〉，《傳紀文學》，第七六卷，第六期，民八十九年六月，頁六二。

⓮ Arthur N. Young, China' s Nation-Building Effort, 1927-1937 (Stanford: Stanford University, Hoover Institution Press, 1971), pp. 336-37.

⓯ 參看 Kirby, Germany and Republican China, Chapter Seven, "Germany and the Chinese Modernization, 1935-1937;" 及馬振犢，戚如高，《蔣介石與希特勒》，頁九一～九七。

⓰ 王作榮，〈李國鼎先生在臺灣經濟發展中的定位〉，《傳紀文學》，第七九卷，第一期，民九十年七月，頁四六～四七。

⓱ 同前文，頁三八。

⓲ 孫震，〈哲人萎平：我所認識的李國鼎先生〉，《傳紀文學》，第七九卷，第二期，民九十年八月，頁四五。關於「十九點財經改革措施」的摘要，見 Shirley W.Y. Kuo, Gustav Ranis, and John C.H. Fei, The Taiwan Success Story: Rapid Growth with Improved Distribution in the Republic of China, 1952-1979 (Boulder, Colo.: Westview Press, 1981), p. 74.

⓳ 陳誠，《臺灣土地改革》，臺北，一九六一年；and Tsung-han Shen, The Sino-American Joint Commission on Rural Reconstruction: Twenty Years of Cooperation and Reconstruction, Ithaca: Cornell University Press, 1970. Hung-chao Tai has authored a book with a comprehensive treatment of land reform programs of Taiwan along with seven other developing countries: Land Reform and

Politics: A Comparative Analysis, Berkeley: University of California Press, 1974.

⑳ Li Kowh-ting, Economic Transformation of Taiwan, ROC, London: Shepheard-Walwyn, 1988; and The Evolution of Policy behind Taiwan's Development Success, New Haven, CT: Yale University Press, 1988.

㉑ 同前書，頁一〇六。

㉒ 臺灣在內政部成立人口政策委員會，推行家庭生育計畫。由於各方的合作，人口增殖率，從一九六五年的百分之三減低到一九七二年的百分之二；以後更降至百分一。葉萬安，〈國家現代化的導航者：敬悼李資政國鼎先生〉，《傳紀文學》，第七九卷，第一期，民九十年七月，頁五三～五四；Li, The Policy behind Taiwan' s Development Success, pp. 77, 79; and Ralph W. Huenemann, "Family Planning in Taiwan: The Conflict between Ideologues and Technocrats," Modern China, Vol. 16, No. 2 (April 1990):173-89.

㉓ 毛在一九五九年作了這樣的宣示。見顧龍生，《毛澤東經濟年譜》，頁四八七。美國一位研究中國經濟有年的亞歷山大．艾克斯坦（Alexander Eckstein）說，毛這樣的宣示表明了，在經濟發展過程中，「不是生產要素，而是意識形態與組識〔決定了一切〕。」Alexander Eckstein, China's Economic Development: The Interplay of Scarcity and Ideology (Ann Arbor: University of Michigan Press, c1975), p. 1.

㉔ 引自金冲及，《毛澤東傳（一八九三～一九四九）》，上冊，頁七九七～七九八。

㉕ 引自同前書，頁八一七。

㉖ 引自同前書，頁八一八。

㉗ 金冲及，《毛澤東傳（一八九三～一九四九）》，對毛的這些文件，曾作摘要與分析。

㉘ 毛說，定下高額生產目標，可以激起大家生產情緒的高漲，「好比打破原子核釋放出熱能來」一樣。同前書，上冊，頁

七八一。

29 同前書，上　，頁四八四。

30 毛澤東，《必須學會做經濟工作》。有些人認為中共建國以後，「自力更生」是西方的禁運之下必要政策。在鄧小平時代，負責國際貿易與投資的副總理李嵐清，不同意這樣的看法。他認為毛的政策就是要自行孤立，實行「關門主義」。見Li Lanqing, Breaking Through: The Birth of China's Opening-up Policy, translated by Ling Yuan and Zhang Siying (New York : Oxford University Press, 2009), pp. 12-27。另參看 A. Doak Barnett, China's Economy in Global Perspective (Washington, D.C.: Brookings Institution, c1981), pp. 122-32.

31 薄一波，《若干重大決策與事件的回顧》，北京：中共中央黨校出版社，一九九一年，上冊，頁六七九、六九八、八六九。

32 John K. Chang, Industrial Development of Pre-Communist China: 1912-1949 (Chicago: Aldine Pub. Co. [1969]), pp. 60-61, 103. Cited in Young, China's Nation-Building Effort, pp. 309-11.

33 Young, ibid., pp. 396-99, and China and the Helping Hand.

34 Young, China and the Helping Hand, pp. 6-7.

35 Cited in ibid., p.10.

36 Ibid., p. 11; and Young, China's Nation-Building Effort, pp. 424-25.

37 Franz Michael, "The Role of Law in Traditional, Nationalist, and Communist China," The China Quarterly, 9 (January-March 1962): 124-28, cited in Taylor, The Generalissimo, p. 121; and Thomas G. Rawski, Economic Growth in Prewar China (Berkeley : University of California Press, c1989), pp. xxi-xxii, 344-45; and Nai-ruenn Chen and Walter Galenson, The Chinese Economy under Communism, pp. 16-17.

㊳ Lloyd E. Eastman et al., The Nationalist Era in China, 1927-1949 (New York: Cambridge University Press, 1991), p. 40.

㊴ 參閱 Douglass S. Pauuw, "The Kuomintang and Economic Stagnation, 1928-1937," in Albert Feuerwerker, ed., Modern China (Englewood Cliffs, NJ: Prentice-Hall, 1964), pp. 126-35; and Hung-mao Tien, Government and Politics in Kuomintang China, 1927-1937 (Stanford: Stanford University Press, 1972), pp. 177-82.

㊵ 鄭竹園，《臺灣經驗與中國重建》，臺北市：聯經出版事業公司，民七八年，頁十六～十七；Li, The Policy behind Taiwan's Development Success, pp. 160, 161, 178; Taiwan, Council for Economic Planning and Development, Taiwan Statistical Data Book, 2006, p. 17; Kuo, The Taiwan Success Story, p. 45; Thomas B. Gold, State and Society in the Taiwan Miracle (Armonk, N.Y.: M. E. Sharpe, c1986), p. 4; and Yuan-li Wu and Hung-chao Tai, "Economic Performance in Five East Asian Countries: A Comparative Analysis," in Hung-chao Tai, ed., Confucianism and Economic Development: An Oriental Alternative (Washington, DC: The Washington Institute Press, 1989), p. 49.

㊶ For comparative rates of economic growth of the Four Little Dragons, see ibid., pp. 39-43; and Gold, State and Society in the Taiwan Miracle, p. 7.

㊷ Beijing: Foreign Languages Press, 1960.

㊸ Eckstein, China's Economic Development, pp. 40, 47-48.

㊹ Barnett, China's Economy in Global Perspective, p. 17, 18. Chen and Galenson also concurred; they showed the variance in the industrial growth rates between China and India in a comparable seven-year period in the 1950s. China's growth rate was 198 percent against India's 51 percent. Chen and Galenson, The Chinese Economy, pp. 56, 57, 89. See also Chu-yuan Cheng, China's Economic Development: Growth and Structural Change (Boulder, Colo.: Westview Press, 1982), pp. 300, 306, and 320; and Nai-ruenn Chen, ed., Chinese Economic Statistics in the Maoist Era, 1949-1965 (New Brunswick: Aldine Transaction [2009]), p. 141.

45 Barnett, China's Economy in Global Perspective, p.18.

46 Eckstein provided information corroborating Barnett's observations, though the two persons' statistical data are not entirely consistent because their data were derived from different sources. In terms of GNP index, Eckstein indicated that with the index stood at 100 percent in 1952, it rose to 167 percent in 1959, declined to 142 percent in 1963, rose to 182 in 1966, and dropped to 171 percent in the following year. The decline periods reflected the adverse consequences of the Great Leap and the initial phase of the Cultural Revolution. Eckstein, China's Economic Development, p. 40.

47 鄭竹園，《臺灣經驗與中國重建》，頁三〇。

48 同前書，頁三〇～三一。

49 同前書，頁二七。

50 戴鴻超，《現代國際政治經濟學》，臺北：三民書局，一九九五年，頁七三～七四。

51 As Alan P. L. Liu put it, "Mao…relied predominantly on charismatic appeal to mobilize mainland China, whereas Chiang relied on modern professionals to modernize Taiwan." In a detailed analysis of the policymakers of economic development in Taiwan and mainland China, Liu selected tens of them from each side for a comparison of their political and educational background. See Alan P. L. Liu, Phoenix and the Lame Lion: Modernization in Taiwan and Mainland China, 1950-1980 (Stanford: Stanford University, Hoover Institution Press, c1987), pp. 46-75.

52 金冲及，《毛澤東傳（一八九三～一九四九）》，上冊，頁七六二～七六三。

53 事實上，多年以來，中國發行的經濟資料書刊中，根本沒有「服務業」這一項目。試看 China, State Statistical Bureau, Statistical Yearbook of China 1986 (Hong Kong: Economic Information and Agency, 1987), p. 24.

54 引自 Chang and Halliday, Mao, The Unknown Story, p. 472.

55 研究中國事務多年的傅高義（Ezra Vogel），認為陳雲與李國鼎所採取的經濟策略是同樣的，這包括自農業移轉資本到工業以及引用外資。Ezra Vogel's "Forward" to Lutao Sophia Kang Wang, K. T. Li and the Taiwan Experience, Taipei: National Tsing Hua University Press, 2006. 就陳雲來說，他採取這樣的策略，是在鄧小平時代，不是在毛的時代。

56 Li, The Policy behind Taiwan's Development Success, p. 161; Simon Kuznets, "Growth and Structural Shifts," in Walter Galenson, ed., Economic Growth and Structural Change in Taiwan: The Postwar Experience of the Republic of China (Ithaca, NJ: Cornell University Press, 1979), pp. 15-131, especially, pp. 54-58.

57 鄭竹園，《臺灣經驗與中國重建》，頁四一四。

58 Ramon H. Myers, The Chinese Economy, Past and Present (Belmont, CA: Wadsworth, c1980), p. 19.

59 Based on data from Taiwan Statistical Data Book, 2006, pp. 17-18; and Angus Maddison, Chinese Economic Performance in the Long Run (Paris: OECD, 1998), p. 174.

60 Gene T. Hsiao（蕭俊）, The Foreign Trade of China: Policy, Law, and Practice (Berkeley: University of California Press, 1977), p. 10. 參看 Barnett, China's Economy in Global Perspective, p. 149.

61 李先念曾在毛的時代及鄧小平時代，擔負重要財經職務，在一九七八年指出，包括臺灣在內的四小龍，有優異的國際貿易成績；大陸應該從速趕上。（見 Li, Breaking Through, p. 358）。同樣地，余秋里（曾在鄧小平時代任國務院副總理，主管財經事務），在一九七九年說道，臺灣的經濟發展迅速，值得參考其經驗。自此以後，大陸設立多個「臺灣研究所」廣泛探討臺灣政治、經濟經驗（鄭竹園，《臺灣經驗與中國重建，頁四五七～四五八；Li, Breaking Through, p. 386）。

62 David M. Finkelstein and Maryanne Kivlehan, eds., China's Leadership in the Twenty-first Century: The Rise of the Fourth Generation,

Armonk, N.Y.: M.E. Sharpe, 2003.

63 第十七屆（二〇〇七～二〇一二年）的政治局常委中，五位是留任：胡錦濤、吳邦國、　家寶、賈慶林、李長春。新任的四位也都是修習專業的人員：習近平，化工學士與法學博士；李克強，經濟學博士；賀國強，習化工；與周永康，習化工與地球物理。第十八屆（二〇一二～二〇一七年）政治局常委，減為七位。其中習近平與李克強是留任；新任五位是張德江，習經濟學；俞正聲，習導彈工程學；劉雲山，中央黨校畢業；王岐山，習歷史學；與張高麗，習統計學。

第十三章

結論：試論蔣、毛功過

如今，蔣、毛去世已經四十年，是一個值得評論他們功過的時候。這一章試圖探討這個有高度爭議性的問題：首先描述他們的領袖特點與領導風格，進而分析他們的成敗。筆者在研究過程中，有一項事先未曾預料到的發現。這就是，儘管他們在生前是敵對的人物，在死後卻可被視為同志，因為蔣和毛都曾經為一個即將興起的富強中國共同作出奠基工作。

蔣、毛領袖特點

蔣：堅持立場、必要時妥協、自信的緘默

如果說一個重大危機能顯示出一個領袖人物的基本政治態度的話，那麼，就蔣來說，一九三六年的西安事變就是這樣的危機。在事變之初，他堅持「攘外必先安內」的政策。任何讀過他當時的日記和遺囑的人，都會相信，他絕不改變立場，決心為這項政策犧牲。他認為接受叛變部屬的要求，放棄政策，是作為國家領袖的極大恥辱，這樣便是生不如死了。

然而，他後來卻接受叛變者的要求，放棄這項政策。這是因為他意識到，若為政策而犧牲，將可能使得中國陷入內戰，日本會趁機入侵。反之，他若維持生命而改變政策，可促使中國團結抗日。他的結論是，民族的利益必須高於個人榮辱。這樣便是死不如生了。但他從未把這樣的想法，公布於世（他的「西安半月記」沒有說出他改變立場的真正原因），只在事變後一周年他的日記中說出真相。他覺得，既然自己做出了正確的決定，就無須多作說明，即使他的沉默可能會被外界解釋為軟弱無能。

西安事變顯示出蔣的幾項領袖特點：堅持立場，必要時妥協，自信的緘默。在處理其他危機時，他都表現出這些特點。例如，在一九二六年開始北伐時，他所指揮的軍隊沒有超出八萬五千之眾，卻要與多個軍閥百萬之師交鋒。他極可能被其中的任何一個軍閥打敗，隨之結束了他的政治前程。然而，他不顧當時蘇聯顧問的堅決反對，從廣東揮師北上，兩年之內完成任務。

可是他既沒有消滅所有的軍閥，也沒有把打敗的軍閥軍隊完全編納到中央軍體制之中。他反而給予馮玉祥、閻錫山、張學良、李宗仁等軍事強人政府高位，允許他們保留各自的部隊，提供後勤補給與豐厚的個人津貼。他的目的在於取得他們支持他的統治地位。但他從未向國人解釋，他為什麼沒有澈底消滅這些軍閥的原因。

一九三七年中日戰爭爆發後，蔣所面對的強敵日本，在武器裝備、士氣、指揮系統等方面遠勝於軍閥勢力。此外，英國和法國在當時切斷了中國在緬甸、越南方面的國際供應線，向中國實行禁運。同時美國出售戰略物資如廢鐵、石油給日本。在這種極不利的情勢下，蔣不顧一切，決定抗戰到底。

可是在一九三七年年杪，他卻同意德國駐華大使陶德曼調停中日衝突。接著一九三八年及一九四〇年，他默許中日雙方在香港祕密會談，以求結束戰爭。他之所以同意舉行各種和平談判，是因為他確信在當時的局勢下，中國難以戰勝日本。在和談中，由於他堅持恢復中國在日本占領區域內的主權，為日方所拒絕，和談歸於失敗。但是，雖然他的和談條件是光榮的，他沒有告訴過國人這些和平嘗試。因為他覺得和談一旦曝光，就會破壞國人團結抗日的決心。

一九四四年史迪威事件發生，中美關係陷入嚴重危機。蔣被迫作出嚴酷的抉擇：要嘛接受美國要求，把軍事指揮權交給史迪威，以保證美援的繼續供應；要嘛拒絕這要求，可能因而失去極端需要的美援，也可能導致戰爭的失敗。但他堅不讓步，逼迫羅斯福總統召回史迪威。他在日記中對此事曾有詳細記載，但在公開場合中幾乎沒提過一個字。

在二十世紀五〇年代中期，中共猛烈砲轟金門與馬祖，蔣雖然處境危險艱困，但仍然一再拒絕美國的要求，撤離兩島。他最終保住了金馬，但付出了相當的代價。他失去了視之為主權的以武力反攻大陸的權利。他極少談及此事。

總之，當他面臨關繫他的政治前途、生命或民族利益的危機時，蔣通常堅持己見以求解決。當行不通的時候，他會妥協。當他難以解釋為何妥協時，他沉默不語。他的堅定立場有時贏得很多國人的欽佩，甚至一些反對者的贊賞；他必要時所作的妥協，有時也贏得瞭解內情者的同情；他的緘默則造成一種印象，他的政策失敗了。

毛：通盤考慮、靈活性、說服力

如果說西安事變顯示出蔣的領袖特點，那麼一九四七年的延安戰役則表露出毛的領袖特點。毛僅有二萬七千人的部隊，要抵禦五倍於己的國軍，面臨全軍覆沒以及失去共軍指揮中心的險境，進而危及當時在其他戰場的大批共軍。毛迅速作出放棄延安保存兵力的決定。他的這項決定出乎同志以及敵人意料。但他告訴他的同志們：「存人失地，地終可得。存地失人，必人地兩失。」他在放棄延安後，把軍隊如水銀瀉地一樣，散布在附近的群山之間。在隨後的戰鬥中，他運用熟悉的游擊戰術，打垮了好幾支尾追的國軍。第二年共軍收復了延安。

這段經歷證明毛在處理危機時，作全盤考慮，統籌兼顧。他認為在當時開始的內戰中，誰能控制更多的地區，誰便能得勝。所以他派遣重兵進入華東及東北與國軍抗爭。就在一九四七年五月（延安戰役開始後的第二個月）共軍在山東擊敗了國軍的整編七十四師，在這個地區建立起鞏固的根據地。

延安撤退也表明了毛處理危機的靈活性，正如他的那句名言：「打得贏就打，打不贏就跑。」當他撤出延安時，他預料到國軍會立即尾追。他先把部隊分散開來，然後集中起來打擊追兵；再分散撤退，再集中攻敵。他制訂的戰術就像一盤義大利麵一樣的混亂攪合，弄得敵人暈頭轉向，最終為之潰敗。

毛在作戰時，不在乎一時一地的得失。他從不命令軍隊不惜代價地堅守一城一地。在這裡應該指出，他與蔣的作戰原則形成了鮮明對比。每當一個關鍵城市面臨強敵進攻時，蔣總是命令指揮官死守。抗戰時期，他在上海、南京、武漢、長沙、衡陽、洛陽，及桂林戰役中，都下過這樣命令。在內戰期間，他在長春，瀋陽、北京、徐州、上海，及成都戰役中，也下過這樣命令。但每一次都是在慘重傷亡之後，丟掉了死守的城市。

延安戰役反映出毛的另一個領袖特點，他花心思說服同志接受他的決策。在延安撤退之前，許多他的同志反對他不打就跑的想法。他們指出在抗戰時期，中共能夠保住延安，沒有輸給人數和武器均占優勢的胡宗南部隊，為什麼今天遇到這部隊，卻要不戰而退？毛耐心地說服了他們，接受他的觀點，指導他們如何應對撤退後的戰局，以圖捲土重來，收復失地。

在其他危機中，毛也表現了同樣的特點。一九五〇年十月他決定出兵朝鮮的幾點考慮之一，是為了完成一個重大願望；這就是鞏固中共在共產遠東國際陣營中的領導地位。他跟反對出兵的同志反復討論，說參戰是保護東北的必要措施，動員彭德懷支持他的立場，並派他的新婚不久兒子毛岸英入朝參戰，以示決心。

在一九五七年「百花齊放」運動中，他鼓勵知識分子毫無顧忌地批判共產黨政權，保證不予報復。但是當排山倒海似的尖銳批評充斥媒體時，他以類似游擊戰術的誘騙、偷襲等招數，打盡所有批評者。他說是要「引蛇出洞」，予以殲滅。他又心安理得地解釋他為什麼違背了不報復的諾言，說這是「陽謀」，即一個公開謀略用以懲罰反對共產黨的知識分子。在整個運動中，他用盡各種言詞，來解釋他變化多端的措施，但始終在追求一個目標：加強中共的權勢。批評他的知識分子沒有認清這一點，上了大當。

毛對中、美、蘇關係的處理方式也反映出他的領袖特點。他在二十世紀五〇年代，為著要對抗強大的美國，提出「一邊倒」政策，屈從蘇聯。然而在他的思想深處，卻充滿了稱霸共產國際陣營的野心；後來在一九六〇年代中蘇分裂時，便表現出來。他聲稱只有他才奉行馬列正統思想，足以領導共產世界，嚴詞撻伐蘇聯當局，說他們是修正主義者，失去領導資格。

一九六〇年代末期，當中蘇分裂從意識形態之爭轉變為軍事對抗時，毛非常巧妙利落地改善了與美國關係。他為了意識形態之爭脫離了蘇聯陣營；為了國家安全卻和資本主義家國家結為與國。

在一九七〇年代，當華盛頓、莫斯科和北京的相互制衡局面出現時，中國一變而成全球第三最大強國。熟知中國歷史的毛，也許會心微笑，覺得二十世紀的戰略三角與十八個世紀以前中國的三國鼎立之局頗為相似。

毛在外交活動中上也使盡了說服工作。一九五〇年，他為簽訂《中蘇友好同盟條約》，與史達林在莫斯科爭辯多時，一定要蘇聯廢除在東北的特權。以後又發表多篇中、蘇意識形態之爭的文章，闡明彼此立場。一九六九年，他授意四位老帥撰寫有關中、美、蘇形勢移轉報告，來配合他結交美國的工作。一九七二年，他和尼克森在中南海書房高談濶論，又與周恩來多次相會，面授機宜，為上海公報奠定基調。

蔣、毛領導風格

蔣：政治道德化

蔣深受中國傳統政治文化影響，認為自已是國家以及民族的領袖。像過去的帝王一樣，他把中國人看成來自同一祖先的大家庭成員。因此，他扮演雙重角色。作為國家的領袖，他實施法律和政策；作為民族的大家長，他視大部分國人為子民，在大家庭中著名人物的生日及忌辰時向他們表達敬意。他跟同事、同志，甚至對手之間，建立起諸如兄弟、姐妹、叔伯、等準家庭關係。他和朋友、同事結拜為兄弟。

他運用這種政治和社會交互關係，建立起一種輔助性的統治力量。他要求國人遵守儒家思想為本的道德規則，來加強他大家長的地位。在這些規則中，他特別重視忠誠、信義、正義。他認為忠誠是國人向國家及領袖表達效忠之意，信義是信守諾言或履行命令，而正義表示相互負責或主持公道。他把這些規則，納入新生活運動之中，作成國民守則十二條，用以規範國人的行為，並且作為律己的依據。從一九一〇年代末期起到他生命的最後幾年，他一直遵守自訂的生活規則：早起、早課、靜坐、自省、讀書。從一九二〇年代起，他又增加了基督教的禱告為每日必行的工作。

自一九二八年蔣擔任國民政府主席以後，他可能是除孫中山以外最注重傳統道德的政治領袖。其他的國民黨領導人物如汪精衛和胡漢民，軍事強人如馮玉祥、閻錫山和李宗仁，共產黨領導人如毛澤東和周恩來，沒有一位認為道德行為是執政的基礎。對於信奉政治和道德合一的國人而言，蔣贏得了他們的尊重。對於普通百姓來說，特別是不識字的農民（共產黨治下的農民除外），蔣是理所當然的統治者。他們在私下稱呼他為「老蔣」，帶有類似「他是大家長，不會出錯」的涵義。因此，服從之意油然而生。

然而在奉行道德規則方面，蔣遭遇到問題。有時，他違背了自己主張的道德規則。他早年在上海期間的不正當行為，是眾所周知的事實。他自掌權以後，仍有不少事例破壞了他正直無私的形象。

他與青、紅幫首腦杜月笙和黃金榮來往；他違背承諾，在西安事變十年之後，沒有釋放被監禁的張學良；他沒有維持司法公正的原則，寬恕了他的親戚和高官的腐敗行為，但卻嚴懲犯同樣罪行的其他人。

更嚴重的問題是蔣的許多下屬，對他的道德勸誡置若罔聞。他們之中不少文官瀆職，武官投敵的人物。他希望通過苦口婆心的教導和嚴厲懲誡，以期他們盡忠職守，但往往收效甚微。可是蔣個性堅毅，常常把不稱職的下屬工作，作為自己的任務。在軍事方面，他會關注一些瑣碎事務，如士兵的供需，包括內衣、襪子、衛生紙、肥皂等（參看CKSD，11/8/33，10/20/50）。在臺灣期間，他甚至過問如何訓練與管理軍中蛙人（CKSD，10/16/54，9/21/70，2/5/71）。[1] 在內政方面，他關心小學採用何種教科書（例如《三字經》），干預大學校長的任命，變更北平的街名，要求多多修建公共廁所。在臺灣，他禁止設置夜總會和舞廳。（CKSD，10/16，27/34，1/4/35，6/20/36，12/23，28/43，10/30/50，4/24/69）

蔣喜歡給下屬發手令。最近一項有關的研究報告指出，他在一九三六年至一九四八年之間所寫出的手令，裝滿了一百二十多盒之多。[2] 許多手令關繫上述的瑣事，更多的則是作戰命令。關於後者，蔣經常越級指揮，下令直達團營部隊長。

蔣過分干涉下屬工作是他的習慣，但他往往認為文武官員達不到他要求的道德標準，便必須事必躬親。不論怎樣，這種作風削弱了他作為國家領袖的成效，浪費了處理重要公務的時間。有時也使他精疲力盡、痛苦不已（參看CKSD，5/31/44，11/15/44，6/10-15/45，10/12/45，11/23/48）。蔣造成一種印象，他日理萬機；實際上經常為瑣事煩忙。

毛：領導隨意化

毛具有另一種領導風格。由於缺乏更恰當的詞句，這可稱之為隨意化。他不作修身工夫；不拘束自己遵守規則。他的政策受他的念頭和興趣支配。他白天睡覺，熬夜工作；他有時在臥室中與高層同志商討國家大事，在游泳池旁與赫魯雪夫辯論中蘇關係；在書房與尼克森縱談世局。他從山間土匪的伎倆中獲取游擊戰術的靈感；他「活學、活用」浩瀚史籍，用以掌握多變的政局。他寫出激情動人的詩詞，激勵士氣。

毛可能是具有「反骨」的人物，不屈從他人的權威。少年時，他以跳水自殺的方式迴避了父親的責罰。在江西時代，他幾乎是單槍匹馬地反對莫斯科訓練的、史達林欽定的中共當權派。在一九三〇年代中期，他的農民革命理論在戰場上獲得證明是共產黨爭取政權的不二途徑。從此他掌握了共產黨最高權力，直到他去世為止。隨著時間的推移，他獨攬大權，逐漸把許多同志排除權力中心之外。他把蔣趕去臺灣，與美國在朝鮮打成平手，跟蘇聯爭奪共產世界領導權，與史達林的接班人武力對峙。

除了極少事例以外（下文將討論），毛與各類對手的辯論、糾紛、鬥爭、征戰，好像都沒有落過下風。他幾乎成為「東方不敗」這樣的人物。[3]

毛的領導風格還表現在其他方面。他認為驅使人民從事革命是自己的天職。他為了改造整個社會，時而勸說，時而逼迫大眾參與殘酷的政治運動。他確信暴力是政治革新的最有效手段。為著維持自己的權勢，毛很少顧慮道德問題。他不為失職或者思想有問題的幹部而煩惱，認為他們會被戰爭或政治運動所淘汰。他熱衷政治，認為政治就是矛盾的綜合體；他比任何人都熟悉如何「正確處理」矛盾問題。毛不為瑣事所羈身，只為大事著想。

蔣、毛的成就與失敗

蔣與毛都受許多國人尊崇為偉大領袖，也都遭遇過嚴厲批評。海外對兩人的評論是涇渭分明，而且屢經改變。幾十年來，大多數的西方學者認為蔣是一個不稱職的獨裁者。[4] 易勞逸（Lloyd E. Eastman）的《毀滅的種子：二戰以及戰後的國民黨中國（一九三七～一九四九）》這一本書，是代表性的著作。可是，在其他許多西方人士眼中，他是劃時代的風雲人物。在一九二七至一九五五年間，蔣作為《時代》與《生活》雜誌的封面人物，達十次之多；而且最近在陶涵（Jay Taylor）頗具影響的著作，《蔣介石委員長與現代中國的奮鬥》一書中，蔣出乎意料地得到了作者正面評價。更出人意料的是，二十一世紀開始以來，許多中國大陸學者對蔣的政治作為進行了新的評估，明確地強調他對中國所作出的突出貢獻。[5]

斯諾在一九三八年出版的《紅星照耀中國》一書中，把毛描寫成一位耳目一新、精力充沛、富有獻身精神的革命領袖，介紹給西方讀者。十幾年後，歐美國家卻認為毛是史達林的傀儡，中國的殘酷統治者。但是當一九七一年尼克森尋求與中共和解時，毛在一瞬間轟動了美國的群眾，成為有些人的景仰對象。在當時乒乓外交中，一位美國球員被他的中國之行震撼了；他在北京說，毛就像是當代的耶穌一樣！同一年，西方政治學界最知名的學者之一的卡爾・都奇（Karl W. Deutsch）和他的同事發表了一份「一九〇〇～一九六五年間六十二項最重要的社會科學發現」研究報告；他們把毛列入為最大貢獻者的前三名。[6] 一個從未上過大學的人，居然被西方學術界評定為頂尖的社會科學家之一。

近來，隨著兩本流傳甚廣的著作的發行，毛的聲名受到了極大的損害。李志綏的《毛澤東私人醫生回憶錄》（The Private Life of Chairman Mao），揭露了毛的不良生活習慣，更為重要的是，透露了毛在政治決策中變幻莫測、獨斷獨行的作風。張戎（Jung Chang）和姜・哈利德（Jon Halliday）在《毛澤東：鮮為人知的故事》（Mao: The Unknown Story）一書中，全面地否定毛的學說、行為和政策。

如果各界對蔣、毛有如此差異的評價，而且時有變更，要想公正地評論他們的功過是非，是一件非常困難的事。筆者只有力求客觀，採取比較方式從事衡量兩人成敗。

蔣：為人熟知與不為人知的功績

蔣在北伐和抗戰的勝利，無疑地是他的最大成就。北伐象徵著中國從分裂走向統一的開始，而抗戰的勝利結束了長達一世紀的中國衰退命運，並將中國提升到強國地位。除此之外，蔣還有許多不被認知，或被低估，或無法解釋清楚的成就。蔣在一九一八年，三十一歲的時候，只是廣東陳炯明部下，先作參謀、後帶幾百士兵名不見經傳的軍官。可是在八年之後的一九二六年，他晉級到國民革命軍總司令，統率的兵力在該年一年之內，從八萬五千增至二十六萬四千人，到了一九二八年，更急速擴展到一百萬人。這年他四十一歲，出任國民政府主席。十年間，他從一個無名之輩躍升為中華民國的領袖。

蔣在權位上升的迅速，在中外的歷史上是很少見的現象。翻閱中國史籍，可以找到兩位將軍具有與蔣類似的成就。一位是西漢的霍去病（公元前一四〇年～一一七年），他的雕像至今仍樹立在中國西北的酒泉市，供世人瞻仰。霍去病在少年時加入他舅舅驃騎將軍衛青的隊伍，遠征匈奴。當時匈奴是位於今日外蒙古的龐大王國。霍去病經常率領輕騎，深入敵境，大獲全勝。令人難以置信的是，公元前一二一年，他尚不足二十歲時，被漢武帝任命為另一驃騎將軍，受封為萬戶侯。公元前一一七年，他戰死沙場，年僅二十四歲。[7]

另一位將軍是唐朝的李世民（公元五九九年～六四九年）。在隋朝末年，他加入父親李淵將軍的部隊，推翻隋朝，建立唐朝。他像霍去病一樣，經常輕騎攻敵，並利用謀略獲得勝利。當李淵在公元六一八年登上皇位後，李世民就像一千多年後的蔣介石一樣，肅清軍閥，統一全國。他的勇猛與謀略使他的父王折服，在公元六二六年把皇位讓給了二十七歲的他。[8]

在西方的享譽世界而為國人熟知的將軍中，很少有人能與蔣在相仿的年紀時就達到軍職的頂峰。艾森豪在一九四二年他五十二歲時出任歐美盟軍統帥。馬歇爾在一九三九年他五十九歲時，出任美軍參謀長。蒙哥馬利（Bernard Montgomery）在北非戰役中聲名大噪，於一九四二年他五十五歲時就任英國第八軍司令。所有這些將軍在達到與蔣類似的軍事聲望時，要比他年長至少十歲。只有華盛頓在年齡上與蔣相仿，他在一七七五年四十三歲時就任美國獨立戰爭中的大陸軍總司令。

有關蔣的書籍很多，但是沒有一本書把他與其他軍事人物的成就作一比較，而他晉升如此之快速的原因也未得到足夠分析。這就要說到他的戰略才幹。他曾經指出：「將在謀而不在勇」（CKSD，7/30/22）。他在一九一七年提出的「對北軍作戰計畫」，是九年以後的北伐藍圖，他的「遠交進攻」

策略，是北伐致勝的原因。他在抗戰時採取的「以空換時」戰略，是中國能聯合英美，取得最後勝利唯一策略。這些事績可見之於第三章，但未曾在已經發表有關蔣的著作中，充分說明。

當然，強調蔣的戰略才幹，絕不是說他是戰無不勝的將軍。事實上，他的軍事才幹經常遭受質疑。他雖然取得抗戰的最後勝利，但在八年的過程中屢遭敗績，把三分之一國土喪失於敵手。許多在華美國軍事、外交和新聞人員，都強烈批評蔣的指揮不當，是軍事失利的主因。這些都是事實。然而，蔣在抗戰中的接連敗退，也應該就當時的整個國際形勢，加以評估。當一九三七年日本對華開戰時，德國對英、法的戰爭也迫在眉睫。兩年後歐戰爆發，曾被英、法占領十五年的德國，用閃電戰把這兩個分別擁有世界上最強大海軍與陸軍的國家，打得一敗塗地。英國有敦刻爾克大撤退，而法國則全面投降。就事論事，蔣在抗戰中的表現，當不遜於英、法領袖在歐戰中的表現，這應該是合理的評估。蔣的軍事才能，在另一方面也遭受嚴重的責難。他在內戰的重大戰役中，統統敗於毛之手中。這留在下節再作討論。

現在，如果回到蔣在抗戰中成就的課題上，將會發現，蔣在統一國土所作出的貢獻未獲得公眾應有的認識。他交互運用軍事和外交措施，把中央政府多年來沒有實際控制的三大區域，即川、黔、桂等西南區域、雲南與新疆邊境區域，以及青、寧、甘、康等內陸區域，置於國府統治之下。此外，他還光復了東三省和臺灣。所有這些國土加在一起，占中國面積的三分之二。這樣遼闊的幅員遠比他在北伐時征服的土地為廣大。中外的近代史籍書中都沒有提到這一點。[9]

蔣在政治經濟方面也有所貢獻。他因實行一黨專政而受到批評，但他在臺灣時卻為民主發展奠定了基礎。他在一九四九年敗退到臺時，沒有建立軍政府，以對抗中共入侵威脅，而保持了憲政體制。更為重要的是，他在一九五〇年開始實施地方自治。除了省主席以外，各級議會及行政首長都由定期的選舉產生。當一九八六年反對黨出現時，一大批曾多年參與選舉的人士，在地方、省級，以及中央政府中都獲得重要職位。在二〇〇〇年總統選舉中，反對派的民進黨獲勝，開始執政。[10]在二〇〇〇年至二〇〇八年之間，陳水扁和呂秀蓮分別擔任正、副總統。他們以及一些其他民進黨領導人物，過去一度是國民黨黨員，參加多次選舉，獲取勝利。這些政界人士，都無可否認地受惠於蔣所施行的地方自治。

蔣的最後一項功績，是他在南京時期（一九二八年～一九三七年）和在臺灣時期（一九五〇年～一九七五年）的經濟建設。在前一時期，工業成長率高達百分之八點四；在後一時期，臺灣的經濟一直維持著百分之九的更高成長率。他在六十年代把臺灣經濟引導到起飛階段，在七十年代建立起高速成長的新興工業體系。

蔣的經濟建設，可說是他最卓越的成就。因為他在這方面比起軍事及政務方面遠遠缺乏經驗，但是他在艱困的環境中不止一次，而是兩次地創造了經濟奇蹟。蔣之所以在這一方面獲得了成功，正在於他懂得如何任用專業人才，去完成他自己無法完成的事業。值得注意的是，蔣在北伐和抗戰的勝利，關繫到中國的過去；而他的臺灣經濟發展模式，已被中國大陸所仿效，取得了良好結果，為中國未來的繁榮奠定了基礎。

毛：權力個人化

在一九五〇年代，毛登高一呼，百餘萬中國戰士進軍朝鮮，與世界上最強大的軍隊交鋒。十幾年後，百餘萬紅衛兵齊集天安門廣場，高舉旗幟，滙成紅海，齊呼口號，對他表達狂熱的崇拜。在這些年之間，成千成萬甚至上億的男女老幼，聚集在城市街道、鄉村農場，參加一次又一次的鬥爭運動，向他誓死效忠，堅決支持他的政策。在世界的任何其他地方，有沒有哪個人像一九四九年至一九七六年期間的毛澤東那樣，完全控制過如此多的民眾，作他為所欲為的事？就權力個人化而言，毛的成就，似乎是前無古人，恐怕也後無來者。

毛多年來所發展的思想體系，在很大程度上促成了這種權力的個人化。從矛盾論到實踐論、農村革命、游擊戰理論，以及新民主主義，這一思想體系的形成，在邏輯上是一脈相承的，大多是毛自己的創造，符合他那個時代的要求。這一點鞏固了他的權勢，也在第三世界發生了意識形態的影響。

他的矛盾論包含著對政治本質的敏銳分析，指出人們的關係中存在著對抗性矛盾、非對抗性矛盾，以及兩種矛盾相互轉化。毛運用這些觀念戰勝敵人、制服異己。他雖非矛盾論的發明者，但毫無疑問地他是運用這一理論於政治之中最有成效的實踐者。

毛的實踐論也發生過重大的政治影響。他閱讀大量書籍，特別是中國史籍，彙集了無數的「實踐」素材，並由此探索出一系列的政治道理，進而設計出控制他人的計謀。他的農村革命和游擊戰作品，是土生土長，適合實情的的東西。沒有這些理論，共產黨可能無法取得政權，他自然不能成為億萬人的領袖。在中共建國初期，他的新民主主義，促使包括資產階級在內的許多非共產主義人士，接受共產黨的領導。

這裡順便把蔣與毛對照一下。蔣的政治著作沒有達到毛的水準；他未曾建立起一套思想體系與毛抗衡。然而蔣注意到他思想的侷限，極力徵求別人意見，以補自己之不足。他如漢武帝、唐太宗、康熙一樣地求賢若渴。他在一九二〇年代黃埔軍校校長任內，經常諮詢蘇聯專家意見。在一九三〇年代，他聘用一流學者做他的「八大祕書」；在與中共作戰的江西時代，他請德國顧問設計攻守之策；他任用澳大利亞新聞記者威廉・端納（William Donald）作私人顧問；此外他聘請美國多人為顧問，諸如居里（Laughlin Currie）、拉鐵摩爾（Owen Lattimore）、楊格（Arthur Young），以及魏德邁（Albert Wedemeyer）皆是。在臺灣，他把美軍事顧問團的人員納入國軍系統之中，甚至祕密顧用前德、日軍官來臺協助訓練軍隊。[11] 他聘請美籍華人教授協助經濟改革。他這樣做的目的是要把別人的智慧變作自已的智慧。

毛的作法恰恰相反。從文學到哲學，從科學到經濟學，從軍事到藝術，他不需要別人的協助，都能言之成理，自成一套。於是他的言論涵蓋所有公共課題的領域。他除了是中國的最高領袖之外，也要作「人民的偉大的導師」。他不聘用他人為顧問；他的幕僚人員大多是替他處理文書，不備政策之諮詢。他要把自己的智慧變成眾人的智慧。這與他的成功與失敗都有密切關係。

毛的權力個人化也是他軍事成功的後果。在江西時，他的幾萬戰士可以突破數倍於他的國軍的圍剿。十年後，他在延安等地指揮著已增至七十五萬的大軍。之後在一九四七至一九四九三年之間，他的「小米加步槍」部隊，打敗了有飛機大砲的四百五十萬國軍。他如何在這樣懸殊的情況下，在這樣短短的時間內，取得這樣重大的成果？這是令人驚奇的事情，至今仍有人在探索其原因。與蔣在南京時期與臺灣時期的經濟成就一樣，毛在江西時期與延安時期的軍事成就，應視為奇蹟。一個從未在軍事院校受過訓練的人，竟在荒山僻野中學會了機動戰術，進一步成為著名的戰略家。這恐怕不是誇大之詞。

在他的晚年，毛用他的軍事成就支援了他的外交活動，把一邊倒向蘇聯的中國扭轉成一邊倒向美國的國家。他把一貧如洗的中國一下子建立成戰略三強之一。他將一八六〇年代以來中國的外交口語「以夷制夷」，成功地付諸實際。他肯定為此感到滿意，死而瞑目。

毛的最後的一項成就，是把中國共產黨建立為強有力的領導工具。從一九二一年的中共第一次全國代表大會到一九七三年的第十次全國代表大會，毛比任何其他人都更多地影響到中共的性質與組織的演變。在這五十二年間，共產黨黨員從五十三人增至天文數字的兩千八百萬人。他向黨員灌輸自己的思想，建立與黨員溝通的渠道，用各種運動磨練他們，使他們徹底推行自己的政策。他把共產黨塑造成一個具有韌性和適應力的龐大組織。從一九七六年毛的去世，到一九八九年的天安門事件，再到一九九一年共產世界的崩潰，在這幾次的危機中，中共生存下來，其黨員人數持續增長，到二〇〇七年超過了七千三百萬人。在現今非共產主義時代裡，中共是世界上最龐大的政黨。它的使命已從搞革命改變成抓經濟。慣於搞政治運動的幹部，似乎一夜之間成為善於經營的企業人士。沒有他們，中國三十幾年的來高速經濟成長是無法實現的。

蔣：巨大失敗及其成因

一九四九年十二月十日，蔣與他的扈從倉促穿過中央軍校成都分校的一條小道，登上飛機，前往臺灣，永遠離開了中國大陸。次年的三月一日，他恢復總統職權，宣稱要收回他剛剛失去的大陸。直到二十五年後他去世時，他始終抱有這個希望。然而歷史證明，他遭受到最終完全無法扭轉的失敗，而且失敗的後果異常重大，即喪失了統治世界四分之一人口的權力。

這樣重大失敗的原因何在？在內戰最後一段日子裡以及在他生命的最後幾年，蔣平心靜氣，仔細思索這一問題。一九四九年三月，他在面臨全面敗退大陸的局面時，列出許多原因。其中較重要的是：外交失誤、軍教不嚴、派系紛爭、組織鬆懈、財經崩潰、戰時行憲、個人傲慢，以及宣傳失效。（CKSD，3/31/49，月底反省錄）[12]

二十一年後，他在病榻上飽受折磨時，又對失敗的原因作了很長時間的檢討。他特別強調內戰期間的外國因素，指責蘇聯援助中共奪取東北，批評美國調停內戰不當；認為這些國際干預活動，幫助中共取得軍事上風。（CKSD，6/1-7/70）

政府官員的腐敗也是蔣失敗的一項原因，但是他始終沒有給予這個問題應有的重視。實際上這一問題非常嚴重，有兩個案件可以說明。蔣在一九四五年發現他的連襟、多年擔任財政部長、行政院長和中央銀行總裁的孔祥熙，涉入美金公債非法交易，鯨吞美金逾一千一百五十萬元，而且孔祥熙也供認不諱。蔣僅僅免除他的中央銀行總裁一職，並未給予較為公正、嚴厲的懲罰。（CKSD，7/12-14，18，25/45）。[13] 一九四〇年代末期，孔祥熙之子孔令侃捲入了上海大宗囤積走私案，破壞實施不久的國府幣制改革法令。（CKSD，8/1，14，16，21/47，10/9/48，11/4，5，12/48）。但在蔣的默許下，宋美齡庇護是她外甥的孔令侃，使其免遭受刑罰。這自然引起公憤，使幣制改革遭受沉重打擊，給蔣為公正領袖的名聲造成無可補救的損害。

一九四四年春，湯恩伯統率三十萬大軍，駐防河南西部，在與日軍作戰時，未經一次激烈戰鬥就全軍潰敗，失去守土，造成日軍威脅西安的嚴重局勢。蔣在分析這次事件時明確指出，「湯有勇無謀，又為走私貨財所害，不能專一於軍事。」（CKSD，5/4/44）[14]可是他非但沒有懲罰湯恩伯，反而繼續委以重任。湯恩伯在次年任黔桂湘邊區總司令，在一九四九年又任京滬杭警備司令。

蔣從未解釋他為什麼容忍這些腐敗案件。就蔣個人來說，他一直過著簡樸的生活，沒有公款私用的傳聞，而且有時他使人覺得他絕不姑息腐敗。他對上報給他的貪污分子往往處以極刑，但他的懲罰是隨意而為的，而且只是針對中下層官員。[15]他有時解說，他忙於更緊急事務，沒有時間處理這類問題。他沒有注意到，對高層官員腐敗的寬容，會造成一種形象，他是腐敗的領袖，他的政府是腐敗的政府。在內戰期間，這樣不可磨滅的形象深深印在人民心頭，與一般人對當時尚是廉潔自守的共產黨領導階層的觀感，形成鮮明對比，導致國民政府失去民心。

綜觀上述蔣失敗的原因，除了一項以外，其餘的都不是他失去大陸政權的主因。外交挫折、派系紛爭、戰時行憲、財經困難、作風傲慢、宣傳失效，所有這些情況在共產黨執政後的大陸都不同程度地出現過，但未破壞共產黨的統治秩序，甚至腐敗也不是摧毀國民黨政權的決定性因素。在當今中國，腐敗是一個嚴重而普遍的現象，比蔣統治的中國遠為惡劣。中國國家審計局在二〇〇九年的報告，列陳該年前十一個月中，各級官員私肥公款竟高達三百五十億美元！[16] 習近平上臺後揭發的貪腐案件，更是駭人聽聞。但這種敗壞現象，並未動搖共黨政權的根本。

顯而易見地，蔣在大陸失敗的最主要原因在軍事方面。他允許軍閥保留自己的軍隊，游離於中央控制之外，各自為政，相互傾軋，而從未像毛領導的共軍一樣，指揮統一，意志集中，具有高度戰鬥精神。他以陣地戰應對毛的游擊戰，失去機動，時時受制，處處挨打。他未能洞察共產黨間諜對其軍隊的廣泛與深入滲透，予以有效防止。這些是他不斷輸掉戰爭，最終敗退到臺灣的主要原因。

毛：自大與災難

毛推翻了國民黨在大陸的政權，也消除了共產黨黨內所有的反對勢力；他的思想體系經獨占性地廣為傳播，成為人民共同的信仰；他在波譎雲詭的國際局勢中贏得了戰略三強之一的地位；他把共產黨塑造成他的統治工具。他不覺得這些非凡的成就值得驕傲，只認為是他政治領導的必然結果。

由於他一連串的勝利，再加上共產黨黨內缺乏約束他的力量，便使他自認為是超凡入聖的全能領袖。而事實上他不可能是這樣的人物，這就是他造成災難的主要原因。

朝鮮戰爭是毛的第一個外交上的失誤，也是他最後一次軍事上的重大挫折。他為外國而非中國的利益冒險參戰。金日成希望統治整個朝鮮半島；史達林打算藉戰爭統一半島，因而取得使用南朝鮮不凍港的權利，並且借用中、朝之力打擊美國。毛思之再三，終於不慎參戰。結果不得不推遲急待重建的中國經濟；付出了可怕的代價，在傷亡軍隊五十三萬之後，沒有贏得戰爭；反而失去在一九五〇年征服風雨飄搖的臺灣，完成統一中國的機會。這樣的失誤，完全是他遵循「一邊倒」政策，積極向史達林輸誠，以及要想稱霸遠東共產國際陣營，這些因素所造成的結果。

毛所發動的金門危機，是另一項外交失誤。他大規模砲轟金馬，沒有實現他阻止美國與臺灣軍事結盟的目的，卻促使美國與國府簽訂《中美共同防禦條約》，進而通過臺灣決議案，保護金馬。直到如今，中共仍無法取得兩島。而且，金門危機促使蘇聯停止援助中共發展核武，也是導致中蘇破裂的一項因素。

兩次金門危機的失策都是毛一人所造成的。尤其是一九五八年的砲戰，更為明顯。當他下令砲轟時，他既沒有與軍方領導階層仔細商討，也沒有告訴戰地司令員葉飛砲轟的目的。當他無從得勝時，便逐步減低砲戰，先是隔天轟擊，然後投射宣傳彈，最後完全停止。他的整個軍事冒險，完全受他個人的情緒所支配。

與他軍事上的上失誤相較，毛發動的大躍進造成了遠為慘重的災禍。他以狂熱的心情、小學水平的經濟知識，使用高壓農、工的手段，想在十至十五年之內，將一個落後的農業國家轉變成一個高度工業化的國家。他這幾近瘋狂的政策所得到的後果，不僅是農、工業產量急遽下降，而且是可怕的大批人口死亡。一般公認的數字是三千萬人，遠遠超過中國歷史上任何災禍或是八年抗戰的死亡人數；更多於希特勒所殺害的猶太人及柬埔寨波爾布特（Pol Pot）政權屠殺民眾的總和。

這樣由政府所主導的巨大悲劇，在人類歷史上可說是前所未有。任何國家的任何領導人，面對這樣自己所造成的災禍，必然在良心上感到煎熬與悲痛，因而引咎辭職。但毛推卸了所有的責任，而且曾經不在乎地說，大躍進及其他經濟措施「將導致……至少……五千萬人死亡」。在大躍地結束後的十五年中，他仍是專權中國的領袖，而指責他錯誤的人，都下放勞役或迫害致死。

在文化領域中，毛也犯了重大過失。在政治掛帥的前題下，他犧牲了道德倫理觀念。在百花齊放運動和文化大革命中，他向千萬國人灌輸一種思想：為了達到政治目的，可以捨棄誠實，從事欺騙行為。為了政治的需求，迫使夫妻分離，父子成仇。這樣經年累月的負面教育，導致中國的道德普遍淪落。今日北京繼續否認天安門屠殺事件，諉辯中共具有完成抗戰之功。[17]《紐約時報》曾經指出，如今，「許多學者以及一般國人抱怨道：從學生考試作弊到學者在研究中造假和抄襲，整個社會瀰漫著不誠實的風氣。」[18]此外，商人毫無顧忌地侵犯他國智慧財產權，銷售損害人體的產品。這些都已是司空見慣的事。

毛藐視人命是他忽視道德觀念的極端表現。在一九五〇年至一九五三年的鎮壓反革命運動中，他乾坤獨斷，一紙令下，七十萬人被處死。他與強國爭霸時竟然說道，如果發生核子戰爭，全世界的人死掉一半，也沒有什麼了不起，因為剩下的一半能建設出更輝煌的社會主義世界。

毛發起的文化大革命，廣泛地迫害了同志、幹部與群眾；對中國文化遺產造成了無可彌補的損失。秦始皇在兩千多年前焚書坑儒，遭受到國人世世代代的譴責，但他僅僅殺害了四百六十個個儒士，焚毀了不明數目的書籍，與毛對中國文化的摧殘相比，真是小兒科了。

總體評價

蔣介石和毛澤東都曾獲得非凡的成就，也都造成巨大過錯。現在應該如何對他們作一總體評價？中國共產黨在一九八一年作出決議，對毛有這樣的評論：

毛澤東同志……在「文化大革命」中犯了嚴重錯誤，但是就他的一生來看，他對中國革命的功績遠遠大於他的過失。他的功績是第一位的，錯誤是第二位的。他為我們黨和中國人民解放軍的創立和發展……為中華人民共和國的締造，……建立了永遠不可磨滅的功勳。[19]

這一決議曾一一列舉毛的貢獻，與本章所描述毛的成就大體一樣；另外還指出毛的一些錯誤，也與本章所描述者相似，只是用詞輕重之處有所不同（筆者在初步作出毛的評價之後，才看到決議文字）。然而，共產黨沒有解釋為什麼毛的「功績」超過他的「過失」。他的「功績」是不是能夠彌補大躍進三千多萬人的死亡？還是能抵消文化大革命的十年浩劫？共產黨的決議沒有回答這兩個問題，也因此沒有對毛作出全面和公正的評價。

事實上，這項決議卻在無意間揭露了共產黨對毛的真實論斷：認為毛對共產黨、解放軍、共和國政府這三者的創建有不可磨滅的貢獻。而毛所造成的災難，則是對廣大的人民及持異議的同志，有無以復加的損害。

國民黨沒有作出對於蔣介石評價的決議。如何全面性的權衡蔣的得失，是懸而未決的問題。然而，如果與毛作一對照，就可看出來，蔣在北伐和抗戰及經濟發展的成就，是對整個國家民族及廣大群眾的貢獻。他的失敗則損害了國民黨、國府、國軍，及他本人。在臺灣他治下的黨、政、軍已縮減為地區性的實體，再也無法與毛領導的黨、政、軍相抗衡，更沒有實力像毛一樣，建立起國際強權與他國爭霸。蔣把他的失敗看得很沉重，視之為灼燒靈魂的恥辱。他一心一意要反攻大陸，以雪恥辱。當他在生命末期，意識到無從反攻時，他在痛苦和失望中，帶著永恆的遺憾而逝去。

要總體評價蔣、毛二人，也可以把他們與中國歷史上的著名君主作一比較。毛在他的《沁園春・雪》中，似乎把自己列於秦始皇、漢武帝等人之上。今日看來，這是否屬實？這個問題應該提出來討論，但是他們逝世以後的時間還不夠長，現在還不是時候作出明確的答案。然而，就筆者的觀察，蔣和毛在二十世紀二〇年代至七〇年代之間，是中國僅有的兩位具有高度政治技巧和軍事才能的領導人，足以應對時代的要求。他們經過歷史的淘汰，超越了國民黨和共產黨的其他領袖，完成其他領袖所不能仿效的功績。儘管他們犯有重大錯誤，但仍然是各自政權中不可或缺的領導人。他們不能由他人代替，只能互相取代。

實現中國富強的同志

共同目標

孫中山在他的一九二五年遺囑中，要求國人及當時是同志的蔣和毛，完成他未竟的革命事業。蔣和毛都決定遵守孫中山的遺志，為國民黨的理想奮鬥。這就是剷除軍閥與打倒帝國主義的近期任務，與建立富強中國的長遠目標。

然而，兩年後，蔣、毛分道揚鑣。蔣把共產黨清除於國民黨之外，毛赴江西開始農村革命，要推翻國民黨政權。於是，同志成為敵人。接下來的半個世紀裡，他們相互征戰，以不同的方式分別統治著不同的中國地區。但是在他們去世以後，反觀他們生前在實現共同目標過程中，實際上是合作的同志，先後消除了軍閥與帝國主義，奠定了今日中國興起的基礎。

蔣的北伐成功顯示著軍閥割據的局面開始結束。抗戰爆發後，大部分剩餘的軍閥勢力銳減，雲南的龍雲和新疆的盛世才也都退出地盤，接受蔣的統治。抗戰結束後，蔣基本上完成了剷除軍閥的使命，統一了中國。他在內戰中失敗，就把統一的中國交予毛之手。正如羅伯特・貝德斯基（Robert E. Bedeski）所說：「共產黨的勝利只是擊敗一個政府及其軍隊，而無須逐一戰勝各個根深蒂固的地區軍閥。」[20]

毛在中共建國後，立即於一九五〇年接管西藏，統治了這一地區。隨後，他把中國的勢力推展至國家的遙遠邊境，從東北的烏蘇里江到西南的喜馬拉雅山脈，從西北的天山村莊到南海群島，在這些地區裡，建立起黨、政、軍體制，把廣大的幅員緊緊地扣在北京中央政府手中。這是一個世紀以來，中國第一次徹底全面地控制了它的領土，是蔣、毛共同努力之下完成的；第一階段是由蔣於一九二六年開始，第二階段由毛於一九五〇年結束。

蔣的抗戰勝利讓他達成孫中山革命的另一目標。他說服了中國的盟友（美國和英國）及其他列強廢除不平等條約，撤銷了他們的租界、領事裁判權及經濟特權。當毛接掌中國時，他進一步廢除了任何其他侵犯中國主權的條約，而且逼迫史達林放棄在東北的特權。此外，他介入朝鮮戰爭，參加越南戰爭，與美、蘇兩國爭強稱霸，促成戰略三角之局，培養了中國人民強烈民族意識。這一切說明了，蔣廢除不平等條約使中國在法律上與外國平等；毛的軍事和外交活動讓中國人在心理上與外國人平等。

蔣的抗戰勝利，也使中國贏得了強國的地位，成為聯合國安全理事會常任理事國，享有否決權。

但是，正如蔣所指出，中國不是名符其實的強國。的確，從一九四六年到一九七一年的二十五年中，蔣的代表在安理會中沒有發生什麼影響。在世界的其他地方，當強國的外長舉行會議討論冷戰問題時，蔣的政府根本沒有獲得邀請。

中共在一九七一年獲得聯合國席位，這時國際社會才認同中國是真正的強國。中國擁有核子武器，維持著世界上最大的常備軍，從朝鮮到東南亞有著舉足輕重的影響。第二年尼克森總統的北京訪問，確認了這種歷史演變。蔣使中國成為名義上的強國，毛則使中國成為實際的強國。

國民黨、共產黨的連貫性

中國的對日戰爭大大地增強中共權勢，最後促成國民黨、共產黨政權的移轉。正如熊玠（James C. Hsiung）所述，「抗戰結束時……中國損失約四百萬士兵和一千八百萬平民；戰時財產損失總額超過一千億美元。而共產黨方面，紅軍增至一百三十萬人；另外擁有二百二十萬民兵和一億民眾……中國共產黨自稱具有一百二十萬黨員。」[21] 也正如約翰・加弗爾（John W. Garver）所說，當蔣在抵抗日本的時候，「他的共產黨對手藉機擴大地盤，奠定了隨後內戰中〔擊敗〕國民黨的基礎。」[22]

這種因抗戰與內戰促成的國民黨、共產黨的政權移轉，表露著兩黨政權有相當的連貫性。柯偉林（William C. Kirby）曾指出，國民黨與共產黨的「黨國」體制在幾方面上是相同的。[23]首先，兩黨政權都是屬於列寧政體模式。其次，兩黨政權都以軍事為主要支撐力量。再者，在中共建國時，解放軍的絕大部分的兵員與武器，是取之於戰敗的國民黨軍隊。

大陸和臺灣的經濟共同體

最後，可以從經濟發展方面，看出蔣和毛的殊途同歸。蔣在這一方面的成就，正好彌補了毛的缺失。雖然毛摒棄蔣的經驗，但他的繼承者鄧小平，在體認毛的農、工政策徹底失敗以後，於一九七八年實施「對內搞活、對外開放」的改革時，他所依賴的是亞洲四小龍發展經驗，其中以臺灣經驗最為明顯。前一章的最後一節，曾指出大陸應用到臺灣的兩項經驗，其一是不走「重紅輕專」之路，而行專家之治；其二是放棄自力更生的觀念，奉行比較利益原則。這裡無需重述。

這些演變使大陸和臺灣的經濟發展趨於一致。同時海峽兩岸貿易與投資有著出乎意料的高速成長。當一九七九年雙方恢復貿易時，兩岸間的進出口總值是七千七百七十六萬美元；到了二〇〇二年增加到三百九十五億美元，也就是增加了五百零八倍！在二〇〇二年，臺灣對大陸出口額占臺灣出口總值的百分二十九點零九；大陸自臺灣進口總值占大陸進口總額的百分之十二點八九。[24]臺灣在大陸的投資也迅速上升，由一九九一年的四點六六億美元（實際到位金額）增加到二〇〇二年的三十九點七億美元，增長八點五倍。截至二〇〇三年，臺灣在大陸的投資累積額達三六五億美元，臺灣成為大陸的第四大外來投資者。[25]

由於臺灣政府的限制，大陸在臺灣的投資微不足道。但經過新近締結的幾項兩岸協議，相互投資和貿易將會加速擴展。這其中較重要者，包括二〇〇八年十一月的「三通」（通郵、通商、通航）協議及二〇一〇年六月的經濟合作框架協議。時至今日，中國大陸和臺灣儘管在政治上有所分歧，在經濟上則趨於一體化。

建立超級強國的基礎

在二十一世紀第一個十年中，中國成為世界第二經濟大國（僅次於美國）最大出口國，最大外滙儲備國，最大能源消費國，最大互聯網社區，和最大汽車市場。[26]除以人均收入計算標準外，中國已成為世界上最新的經濟超級強國。

由於幾十年來軍事預算的高速增加，中國除具有世界上最大的、逐漸現代化的常備軍以外，在核子武器方面，中國排名世界第三，次於美國和俄羅斯，擁有整套的核子武器，包括多彈頭洲際飛彈、中程彈道飛彈、短程彈道飛彈，和潛水彈道飛彈。[27]因而中國也被視為超級軍事強國。

當蔣和毛在七〇年代中期逝世之時，中國尚不是一個富有的國家，它的核武設備仍在發展的階段。但是，他們僅是二十世紀中統治全中國的第一代領袖；[28] 在他們幾十年的任期中，蔣、毛為中國製造出超級強國的幾個先決條件：

首先，他們使中國重新成為統一的國家，而不再是由軍閥與列強分治的國家。一個四分五裂的國家永遠不可能成為世界大國，更不要說成為超級強國。[29]

其次，他們建立了龐大的國家武力，包括最大的常備軍和核子武器，因而能有效防止外敵入侵或霸占中國領土，不再承受一百多年來被侵占的命運。一個被侵占的國家不可能成為超級強國。

第三，他們致力創建一個地區遼闊、人口眾多的龐大市場，使商品、勞力、技術、資金充分交流。毛曾建立起國家基礎設施，蔣以他的發展經驗，激發市場高效率運作。一個國家沒有這樣的市場，不可能成為超級經濟強國。

第四，在過去的一個多世紀中，中國人民喪失了自信心。蔣、毛的政治作為讓中國人恢復了自信心，要努力達成一八六〇年代以來富國強兵的共同目標。

蔣介石和毛澤東為興起中的超級強國奠定了基礎。

❖ 注釋

❶ 筆者在美國底特律大學任教時，認識一位來自臺灣學生，曾在金門作軍事 水員（蛙人）。他說起所受訓練及軍事活動。他們趁黑夜在國民黨前哨小金門與共產黨守衛的廈門之間兩英里的海面游泳來回，刺探軍情。為了免於發覺，他們不攜帶手槍；用匕首和雙手為武器。這名學生在幾個人面前表演一種所學特技。他對折一張紙巾，要他的同學兩手各持一隻竹筷的兩端，與地面平行。他深吸一口氣之後，剎那間用紙巾向竹筷中間擊下去。竹筷掉落在地上，被切成兩半。大家瞠目結舌，驚奇莫已。

❷ Chang Jui-te, "Chiang Kai-shek' s Coordination by Personal Directives," in Stephen R. MacKinnon, Diana Lary, and Ezra F. Vogel, eds., China at War: Regions of China, 1937-1945 (Stanford: Stanford University Press, 2007), pp. 65-87.

❸ 一名非常知名的中國武俠小說家金庸，曾虛構一個人物，稱為「東方不敗」。很多讀者認為這是毛的寫照。

❹ See Paul H. Tai and Tai-chun Kuo, "Chiang Kai-shek Revisited," American Journal of Chinese Studies, Vol. 17, No. 1 (April 2010), pp. 81-82.

❺ 這在大陸近年來舉辦的兩次學術會議的絕大多數論文中，最為明顯。第一次會議是在北京中國社會科學院舉行的「民國人物與民國政治國際學術研討會」（二〇〇八年十一月）；第二次會議是在上海復旦大學舉行的「民國人物的再研究與再評價研討會」（二〇一一年十一月）。中國社會科學院歷史研究所的楊天石研究員，多年致力研究蔣介石生涯，曾出版兩卷具有開創性的著作：《蔣氏祕檔蔣介石真相》，北京：社會科學文獻出版社，二〇〇二年；《找尋真實的蔣介石：蔣介石日記解讀》，香港：三聯書店有限公司，二〇〇八年。北京大學歷史學教授楊奎松，在《毛澤東與蔣介石的比較研究》的一篇演說中，曾對毛和蔣的政治生涯做過簡明的分析。http://www.yangkuisong. net/xsyj/000069.htm. 另外一些對蔣的評價著

作如下：莊傳偉，張永春，《毛澤東與蔣介石》，長春出版社，一九九三年；宋複中，〈大陸學者對國民黨抗戰功績的頌揚〉，《傳記文學》第四九二期，二〇〇三年五月，頁一二五～一三〇；慧心，《百年民國記懷蔣介石先生》，WWW.CND.Org，2010年4月；《小議毛澤東與蔣介石》，http://www.peacehall.com/ news/gb/pubvp/2006/09/ 200609282140.shtml；《我們應該悼念蔣介石》，http://www.peacehall. com/news/gb/ pubvp/2008/04/ 200804062259.shtml；《蔣介石不為人知的七大貢獻》，http://www.peacehall. com/news/gb/pubvp/2007/12/200712111311.shtml.

6 都奇曾任教歐、美大學及美國政治學會會長。他的同事是密歇根大學的物理學家約翰．普拉特（John Platt）和法蘭克福大學政治學家戴倚特．聖赫斯（Dieter Senghass）。他們的報告刊登於《科學》（Science）雜誌，由一九七一年三月二十九日的《時代》（Time）周刊轉載。

7 司馬遷，《史記》卷一一一，〈衛將軍驃騎列傳〉。

8 劉向，《舊唐書》，卷二，《本紀》第二；歐陽修、宋祁編：《新唐書》，卷二，《本紀》第二。

9 就筆者所知，本人於二〇〇八年十一月在北京舉行的「民國人物與民國政治國際學術研討會」中發表的文章，「蔣介石戰時外交：談判策略與內外互動」，是對該問題首次的闡述。

10 參看 Linda Chao and Ramon H. Myers, The First Chinese Democracy: Political Life in the Republic of China on Taiwan, Baltimore and London: The Johns Hopkins University Press, 1998.

11 王玉麒，〈蔣緯國將軍與「明德小組」〉，《傳記文學》第四六〇期，二〇〇〇年九月，頁六五～六九；Taylor, The Generalissimo, pp. 429, 459. 關於蔣的中外顧問，參看文昊，《蔣介石的智囊高參》，中國文史出版社，二〇〇四年；方可編，《蔣介石和他的高級幕僚》，河南人民出版社，二〇〇〇年。

12 楊天石曾在《蔣介石「反省十三條：擅自獨斷為大病」》一文中，就蔣對失敗的反省作過分析。http://www.chinareviewnews. com/doc/1011/3/4/6/ 101134602.html? coluid=0&kindid=0&docid=101134602&mdate=1113103320.

13 此案具體情況，見楊天石，〈蔣介石查處孔祥熙等人的美金國債舞弊案〉，《傳記文學》第五五二期，二〇〇八年五月，頁四～十六。

14 湯恩伯和他的部屬曾用非法手段，向河南人民強徵糧食。他們發行一種叫代購麥的紙券，要求農戶用小麥供給軍隊，實則中飽私囊。按規定，代購麥券應該在抗戰後被政府贖回，但是政府從未作過這件事。

15 何成濬在一九四二年至一九四五年間，任軍事委員會軍法執行總監。他在日記中敘述許多腐敗案件。這些案件一旦為蔣所知，即使是小的差錯，他都會下令處決。但是也有許多案件未曾上報。何成濬，《何成濬將軍戰時日記》，臺北：傳記文學出版社，一九八六年。

16 The New York Times, December 28, 2009.

17 直至今日，共產黨的官方立場，仍然堅持中國的抗戰是由共產黨領導而獲得勝利的。可是對這一問題有研究的中外學者，一致認為這是道地的、故意違背歷史的說法。事實上，國民黨擔負全面抗敵重任，在八年中付出巨大犧牲，才獲得勝利。解放軍出版社出版的一本書，間接確認這一事實。這本書列舉了一百餘位抗戰犧牲的國民黨將領。見黨德信，楊玉文，《抗日戰爭國民黨陣亡將領錄》，解放軍出版社，一九八七年。而在整個抗戰期中只有一位中共將軍陣亡。他是左權，八路軍副總參謀長，在一九四二年於山西戰役中犧牲。

18 The New York Times, October 7, 2010, p. A1.

19 中國共產黨第十一屆中央委員會第六次全體會議於一九八一年六月二十七日通過。

20 Robert E. Bedeski, "China' s Wartime State," in James C. Hsiung and Steven I. Levine, eds., China's Bitter Victory: The War with Japan, 1937-1945 (New York: M. E. Sharpe, c1992), p. 48.

21 James C. Hsiung, "The War and After: World Politics in Historical Context," in ibid., pp.295-96.

㉒ John W. Garver, "China's Wartime Diplomacy," in ibid., p. 28.

㉓ William C. Kirby, "The Chinese Party-State under Dictatorship and Democracy on the Mainland and Taiwan," in William C. Kirby, ed., Realms of Freedom in Modern China (Stanford: Stanford University Press, 2004), p. 113.

㉔ 李保明，《兩岸經濟關係二十年：突破與發展歷程的實證分析》，北京：人民出版社，二〇〇七年，頁七二；朱正中，孫明德，《中國經濟開世局：兩岸關係創新機》，臺北：臺灣經濟研究院，二〇〇五年，頁四〇七，四一〇。

㉕ 李保明，《兩岸經濟關係二十年》，頁五八～五九；Peter Drysdale and Xinpeng Xu, "Taiwan' Role in the Economic Architecture of East Asia," in Julian Chang, Steven M. Goldstein, eds., Economic Reform and Cross-Strait Relations: Taiwan and China in the WTO (Hackensack, NJ: 2007),p.153.

㉖ See David Barboza, "China Overtakes Japan to Become No. 2 Global Economic Power," The New York Times, August 16, 2010, Section B, pp. 1, 3.

㉗ See International Institute for Strategic Studies, The Military Balance 2007, pp. 332-33, 346-50; Richard D. Fisher Jr., China's Military Modernization: Building for Regional and Global Reach, Westport, Conn.: Praeger Security International, 2008; You Ji, The Armed Forces of China, London: I.B. Tauris, 1999. For details on Chinese nuclear weapon inventory as of 2008, see "Nuclear Force Guide," Http://www.fas.org/nuke/ guide/summary.htm.

㉘ 自中華民國成立以來，在蔣介石和毛澤東之前的所有政府領導人員，僅有短暫的任期，且都僅在中國一部分地區內行使權力。只有蔣與毛先後是長期的全國領袖。

㉙ 當然，一九四九年以來，大陸和臺灣分別由兩個政府統治。但是，臺灣是中國領土的一部分這一事實為蔣、毛，及國際社會普遍認同。即使具有獨立意識的臺灣民主進步黨也一再認定，臺灣是受中華民國管轄的。

蔣介石的缺點與修身功夫

個性缺點

「凌晨起床，靜坐一點分時。機詐、貪妄、求全、色欲、諸機未絕也。專靜純一之心略凝，和平虛明之象，似有進步也。午前看報、整書。午後點楚辭。晚外出……十時起靜坐二八分時。後入寢。」

這是蔣介石一九一八年一月八日的日記。之後，他經常指出其他性格上的缺點，包括「驕傲」、「暴躁」、「虛偽」、「虛榮」，不一而足。他所最不能安心的是兩項缺點：色慾與暴躁。他在一九一九年，三十二歲時，記述道：「見女色，無不愛。因愛而貪，因貪而亂……自有智覺以至於今，十七、八年之罪惡，吾以為已無能屈指。誠謂決東海之水，無以滌吾過矣。」（CKSD，10/5/19）一個月後他又記道：「若非美女精兵二者，皆不足以引起我歡樂也。」（CKSD，11/12/19）

於是紅粉知己不計其數。在湘娥及琴韻處，時作撲克之戲，梅龍閣中有竹城之戰。而念念不能忘懷的是一位介眉女友，幾論婚嫁。同時，他又反覆責備自己：「一生悔愧之事，唯色慾。」（CKSD，2/29/20）「色念不改，終為一生大病也。」（CKSD，4/17/21）

至於性情暴躁，他也時常記載。在廣東軍旅中（一九一八年～一九二四年間），他與同僚軍官時時發生爭執，經常一怒之下，不辭而去，不日之後又返回軍營。有人研究他這一段的生活，發現他盤桓在上海的時間遠比在廣東服務軍旅的時間為多。在上海時，與人口角事故，不勝枚舉。家中娘姨、澡堂佣人、三輪車夫，都領教過他的脾氣。

他表示，好友戴季陶曾「諄諄以我暴躁為言。余亦自知不善，然屢戒而終不能改，奈何！」（CKSD，12/27/20）他景仰的孫中山，認為他的缺點是他政治事業發展中的障礙，必須改正。孫中山在給蔣一九二〇年十月二十九日的信中勸說道：「兄性剛而嫉俗過甚，故常齟齬難合。然為黨負重大之責任，則勉強犧牲所見，而降格以求。所以為黨，非為個人也。」[1]

修身功夫　持之以恆

從上述蔣的一九一八年一月八日的日記中，可以看出來，他深切了解自己的缺失，必須作出修心養性的功夫，以求改正。事實上，從這一天開始到一九一九年十二月二十四日止，共計七百一十六天，他在日記中記載，每天都從事四項修身活動，從無一日間斷：早起、靜坐、默思格言、及讀書。直到他的生命末年，從未放棄這些活動。

就早起來說，他通常在早晨四點半到六點之間起床。除在生病或婚後蜜月時，從不遲起。他曾說道：「八時起床，已成廢人矣，戒之。」（CKSD，12/16/26）「七時初醒，濡滯不起，何以革命。」（CKSD，1/3/28）早起是他一生嚴格律己的起步。

他每日靜坐一次或兩次，偶爾三次。每次半小時到一小時。在任何場合下都要實行，甚至在戰場之中，也是一樣。他有一次在廣東作戰時，「四時起，靜坐二五分時……五時至炮兵陣地，六時卅分令開砲。」（CKSD，10/3/18）在北伐時，他也是經常在戰地中靜坐。（例如CKSD，5/23，26/28）他利用靜坐，檢討言行，提升品格。他有一次記述道：「廿年來每日靜坐二次」，仍覺「德性進步甚少，修養不足。」（CKSD，12/31/38，年終檢討）

關於默思格言，他更是勤奮不已。他錄寫的「謹言慎行」、「懲忿窒慾」、「務實求真」、「忍辱負重」、「居身質樸」經常出現日記的篇首，並加解釋。而以「敬靜澹一」及「寓理帥氣」最為常見，有時並懸掛壁上，時時思索，鞭策自己，以求上進。

最後說到讀書。蔣認為自己「愧無學問」，必須勤讀書籍。（CKSD，3/13/28）他又寫道：「學業實習不間，則德行進步。故欲自強獨立，乃以求學業為要也。」（CKSD，12/20/ 30）於是在戰場中、在辦公室裡、在退隱的溪口，利用一切機會去念書，包括經、史、子、集、中山思想、王陽明及曾國藩論集、黑格爾哲學、杜威思想、多種戰爭理論、馬克思資本論、俄國革命史、毛澤東游擊戰理論，以及《新青年雜誌》、《水滸傳》、《福爾摩斯傳》。涉獵之廣，出人意外。他念書時，圈點有加，不念完一本，不念下一本。

嚴格律己　品行改進

他從事這四項活動，日復一日，年復一年，下了苦功。他這樣的修養功夫，有什麼效果呢？他似乎並未完全做到「知過必改」的程度，但是他一直在朝這一方向努力。從一九二〇年代中期開始，他維持了一種定型的生活方式：早起早睡，飲食簡單，不抽煙，不喝酒，只喝白開水。他認為儀表反映心態，因此衣著整齊，站立時全身畢直，從頭至腳維持一條中線，有如一座塔的平穩，兩眼眼神攝人，一幅軍人本色。

至於私人生活，他從一九二一年與陳潔如結婚以後，似乎已無出軌行為。一九二七年他與宋美齡結婚以後，彼此過著非常恩愛互信的生活，超過一般人想象之外，再無越矩情事。[2]在他的政治生涯中，他仍然「性剛而嫉俗」，時常與政見不同的軍政領袖發生爭執，甚至破裂。但他有時候也能「犧牲所見，降格以求」，學會了容忍功夫。在他的政府中，他曾經多次任用他的政敵，擔負重任，例如汪精衛、馮玉祥、閻錫山、李宗仁、孫科等便是。這與毛澤東殘酷對待政見不合的數十年同志，如彭德懷、劉少奇與林彪者，是不可同日而語了。

最後值得一提的是，蔣對於一項他自己經常指出的缺點，並未用心克服。這就是「機詐」。蔣從他當權以後，一直認為用高官厚祿來降服政敵是合宜的手段（CKSD，9/14/36）；他在大陸時期，運用分而治之的權術，來統御黨、政、軍、情各個系統，更有得心應手之處；他在抗戰時，用盡心機利用日、蘇、英、美之間的利害、畏懼、強弱、期望的關係，使用計謀，以求達到一己外交目的。這些事實似乎在說明，蔣覺得「機詐」雖是缺點，但也是從政者的必要條件。

中國的俗語說：「山難移、性難改」；另有「愚公移山」的通俗故事。就蔣介石幾十年的修身功夫來看，可以說是，「山可移；性可改」。

❖ 注釋

❶ 毛思誠編，《民國十五年以前之蔣介石先生》，頁九七。

❷ 蔣與宋一直維持著親密關係，從北伐到西安事變，從抗戰到臺灣時期，一直如此。蔣的日記中有充分的記載。但有關他婚外情的謠言，仍然發生；他通常置之不理。一九四四年，當謠言在重慶再起時，他採取一種非常的措施，鄭重闢謠。他舉行茶會，邀請國府五院院長、部會首長、英美使節，約六十人，當眾「坦白直告，毫無隱諱」，說明婚姻實情。宋美齡在場發言，表示對蔣「篤信不移」。（CKSD，7/4，8/44）

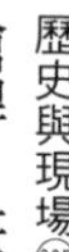

歷史與現場㉕

槍桿、筆桿和權術：蔣介石與毛澤東治國之道

作　者—戴鴻超
主　編—湯宗勳
責任編輯—葉冰婷
執行企劃—劉凱瑛
封面設計—倪龐德

發 行 人—趙政岷
出 版 者—時報文化出版企業股份有限公司
10801９台北市和平西路三段二四〇號一至七樓
發行專線—（〇二）二三〇六—六八四二
讀者服務專線—〇八〇〇—二三一—七〇五
（〇二）二三〇四—七一〇三
讀者服務傳真—（〇二）二三〇四—六八五八
郵撥—一九三四四七二四 時報文化出版公司
信箱—10899台北華江橋郵局第九十九信箱

時報悅讀網—www.readingtimes.com.tw
法律顧問—理律法律事務所 陳長文律師、李念祖律師
印　刷—家佑實業股份有限公司
初版一刷—二〇一五年七月十七日
初版五刷—二〇二二年十一月八日
定　價—新台幣四百五十元

時報文化出版公司成立於一九七五年，
並於一九九九年股票上櫃公開發行，於二〇〇八年脫離中時集團非屬旺中，
以「尊重智慧與創意的文化事業」為信念。

槍桿、筆桿和權術：蔣介石與毛澤東治國之道 / 戴鴻超作.
--初版. -- 臺北市:時報文化, 2015.07
面;　公分. -- (歷史與現場 ; 225)
ISBN 978-957-13-6324-0(平裝)

1.蔣介石2.毛澤東3.傳記4.政治思想

782.278　　104011557

ISBN：978-957-13-6324-0
Printed in Taiwan